인테그랄
부동산 실전 경매

부동산 권리분석

인테그랄
부동산 실전 경매
부동산 권리분석

2025년 2월 12일 인쇄
2025년 2월 15일 발행

펴 낸 이 박성진
펴 낸 곳 도서출판 머니
전   화 010-8420-4665
블 로 그 https://blog.naver.com/wlstjdqkr
이 메 일 wlstjdqkr@naver.com
출판등록 제2024-000001

* 이책의 저작권은 저자에게 있습니다.
* 저자의 허락없이 복사할 수 없으며 발췌하는 것을 금합니다.
* 잘못된 책이나 파본된 책은 교환해드립니다.

ISBN 979-11-986598-1-1 12320

정가 22,000원

부동산
권리분석
길잡이

경매를 배워두면
평생 돈이 보인다.

인테그랄
부동산 실전 경매

부동산 권리분석

박성진 지음

왕초보부터 ▶ 경매고수까지

| 정확하고 체계적인 권리분석 | 가치있는 물건선택의 방법 | 수지분석과 실무 |

- 경매를 처음 접하는 초보도 쉽게 이해할 수 있도록 법률용어와 개념정리
- 부동산 경매·공매의 일반적인 권리분석부터 고차원적인 권리분석 대비
- 법률과 판례를 기반으로 권리의 인수와 소멸에 대한 권리분석 정리

도서출판 머니

머리말

이 책은 부동산 경매의 권리분석에 대해 법률개념을 먼저 정리하고 법률관계에서 일어날 수 있는 권리의 인수와 소멸에 대하여 여러 가지 경우의 수를 고려하여 기초적이고 일반적인 권리의 분석에서부터 고차원적이고 특수하게 일어날 수 있는 권리에 대하여 법률과 판례를 기반으로 최소한의 법률용어를 사용하고 용어해설을 통하여 왕초보자도 아주 쉽게 이해할 수 있도록 기술하였다.

경매물건에 대한 권리분석은 권리의 인수와 소멸에 주안점이 있으므로 이러한 사항의 사례들을 모아 도표를 통하여 이해하기 쉽게 기술하였으므로 왕초보자도 단시간에 최고의 경매고수가 될 수 있도록 기술하였다.
경매에서 필요한 권리의 인수와 소멸에 관한 핵심사항을 각「case」별로 실전 사례를 분석하여 정리하고 또한, 관련된 법률용어와 참고할 사항을 설명하였으며 공매에도 충분히 대비할 수 있도록 개념을 정리하였다.

그리고 핵심사항의 밑거름이 될 수 있는 사항을 부가하여 정리하고 일상에서 빈번하게 접하게 되는 법률을 활용한 예를 통하여 아주 쉽게 이해할 수 있도록 기술하였다. 또한, 물건가치분석에 있어서 입지에 대한 조건과 집을 지을 수 있는 용도, 도로조건, 맹지의 진입로 개설등 가치있는 토지를 고를 때 염두에 두어야 할 사항 및 개정되어 달라지는 법률 등 놓쳐서는 안 될 이론과 실무에 관하여 필자가 수년간 경매시장에서 실전 경험한 사실을 기술하였다.

그러므로 부동산에 관심이 있는 직장인, 주부, 공인중개사, 대학생 등에게 유용한 책이며 일상에서 부동산을 매매하거나, 임대차할 때뿐만 아니라 경매시장이나 공매시장에서 재테크를 하여 재산을 불리는 데 아주 유용한 책이다.

판례를 기반으로 정확하고 쉽게 기술한 권리분석에 관한 책이며 부동산에 관한 법률상식에 관한 책이기도 하다.

● 이 책은
어떤 경우의 권리분석이라도
솔루션을 제공하는 책이라
감히 말할 수 있다.

추천의 글

추천인이 처음 경매업무를 담당할 때 IMF 금융위기가 발생하였는데 당시 아파트, 상가, 공장 등 엄청난 부동산이 경매가 신청되었고, 낙찰가격도 감정가의 40~50%에서 매각되었다. 하지만 당시에는 많은 사람들이 경매에 대해서 너무 몰랐고 일명 브로커들을 통해서 경매물건을 사곤 하였다.
이후 경매에 대해 관심이 많아지면서 많은 책들도 쏟아져 나왔다. 덕분에 많은 사람들이 아파트 등 부동산에 대해서는 권리분석도 하고 직접 경매에 참가하기도 한다.

저자는 부동산경매에 대해서 이론과 실제에 풍부한 경험을 갖고 있을 뿐만 아니라 부동산의 입지와 전망에 대해서도 다양한 실무경험과 현장경험을 갖고 있는 분이고 이 책도 실무경험을 토대로 저술하였다.
이러한 능력을 토대로 부동산경매에 있어서 중요한 권리의 인수와 소멸에 대해서 각종 권리의 말소기준을 도표로 설명하여 초보자도 알기 쉽게 정리를 하였다.

또한 사회가 복잡하고 다양해지듯이 경매진행 중인 부동산에 대한 권리관계도 복잡하고 다양한 법률관계에 대해서도 전세권, 임대차, 가등기, 가처분 등 각종 권리별로 잘 정리를 하였다.
한두 번 보면 다시 보지 않는 책들도 있지만 이 책은 옆에 두고 언제든지 볼 수 있는 책이다.

목차를 잘 정리해 두었기 때문에 언제든지 필요한 부분만 볼 수 있도록 서술되어 있다. 웬만한 전문가들도 곁에 두고 보아도 전혀 손색이 없는 책이다.

저자도 서문에서 '부동산 권리분석을 깊이 있게 배워놓으면 남들이 찾을 수 없는 보물을 쉽게 찾을 수 있으므로 평생 동안 일상에서 부자가 될 수 있는 기회를 남들보다 빠르게 포착하게 되어 풍요로운 생활을 하게 될 것이다.'라고 언급하듯이 이 책을 통해 경매에 대한 지식과 경험을 쌓아 부디 성공하시길 기원합니다.

양 영 수
(전)부산지방법원 사법보좌관

책을 읽기 전에

 부동산 권리분석

부동산에 대한 권리분석은 민법과 그에 관한 특별법인 주택임대차보호법과 상가건물임대차보호법 그리고 민사집행법에 근거를 두고 있으며 세부적인 사항은 대법원 판례에 기반을 둔다.

경매에 대한 권리분석은 경매에만 적용되는 것이 아니라 공매에도 적용되며 일상에서 부동산을 거래할 때나 임대차할 때 그 목적부동산의 법률관계의 하자나 그에 대한 사실상의 흠을 발견하는 데 꼭 필요한 작업이다.

이러한 작업을 통하여 놓칠 수 있는 권리를 잘 챙겨서 재산을 지키고, 사기로 인한 피해를 당하지 않고 방어할 수 있으며, 일상에서 재산을 불리는 재테크도 할 수 있는 것이다. 그러므로 부동산에 대한 권리분석에 대하여 공부한다는 것은 현대인들이 습득해야 할 가장 필수적인 양식이라고 말할 수 있다.

경매나 공매에 있어서 시작점은 권리분석이라 말할 수 있으며 권리에 따라서는 낙찰자에게 인수되는 권리가 있고 소멸하는 권리가 있는데 권리가 인수되면 소유권을 잃을 수 있으며, 사용·수익에 있어서 제한을 받을 수 있고, 돈을 물어주어야 하는 경우가 있으므로 인수되는 권리가 없어야 한다. 그러므로 권리분석은 경매·공매에서 가장 중요하고 필수적인 사항이다.

부동산을 싸게 매수할 수 있는 방법은 급매물도 있지만 법원에서 매각하는 경매물건이나 자산관리공사(캠코)에서 매각하는 공매물건이라고 말할 수 있다.

이러한 물건을 싸게 사서 본인이 필요한 주택이나 공장 등을 마련하고 가공을 통하여 가치를 증가시켜 재산을 불리는 재테크하는 방법도 있다.

 경기의 흐름을 잘 파악한다

코로나19로 인한 경기 침체를 타개하기 위하여 우리나라뿐 아니라 미국을 비롯하여 세계 각국이 경기부양을 위하여 돈을 풀다 보니 과잉 유동성 공급으로 물가가 뛰어 돈의 가치가 하락하는 인플레이션이 일어나게 되었다. 인플레이션으로 물가가 상승하면 실질 소득이 감소하는 효과가 있으므로 개개인들의 가용자산이 줄어들어 소비가 감소하고 - 생산도 줄어들어 결국 기업들이 자생하기 어려운 상황을 만들어 경기침체에 빠지게 된다.

이러한 입장에서 물가가 오르는 것을 막기 위하여 미국을 비롯한 여러 나라에서는 시중에 너무 많이 풀린 돈을 흡수하기 위하여 긴축정책으로 금리를 올릴 수밖에 없다.
기축통화국인 미국이 금리를 올리면 대체로 달러 가치가 상승되어 외국자본이 빠져나갈 수밖에 없고 그러면 외환보유액이 줄어 국가 디폴트를 방어하기 위해서는 금리를 올릴 수밖에 없다. 금리가 오르면 시중 이자율이 상승하므로 대출을 받아 집을 산 사람들이 높은 이자를 감당하지 못하면 결국 은행에서는 돈을 환수하기 위하여 경매신청을 할 수밖에 없다.

우리나라는 내수경제가 취약한 구조로 무역 의존도가 다른 나라에 비하여 매우 높아 수출을 하여 먹고사는 나라인데 세계경제가 침체되면 곧바로 국내경제에 영향을 미치며 기업은 투자를 외면하게 되고 나의 가계에도 영향을 받아 소비를 줄이게 되고 나 개인에 대한 투자에도 리스크로 망설이게 된다.

따라서 국제경기와 국내경기를 항상 진단하면서 투자계획을 세우는 데 고민할 필요가 있다. 금리가 높을 때 경매물건이 많이 나오는 편이며 대출을 받지 않고 현금으로 매수하는 사람도 있지만 보통 부족한 금액은 대출을 받아 집을 사기 때문에 대출이자에 대한 부담으로 입찰가도 많이 하락한다. 지금은 경기가 좋지 않아 경매로 나온 주택의 입찰가격이 많이 하락되어 있어 대출이자에 대한 큰 부담이 없다면 지금이 바로 투자할 시점이 아닌가 싶다.

 경매와 공매로 수익 내기

요즘 부동산 경매와 공매는 누구라도 쉽게 접근할 수 있는 보편화된 부동산 매수 방법이다.

경매와 공매는 입찰자들 중에서 최고가를 쓴 1등만 낙찰자가 되는 것이며 2등,3등은 필요가 없다. 최고가 매수인이 되기 위해서는 입찰가를 다른 입찰자들보다 높게 책정해야 하는데 많은 금액을 써서 낙찰받으면 그만큼 이익이 줄어들어 경매가 아닌 매매로 사는 것이 더 나을 경우도 있다.

경매나 공매로 낙찰받은 물건으로 수익을 내는 방법을 생각해 보자.
경매물건들 중에는 권리분석을 누구나 쉽게 할 수 있고, 우량물건이라고 생각되는 것들은 경쟁률이 높으며 따라서 낙찰가도 높아서 낙찰을 받는다는 것은 쉬운 일이 아니며 설령 낙찰을 받는다 해도 낙찰가를 높게 써야 하기 때문에 수익을 내기가 어렵다.

요즘처럼 경기가 좋지 않아 전반적으로 주택가격이 하락할 때는 시중에 나온 매매가보다 경매로 나온 물건의 낙찰가는 훨씬 더 많이 떨어지는 경향이 있으며 경기가 좋아 주택가격이 상승할 때는 시중의 매매가와 비교하면 거의 같거나 낙찰가가 더 높은 경우도 있다. 그러므로 권리분석이 쉬운 우량물건도 경기의 변동에 따라 영향을 받으므로 경기가 좋지 않는 경우에는 입찰가가 떨어질 수밖에 없으므로 경기변동의 시기를 잘 파악하여 투자하는 방법을 고민할 필요가 있다.

그리고 한 차원 위의 권리분석을 요하는 까다로운 물건 또는 하자가 있는 물건은 대체로 많이 유찰되어 입찰가격이 많이 떨어지므로 이런 물건에 대한 연구가 필요하다.

법정지상권, 유치권, 토지별도등기, 가등기, 가처분, 선순위임차인 등의 권리가 있는 물건이 있으며 그 밖에 허름한 건축물과 혐오시설 등의 건축물을 가공하여 다른 용도로 변경하여 수익을 낸다든지, 지분경매를 이용한 공유물분할경매, 플로테이지현상을 이용한 지가상승, 각 지자체의 홈페이지를 검색하여 그 지역의 계획 방향의 정보를 활용하여 경매물건을 매수하는 방법, 맹지에 진입도로 개설 연구, 위반건축물의 치유, 도로(재개발구역)를 저가로 낙찰받아 입주권 취득, 농지와 산지의 개발행위를 통한 공장부지와 전원주택단지를 조성하여 부자가 될 수 있는 방법 등 이 밖에도 다양한 방법이 있고, 부동산에 대한 깊이 있는 권리분석과 물건 가치분석에 대한 실무에 접하다 보면 자기 스스로 수익을 창출할 수 있는 개념이 자리를 잡게 된다.

그렇게 하기 위해서는 남과 같이 해서는 안 되고 자기 스스로 남들보다 차별 있는 기술이 필요하다. 그러므로 깊이 있는 권리분석과 물건에 대한 가치분석에 대한 실무로 수익을 창출하기 위해서는 연구와 노력이 필요하다.(No pain, no reward!)

나무만 보지 말고 숲도 보자

경제주체는 가계, 기업, 정부 외에 외국을 넣기도 한다.
우리나라는 자원도 부족하고 내수시장은 미국이나 중국처럼 넓지 않고 밀집도가 낮아 가계와 기업, 정부외의 관계에서 경제적 효과에 대한 한계를 가지고 있다고 한다. 누구나 다 아는 사실이지만 외국과의 무역거래는 우리나라 경제에 매우 중요한 역할을 한다고 생각된다.

우리나라는 무역거래에 있어서 중국도 중요한 관계이지만 현재 더욱 중요한 역할을 하고 있는 미국의 경제부분을 간과 할 수 없다는 것이다. 외국과의 무역거래등 국제수지는 모두 중요한 요소이지만 특히 이 나라의 거시경제 부분인 물가지수, 소비지수, 생산자지수, 실업률, 금리, 인플레이션, 디플레이션 등은 바로 우리나라의 내수에도 직결되어 민간부분의 소비와 투자에 바로 영향을 미친다고 보아야 한다.

숲을 보면 ―코로나 펜데믹으로 돈을 풀어 유동성이 확대됨으로써 물가 상승으로 인한 인플레이션이 확대되어 유동성 제어를 위한 정책인 긴축통화정책으로 국채를 발행하고, 은행들의 보유고를 확대하고, 시중은행이 중앙은행으로부터 빌리는 이자율을 높이고 그 외 다양한 재정정책으로 시중에 풀린 돈을 거둬들이고 있는 상태이다.

이러한 현실에서 (24년 말) 정치적으로나 경제적으로 우리나라의 내수는 소비뿐만 아니라 생산, 투자의 트리플 감소로 얼어붙은 상태이다. 내수를 살리기 위해서는 금리를 내려야 하는데 정치적 불안의 가중으로 증시도 불안하여 기업들의 사정도 좋지 못하고 특히 환율이 높아 외국으로 자금이 빠져나가므로 외환보유고는 줄어들고 있는 실정이다. 호구지책으로 내수를 살리기 위하여 이번에 금리를 3%로 내렸으나 시중금리는 오히려 높고 코픽스가 높아― 가게대출에 대한 이자가 높아 내수진작에는 도움이 되지 않는다고 생각된다.

더욱이 미국의 트럼프의 보호무역이 강화됨으로 고관세를 부과 ― 무역장벽을 강화함으로 물가상승을 부추겨 인플레이션을 야기할 수 있고 이런 연유로 인하여 스티키(더딘)인플레이션을 가져와 금리하락이 늦어질 수 있는 현실이다.

그러나 "위기는 곧 기회" 라는 말이 있다. 삼라만상의 모든 보편적 이치는 오르막이 있으면 내리막이 있고 내리막이 있으면 오르막이 있다.(If you go downhill, you go uphill), 경제도 마찬가지라고 생각된다.

현재 부동산 경기는 정치적 불안과 함께 매우 불안정하고 침체상태에 있다. 그러므로 주택 착공율의 저조와 인플레이로 인한 건축자재 값의 상승으로 향후 몇 년간은 공급측면에서 상당히 부족할 것이 예상된다. 그러나 더딘 금리의 하락이지만 내수진작을 위한 유동성의 확대로 결국에 금리는 내려갈 것으로 예상되며 지역에 따라 양극화가 심화되어 곳에 따라 주택가격이 상승할 것으로 보인다.

경·공매에서의 물건은 경기가 하락할 때는 시중 가격보다 입찰가격이 많이 하락되는 반면 경기가 상승할 때는 시중가격보다 높게 낙찰되는 경우도 있다. 이러한 침체상태를 벗어나 회복기에 들어서면 대한민국이 폭망할 만한 어떤 커다란 외생 변수가 없는 한 다음 25년 상반기가 끝나는 무렵 정도가 부동산 가격이 상승되는 시점이 아닌가 생각된다.

부동산 경·공매 권리분석을 배워놓으면 권리분석에 대한 기법과 더불어 물건가치분석으로 경기에 큰 영향없이 전천후로 투자에 대한 수익을 올릴 수 있지 않나 생각된다. 그러나 부동산 투자는 가급적이면 거시경제 측면과 내수경제를 진단하여 투자하도록 권하고 싶다.

CONTENTS

- 머리말 • 4
- 추천의 글 • 6
- 책을 읽기 전에 • 8

Chap.1 경매와 공매의 개념

    1) 채무자가 돈을 갚지 않으면 채권자는 어떻게 할까? ··················· 22
    2) 법원에서 경매절차 ··· 25

- **부동산 공매** ··· 27
    1) 공매절차 ··· 28

- **경매·공매 – 물건 선택** ··· 29
    1) 물건의 선택에 집중한다. ··· 29
    2) 물건 정보를 수집한다. ··· 29
    3) 물건에 대한 권리를 분석한다. ·· 29
    4) 물건에 대한 가치를 분석한다. ·· 30
    5) 물건에 대한 수지분석을 한다. ·· 30
    6) 입찰 준비를 한다. ·· 30
    7) 낙찰되면 잔금 납부 후 목적물을 인도 받는다. ························· 31
    8) 경매와 공매가 경합될 경우 ·· 31

Chap.2 부동산 물건의 공적서류의 이해

1) 각종 대장 ··· 34
2) 부동산 등기부등본(등기사항전부증명서) ································ 38
3) 그 밖의 공적서류 ··· 43

Chap.3 권리분석

1) 권리분석에서 나오는 권리 ·· 46
2) 권리분석을 쉽게 하는 방법은 ·· 47
3) 말소기준권리와 상관없이 소멸 또는 인수되는 권리가 있다. ···· 50
4) 매각물건명세서를 반드시 검토한다. ······································ 51

Chap.4 등기부등본에 공시된 권리

• 전세권에 대한 권리분석 ·· 56

1) 최선순위의 전세권이 인수될 때와 소멸할 때는 ···················· 57
2) 대항력을 겸한 전세권의 인수와 소멸은 ································ 58
4) 다가구주택의 최선순위전세권의 인수와 소멸은 ···················· 62
5) 최선순위로 전세권설정을 했다면 전세보증금 확보는 안전한가. ··· 63
6) 최선순위의 전세권자가 계약만료후 전세금 반환을 받지 못할 때 ··· 66
7) 전세권 설정 시 주의 사항 ·· 66

1) 전세권 ··· 67
2) 임차권, 주택임대차보호법에서 임차권 ·································· 69
3) 주택임대차보호법에 의한 임대차−민법에 대한 특별법 ·········· 70
4) 전세권과 임차권, 임차권에 관한 특별법(주택임대차보호법)의 관계 ··· 70

- 지상권에 대한 권리분석 ·· 71
    1) 지상권의 인수와 소멸은 ·································· 71

- 지역권에 대한 권리분석 ·· 73
    1) 지역권의 인수와 소멸은 ·································· 74

- 저당권에 대한 권리분석 ·· 75
    1) 저당권의 역할 ·· 76
    2) 저당권자의 배당 ·· 76
    3) 근저당의 채권최고액이란 ·································· 77
    4) 저당권과 근저당이 다른점 ································ 77

- 가압류에 대한 권리분석 ·· 78
    1) 가압류 활용 ··· 78
    2) 가압류가 인수될 때 ······································ 82

- 가처분에 대한 분석 ·· 83
    1) 가처분의 효력 ·· 83
    2) 가처분이 소멸(말소)할 때와 인수할 때 ···················· 84
    3) 가처분은 취소할 수 있다. ·································· 90
    4) 가처분의 활용 ·· 93
    5) 경매에서 나오는 가처분 ·································· 96

- 가등기에 대한 권리분석 ·· 97
    1) 가등기에 의한 본등기의 효력발생 시기는 ················· 97
    2) 가등기가 인수될 때와 소멸할 때 ·························· 98
    3) 가등기의 활용과 이해 ···································· 109
    4) 가등기된 부동산을 낙찰받아 소유권을 상실한 경우 구제방법 ·· 112

- 예고등기 ··· 112

임차인의 권리분석

   1) 대항력이란 ··· 116
   2) 우선변제권(입주+전입+확정일자)은 무엇인가 ······································· 118
   3) 주택임차인의 최우선변제권(소액보증금)이란 ·· 124
   4) 임차인의 권리(임차보증금) 인수와 소멸 ·· 132

- 임차인이 보증금을 지키려면 ··· 139

   1) 임차인의 보증금 확보는 ·· 139
   2) 임차인이 임대차계약할 때 주의해야 할 사항 ·· 143
   3) 주택임대차보호법에서 주택의 개념 ·· 146
   4) 임차인 관련 주요한 판례 ·· 147

- 상가건물 임차인의 권리분석 ··· 151

   1) 상가건물임대차보호법에서 적용되는 보증금의 범위 ··························· 151
   2) 상가건물임차인의 대항력(건물인도+사업자등록) ································· 152
   3) 상가건물임차인의 우선변제권(건물의인도+사업자등록+확정일자) ······· 152
   4) 상가건물임차인의 최우선변제권(소액보증금) ······································· 155
   5) 상가건물임대차보호법에서 상가의 개념 ··· 160
   6) 상가건물 임대차에 관한 주요 내용 ·· 160

- 임차권등기명령 제도 ··· 162

   1) 임차권등기명령 신청 요건 ··· 162
   2) 임차권등기명령 신청서 기재 사항 ·· 163
   3) 효력 ·· 163
   4) 임차권 등기권자의 배당 ·· 164
   5) 셀프-임차권등기명령신청 ··· 165

 **부동산등기부등본에 공시되지 않는 권리**

- **유치권** ··· 168
    - 1) 유치권의 성립요건 ··· 168
    - 2) 유치권자의 의무 ·· 169
    - 3) 유치권의 활용과 이해 ·· 169
    - 4) 유치권이 있는 물건 ··· 171
    - 5) 유치권 있는 물건에 입찰하기 ·· 171
    - 6) 유치권이 소멸하는 원인 ··· 172
    - 7) 유치권 깨뜨리는 요인 찾기 ·· 172
    - 8) 임차인과 유치권의 관계 ··· 177
    - 9) 유치권에 관련 판례 ··· 179

- **법정지상권** ··· 183
    - 1) 법정지상권 성립 요건 ·· 184
    - 2) 경매에서 법정지상권 성립 유·무 판단의 주안점 ···································· 186
    - 3) 법정지상권 관련 -판례- ·· 191
    - 4) 법정지상권이 성립하지 않을 때 대항력을 갖춘 임차인의 퇴거 청구 ······· 198
    - 5) 매각물건명세서의 법정지상권 표시 ·· 198
    - 6) 법정지상권이 성립될 요인은 어떤 것들이 있는지 살펴보자 ····················· 199
    - 7) 경매로 법정지상권 있는 토지를 구입하면 지료를 청구할 수 있는가 ······· 201
    - 8) 지상권설정자의 지상권소멸청구와 지상물매수청구권 행사 ······················ 202
    - 9) 지상권은 양도할 수 있고 임대할 수 있다 ·· 204
    - 10) 법정지상권의 내용과 범위 ·· 204

- **분묘의 처리** ··· 206
    - 1) 낙찰자의 분묘 처리는 어떻게 할까 ·· 206
    - 2) 분묘기지권(법정지상권유사) 성립, 취득, 소멸, 지료등 종합 ···················· 209
    - 3) 분묘 등의 점유 면적(장사법제18조) ·· 212
    - 4) 분묘에 관한 판례 ··· 213

Chap.7 특수한 권리와 물건

- 대지권 ·· 216
  - 1) 대지권 미등기 ·· 217

- 토지별도등기 ·· 221
  - 1) "토지 별도등기 있음"이란 표시 ·· 221
  - 2) 별도등기에 관한 권리가 소멸되는 것은 ··· 222
  - 3) 별도등기에 관한 권리가 인수되는 것은 ··· 222

- 제시외 물건(건물) ··· 223
  - 1) 저당권이 실행(경매)될 때 목적물에 부합되는 물건 ························· 224

- 경매물건의 위반건축물 ·· 227
  - 1) 위반건축물의 표시 ··· 228
  - 2) 위반건축물에 대해선 이행강제금 부과 ·· 229

Chap.8 입찰의 준비와 하자에 대한 치유

- 매각기일(입찰기일) ··· 232
  - 1) 새매각과 재매각 ··· 232

- 매수신청(입찰) ·· 234
  - 1) 매수신청(입찰)하는 방법과 준비물 ·· 234
  - 2) 공유자우선매수신청이란 ··· 238
  - 3) 차순위매수신고란 ·· 239
  - 4) 입찰자의 입찰이 무효가 되는 경우는 ·· 240
  - 5) 낙찰 후 경락허가결정이 확정된 후 처리 ·· 241
  - 6) 건물인도명령 신청 ··· 243
  - 7) 점유자의 퇴거 방법 ··· 246

- 경매진행 절차에서 발생한 하자의 치유 ··· 247
  - 1) 매각불허가 신청 ··· 247
  - 2) 매각허가 결정의 취소 신청 ·· 248
  - 3) 매각허가 여부에 대한 불복-즉시항고 ··································· 251
  - 4) 경매개시결정에 대한 이의신청 사유 ····································· 252
  - 5) 매각허가에 대한 이의신청 사유 ··· 253

Chap.9 배당

- 1) 배당요구의 종기 결정 및 공고와 고지 ··································· 258
- 2) 배당받을 채권자는 누구인지 ·· 260
- 3) 배당순위 및 기일의 통지 ··· 262
- 4) 배당 연습 ·· 267

Chap.10 공유물의 지분경매와 공매

- 공유물의 지분경매와 공매 ·· 276
  - 1) 공유물의 지분을 취득한 지분권자가 할 수 있는 사항 ············· 277
  - 2) 공유물분할경매 청구 ·· 280
  - 3) 지분경매에서 주의해야 할 사항 ··· 280
  - 4) 경매에서 공유자우선매수 신청 ·· 283
  - 5) 공매에서 공유자우선매수 신청 ·· 285
  - 6) 지분경매 연습 ··· 285

Chap.11 부동산 물건 선택-주의할 사항과 가치제고 Ⅰ

- 토지를 고를 때 입지와 용도 ·· 294
- 1. 입지 ··· 294

2. 용도지역(국토의 계획 및 이용에 관한 법률) ·· 295
1) 토지의 용도지역을 조사한다 ··· 295
2) 공부상 자료 확인과 현장답사를 통하여 다음 사항을 체크한다 ········ 304
3) 건축법상 도로를 체크한다 ·· 306
4) 맹지에 진입도로 개설하여 건축 허가 ······································ 311

Chap.12 부동산 물건 선택—주의할 사항과 가치제고 Ⅱ

- 농지를 취득 할 때 ·· 320
    1) 농지 현장답사와 고려할 사항 ··· 321
    2) 농지를 경매로 취득하려면 ·· 323
    3) 경매에서 가끔 나오는 영농여건불리농지는 ···························· 332
    4) 농지로 연금을 받을 수 있는지 ··· 333
    5) 연금과 농촌 체류형 쉼터 ·· 335

- 산지를 고를 때 ··· 335
    1) 준보전산지 ·· 336
    2) 임업용 산지 ·· 336
    3) 공익용 산지 ·· 337

- 공장을 취득할 때 ·· 338
    1) 공장의 입지 ·· 338
    2) 공장을 경매로 낙찰받을 때–실무 ··· 340

- 특수한 용도구역 ·· 345
    1) 토지거래허가구역 이란 ·· 345
    2) 개발제한구역 이란 ··· 346
    3) 접도구역 이란 ··· 347
    4) 기피해야 할 토지 ··· 348

chap. 1
경매와 공매의 개념

1. 채무자가 돈을 갚지 않으면 채권자는 어떻게 할까?
          강제경매   임의경매
2. 경매와 공매절차

Chap.1
경매와 공매의 개념

채권자가 국가기관인 법원에 소정의 서류를 갖추어 경매신청을 하면 채무자의 재산을 압류하고 강제로 매각하여 현금화한 뒤, 채권자에게 배당하는 것을 말한다.

1) 채무자가 돈을 갚지 않으면 채권자는 어떻게 할까?

채권자는 채무자에게 독촉을 한다. 그래도 갚지 않으면 법적절차를 진행한다.
채권자가 돈을 빌려줄 때 채무자의 신용이 좋아 계약서만 작성하고 담보권 설정없이 빌려주었는지(신용대출) 아니면 채무자의 부동산에 저당권을 설정(등기부등본에 기입)하고 빌려주었는지에 따라 경매종류가 달라진다.

(1) 등기부등본에 아무런 담보권 설정없이 계좌이체, 계약서등을 작성하고 빌려준 경우

ex.1 강제경매

대여금청구에 관한 소장을 법원에 별도로 제출하여 재판에서 승소한 후 확정판결문(집행권원)이나 확정된 지급명령(집행권원)으로 채무자의 재산에 대하여 경매를 신청한다. 이러한 경매를 강제경매라 한다.

- **집행권원**
  강제집행을 실시할 수 있는 권리를 인정한 공정증서를 말한다.

- **집행권원의 종류**
  확정된 종국판결, 확정된 지급명령, 가압류와 가처분의 본안 종국판결, 화해조서, 청구의 인락조서, 확정된 권고이행결정, 집행력 있는 공정증서, 조정조서와 조정에 갈음하는 결정등이 있다.

만약 채무자에 대하여 확정판결문을 받았으나 재산이 있는지 없는지 모를 경우에는 법원에 재산명시신청서를 제출하여 채무자의 재산을 찾아 내는 방법이 있다. 재산명시신청을 해도 아무런 재산을 찾아내지 못했다면 채무자가 다니는 직장의 월급이나 통장을 가압류하는 방법이 있고 또한 채무자가 변제받을 다른 사람(제3채무자)이 있다면 채무자가 행사할 권리를 채권자가 대위하여 제3채무자의 재산을 압류하여 집행할 수 있다. 그리고 채무자에게 아무런 재산이 없다면 판결문은 무용지물이다. 민사채권의 소멸시효는 10년이다.

(2) 계약을 체결하고 채무자 재산에 저당권을 설정(등기부등본에 기입)하고 빌려준 경우

 ex.2 임의경매

채권자는 법원에 별도의 소송없이 바로 경매신청을 할 수 있다. 이를 임의경매(담보권실행을 위한 경매)라 한다. 임의경매를 신청할 수 있는 담보권 종류로는 등기부등본에 설정된 (ㄹ)저당권, 담보가등기, 전세권, 질권 등이 있다.

- **형식적 경매**
  강제경매와 임의경매를 실질적 경매라하며 이외의 경매를 형식적 경매라 하는데 형식적 경매는 경매의 권리분석에서는 쓰임이 별로 없고 강제경매와 임의경매 두가지 정도를 이해하면 충분하다고 본다. 형식적 경매로는 기타 법률 등에 규정된 경매이며 공유물 분할을 위한 경매, 유치권 실행을 위한 경매, 청산을 위한 경매, 타인의 권리를 상실시키는 경매 등이 있으며 민집 제275조의 임의경매 진행방식을 준용하고 있다.

- **채권자**
  돈을 빌려준 사람이나 기관을 말하며, 즉 돈을 빌리는 사람(채무자)에게 특정한 행위(채무상환)를 요구할 수 있는 사람을 말한다.
- **채무자**
  채권자에게 돈을 빌리는 사람으로 원금과 이자를 상환해야 하는 법적책임이 있는 사람을 말한다.
- **물건(민법제 98조)**
  유체물 및 전기, 기타 관리할 수 있는 자연력을 말한다.

- **물권(민법상)이란**
  물건을 직접 지배하여 이익을 얻는 권리를 말하며 물권으로는 소유권, 점유권, 용익물권(전세권, 지상권, 지역권), 담보물권(저당권, 유치권, 질권)을 말한다.
  물권은 모든 사람에 대해 주장할 수 있는 권리이므로 절대권이며 배타성과 양도성이 있다.
  물권중에서 점유권은 사실상 지배하는 권리이므로 등기부등본에 공시할 필요가 없으나 그 외의 물권은 등기부등본에 공시된 권리이다.

ex.3 모든 사람에게 주장

○ 내가 소유한 집(소유권)은 "모든 사람에게 내 것이다."라고 주장할 수 있는 권리이다.
○ 내가 남의 집에 전세권, 저당권 등의 물권을 설정하여 공시하면 모든 사람에게 이러한 권리를 주장할 수 있으므로 그 물건을 매수할 어떤 사람에게도 영향을 미친다.(전세권, 소유권)

- **채권(민법상)이란**
  채권은 당사자끼리 보통 계약을 맺으면서 성립하며 상호간에는 권리와 의무가 발생한다. 즉, 특정인이 다른 특정인에 대하여 특정한 행위를 청구할 수 있는 권리이다.

🏠 **ex.4** 당사자에게만 주장

○ 나는 당신과 아파트에 대하여 매매계약체결하고 계약금과 잔금 모두를 지급했는데 당신은 소유권이전등기를 해주지 않아서 소유권이전등기청구소송을 법원에 제기하였다. 소유권이전등기청구권은 다른 사람이 아닌 당신에게만 청구할 수 있는 권리이므로 채권이다.(소유권이전등기청구권)
○ 나는 당신에게 돈을 빌려주었는데 변제기가 되어도 돈을 갚지 않으니까 당신이 가진 아파트에 대하여 가압류를 하였다.(가압류)

2) 법원에서 경매절차

(1) 당사자의 경매신청 및 경매개시결정

채권자가 법원에 경매 신청을 하면 경매개시결정을 하고 채무자의 부동산을 압류하고 관할 등기소에 경매개시결정의 기입등기 촉탁을 시작으로 경매절차가 진행된다.

(2) 배당요구의 종기결정 및 공고

법원은 경매개시결정을 하고 채권자들이 배당요구할 수 있는 종기를 결정하고 경매개시결정을 한 취지와 배당요구의 종기를 공고한다.

(3) 매각의 준비

매각할 부동산의 현상, 점유관계, 임차인의 보증금과 차임의 액수 등 현황에 관한 조사, 감정인의 평가액을 기초로 최저매각가격을 정하고 매각방법 및 매각결정기일을 지정하여 통지 및 공고를 한다.

(4) 매각의 실시

집행관은 기일입찰일 경우 매각장소에서 입찰을 실시하여 최고가매수신고인과 차순위매수신고인을 정하고 기간입찰일 경우 입찰기간 동안 접수하여 보관된 입찰봉투를 개봉하여 최고가매수신고인과 차순위매수신고인을 정한다.

(5) 매각결정절차

지정된 매각결정기일에 이해관계인의 의견을 들은 후 매각허가여부를 결정하고 여기에 불복하는 이해관계인은 즉시항고를 할 수 있다.

(6) 매각대금납부

매각허가결정이 확정되면 지급기한을 정하여 낙찰인에게 매각대금의 납부를 명한다. 경매는 매매로 인한 소유권이전등기절차를 거치지 않더라도 대금을 납부하면 즉시 소유권을 취득한다.

 **부동산 공매**

국가에 대한 세금을 납부하지 않으면 채납자의 재산을 압류하고 강제로 처분하여 채납된 세금을 환수하는 것을 말하며 다른 기관에서도 할 수 있지만 주로 한국자산관리공사(캠코)에서 담당하고 있다.

경매는 법원에 가서 입찰을 하지만 공매는 인터넷 상의 "온비드"에 회원가입과 공동인증서(온비드전용인증서.범용공인인증서등)를 등록하여 입찰부터 낙찰까지 일괄 진행한다.

부동산 공매물건은 압류재산, 국유재산, 수탁재산, 유입재산, 신탁재산등이 있으며 여기서 공매물건의 압류재산에 관해서는 권리분석이 필요하므로 경매에 관한 권리분석을 배워두면 공매에서도 쉽게 적용할 수 있다.

공매에서 권리분석은 경매에 대한 권리분석과 별다른 것이 없으므로 부동산 등기부등본과 경매에서 매각물건명세서 역할을 하는 재산명세서, 그리고 입찰공고문을 면밀히 조사하면 누구나 할 수 있다.

> **add**
>
> - **수탁자산**
>   금융기관·기업체·공공기관이 업무에 사용하지 않는 자산(비업무용자산)과 양도소득세 혜택을 받기위하여 종전 주택을 한국자산관리공사에 수탁하여 공매하는 자산
> - **유입자산**
>   한국자산관리공사가 법원경매를 통하여 취득한 자산이나, 기업체로부터 취득한 자산
> - **신탁자산**
>   위탁자가 정한 신탁 목적에 따라 수탁자가 관리 또는 처분하는 자산

1) 공매절차

한국자산관리공사(캠코)는 국세.지방세의 체납으로 인한 체납자의 재산을 압류하여 처분하는 것을 공매라 한다.-압류재산-

(1) 공매의 준비

공매재산에 대한 예정가격과 현황조사, 공매장소, 배분요구의 종기, 매각결정기일등을 공고한다. 통상적으로 공고기간은 10일 이상으로 하며 공고 즉시 그 사실을 등기부에 기입하도록 등기소에 촉탁한다.

(2) 공매의 실시

공매를 입찰의 방법으로 하는 경우 공매재산의 매수신청인은 그 성명·주소·거소, 매수하려는 재산의 명칭, 매수신청가격, 공매보증, 그 밖에 필요한 사항을 입찰서에 적어 개찰이 시작되기 전에 제출하여야 한다.

(3) 매각결정 및 대금납부

매각결정에 하자가 없으면 최고가매수신청인을 매수인으로 결정하고 대금납부기한을 정하여 납부를 촉구한다. 매수인이 대금을 완납한 때에는 공매재산을 취득한다.

경매·공매 – 물건 선택

1) 물건의 선택에 집중한다.

권리에 하자가 없고 가치있는 물건을 선택하여 낙찰받는 것이 중요함으로 빈틈없는 권리분석과 가치있는 물건분석이 중요하다. 다만, 권리의 하자로 인한 입찰가가 하락된 물건의 경우 치유하여 대박을 칠 수 있는 물건이 있고 보기에는 허름하고 가치가 없어 보여도 숨어있는 물건의 가치가 있다면 선택해 볼만하다.

2) 물건 정보를 수집한다.

경매물건에 대한 정보는 대법원경매정보사이트와 사설경매정보사이트, 무료 정보사이트 등이 있고 공매물건은 인터넷 '온비드'사이트를 검색하면 바로 알 수 있다.

3) 물건에 대한 권리를 분석한다.

경매물건인 경우 법원에서 공시한 물건정보와 공매인 경우 온비드에 공시된 지번, 소유자 등의 내용이 열람한 공적장부와 일치하는지 확인하고 권리를 분석하여 하자가 없는지 상세히 조사한다.

4) 물건에 대한 가치를 분석한다.

인터넷 '토지이음', '카카오 맵', '네이버 지도' 등의 물건의 위치나 환경을 조사할 사이트는 많으나 인터넷 '토지이음'을 활용하면 더 많은 사항을 알 수 있으므로 토지이음을 활용하도록 권하고 싶다.

이렇게 인터넷상으로 물건의 입지와 도로의 접근성, 주위환경 등을 알아보고 공부상 내용과 일치하면 바로 현장을 답사한다. 현장답사하여 경매인 경우 법원경매기록, 공매인 경우 온비드에 나온 공매에 관한 기록과 공적장부와 일치하는지 조사한다.

5) 물건에 대한 수지분석을 한다.

경매목적물에 대한 시세를 파악하여 매수가격을 책정한다든지, 취득세, 법무비용, 이사비용, 관리비, 양도소득세, 수리비용 등을 계산하여 수지분석을 한다.

6) 입찰 준비를 한다.

경매입찰은 기일입찰이 많으므로 법원에 참석하여 입찰을 하고 바로 낙찰결과를 알 수 있다. 공매입찰의 경우에는 인터넷 '온비드' 사이트에서 진행하며 입찰공고문을 면밀하게 잃고 정해진 입찰기간에 입찰하면 된다. 입찰은 통상적으로 월요일 오전 10시부터 수요일 17시까지이며 입찰금액을 기재하여 제출하고 입찰보증금(최저매각가격의 10%)을 해당계좌로 송금한다.

7) 낙찰되면 잔금 납부 후 목적물을 인도 받는다.

경매나 공매(압류물건)는 잔금지불과 함께 소유권을 취득하므로 매각목적물을 인도받을 준비를 한다. 인도를 받을 때는 인내를 가지고 점유자와 협의하여 받는 것이 현명하다.

그러나 협의가 되지 않고 버틸 때는 경매의 경우에는 건물인도명령결정문을 받아 단시일에 강제집행을 실시 할 수 있으나 공매의 경우에는 명도소송을 하여 인도를 받을 수 있다. 명도소송은 수 개월의 기간이 소요될 수 있으므로 이것이 공매의 단점이다.

8) 경매와 공매가 경합될 경우

경매물건을 검색하다 보면 경매와 공매가 경합된 경우가 있다. 공매는 세금과 관련한 조세채권의 실현을 목적으로 하고 경매는 사법상 청구권을 목적으로 한다. 그러므로 양자는 별개의 법령과 독립된 절차로서 진행하므로 양 매수인 중 먼저 소유권을 취득한 자가 진정한 소유자가 된다.

chap. 2
부동산 물건의 공적서류의 이해

1. 토지대장 2. 공유지 연명부 3. 건축물대장 4. 집합건축물대장
5. 임야대장 4. 토지이용계획확인 5. 부동산 등기부등본
6. 신탁원부 7. 전입세대열람내역서

Chap.2
부동산 물건의 공적서류의 이해

1) 각종 대장

(1) 토지대장

토지의 소재지와 지번, 면적, 지목, 개별공시지가, 소유자의 주소와 성명이 표시되어 있다. 토지대장은 정부에서 관리하는 장부이다.

(2) 공유지 연명부

공유자의 지분을 표시하는 공적인 장부로 토지 소재지와 변동사항을 기재한다.

🏠 **ex.1** 공유지 연명부

(3) 건축물대장

건물의 소재지와 종류, 번호, 구조, 연면적, 용도, 건폐율, 증축관계, 위반건축물관계, 정화조와 분류관-오수처리시설관계, 소유자의 주소와 성명을 기록하는 장부이다. 건축물대장은 건물을 처음부터 착공하여 건물을 축조한 사람이 준공허가를 마치면서 생성한다. 이것을 토대로 소유권보존등기를 한다.

🏠 **ex.2** 일반건축물대장

(4) 집합건물 건축물대장

표제부와 전유부분으로 나누어져 있으며 표제부는 소재와 지번, 연면적, 건축면적, 층별구조 등이 표시되어 있으며 전유부분에는 소재와 지번, 층별 구조와 용도, 면적, 소유자 성명과 주소, 공용부분의 면적등이 기록되어 있다.

ex.3 집합건축물대장

(5) 임야대장

토지의 소재와 지번, 지목, 면적, 소유자의 주소와 성명, 토지의 개별공시지가가 필지마다 기록되어 있으며 지목은 임야이며 지번 앞에 산이라 표기된 장부이다.

ex.4 임야대장

대장을 열람하다 보면 임야인데 지번 앞에 '산'이 붙어 있지 않는 것을 종종 볼 수 있다. 이것은 등록이 전환된 토임으로 축척의 정밀성을 요하는 도면의 필요성에 따라 변경한 것이므로 임야를 개발할시에 토목공사등 토지개발이 용이한 지역을 말한다.

등록전환이란 임야대장과 임야도에 등록된 임야를 지적에 관한 정밀도를 높여 토지대장과 지적도에 등록하는 것을 말하며 등록전환을 할 토지는 법률에 의하여 정하여진 임야만 할 수 있다.

(6) 토지이용계획확인원 "토지이음" 인터넷 열람

토지를 합리적으로 이용하기 위한 토지이용계획을 정리한 온라인 장부로서 해당 토지의 이용계획, 도시계획, 행위제한 등에 관한 정보를 알 수 있으며 면적, 지목, 용도지역, 지구, 개별공시지가, 실거래가, 용적율, 건폐율, 층수 및 높이제한, 건축물정보까지 종합적으로 알 수 있다.

ex.5 토지이용계획확인원

(토지이용계획확인원 이미지)

2) 부동산 등기부등본(등기사항전부증명서)

일반적으로 등기부등본은 토지등기부와 건물등기부로 되어 있고, 공동주택(아파트, 연립, 빌라)은 집합건물등기부등본과 토지등기부등본이 별개로 되어 있으며 집합건물의 등기부등본의 표제부에 토지지분에 대한 대지권이 표시되어 있다.

등기할 수 있는 권리를 공시하는 장부로서 이에 대한 권리의 보존, 이전, 설정, 변경, 처분의 제한 또는 소멸에 대하여 등기부등본에 기입한다.(부등법 제3조)

- 등기할 수 있는 권리로는 소유권, 지상권, 지역권, 전세권, 저당권, 권리질권, 채권담보권, 임차권등이 있다.

(1) 토지와 건물의 등기부등본

① 표제부

표제부는 부동산의 표시에 관한 등기로 토지등기부등본의 표제부는 소재와 지번, 지목, 면적을 표시하며 건물등기부등본의 표제부에는 소재 지번 및 건물의 번호, 건물내역, 면적, 부속건물의 표시 등을 기록한다.

② 갑구

갑구는 소유권에 관련된 권리사항을 기입하는 등기로 소유권보전. 이전등기, 소유권의 취득·변경·말소등기, 소유권에 대한 처분제한의 등기(체납처분에 의한 압류, 가압류, 가처분, 가등기, 경매개시결정등기) 등을 기재한다.

③ 을구

소유권 이외의 권리를 기록하는 등기로 용익물권(전세권, 지상권, 지역권), 담보물권(근저당권), 임차권의 설정 등을 기재한다.

ex.6 토지 등기부등본(등기사항전부증명서)의 구성

【표제부】		(토지의 표시)			
표시번호	접 수	소재지번	지목	면적	등기원인 및 기타사항
1 (전 1)	1977년5월13일		대	152.7m²	부동산등기법 제177조의 6 제1항의 규정에 의하여 2001년 05월 08일 전산이기

【갑 구】		(소유권에 관한 사항)			
순위번호	등기목적	접 수	등기원인	권리자 및 기타사항	
1 (전 9)	소유권이전	1988년5월31일 제6227호	1988년5월31일 매매	소유자 부동산등기법 제177조의 6 제1항의 규정에	

【을 구】		(소유권 이외의 권리에 관한 사항)		
순위번호	등기목적	접 수	등기원인	권리자 및 기타사항
1	근저당권설정	2004년4월9일 제20929호	2004년4월9일 설정계약	채권최고액 금26,000,000원 채무자

ex.7 건물 등기부등본(등기사항전부증명서)의 구성

【표제부】		(건물의 표시)		
표시번호	접 수	소재지번 및 건물번호	건물내역	등기원인 및 기타사항
1 (전 1)	1994년5월20일		조표제94-168호 시멘트 벽돌조 슬래브지붕 2층 단독 주택 1층 87.16m² 2층 83.32m²	부동산등기법 제177조의 6

【 갑 구 】		(소유권에 관한 사항)		
순위번호	등 기 목 적	접 수	등 기 원 인	권리자 및 기타사항
1 (전 1)	소유권보존	1994년5월20일 제7636호		소유자 ...

【 을 구 】		(소유권 이외의 권리에 관한 사항)		
순위번호	등 기 목 적	접 수	등 기 원 인	권리자 및 기타사항
1	근저당권설정	2004년4월9일 제20929호	2004년4월9일 설정계약	채권최고액 금26,000,000원 채무자 ...

(2) 집합건물의 등기부등본 (등기사항전부증명서)

집합건물 등기부등본의 표제부는 1동의 건물의 표시(소재지번, 건물명칭 및 번호, 건물내역), 대지권의 목적인 토지의 표시(소재지번, 지목, 면적)와 전유부분의 건물의 표시 (건물번호, 건물내역), 전유부분에 대한 대지권의 표시(대지권의 종류, 대지권의 비율)를 나타낸다.

ex.8 집합건물 등기부등본(등기사항전부증명서)의 구성

【 표 제 부 】		(1동의 건물의 표시)		
표시번호	접 수	소재지번,건물명칭 및 번호	건 물 내 역	등기원인 및 기타사항
1	2019년7월5일	... 245-50 [도로명주소] ... 광역시 ...	철근콘크리트구조 (철근)콘크리트지붕 7층 공동주택 및 업무시설 1층 30.19㎡ 2층 160.52㎡	

		(대지권의 목적인 토지의 표시)		
표시번호	소 재 지 번	지 목	면 적	등기원인 및 기타사항
1	1. ... 245-50	대	591㎡	2019년7월5일 등기

【 표 제 부 】		(전유부분의 건물의 표시)		
표시번호	접 수	건 물 번 호	건 물 내 역	등기원인 및 기타사항
1	2019년7월5일	제3층 제301호	철근콘크리트구조 공동주택(다세대주택) 67.63㎡	

		(대지권의 표시)	
표시번호	대지권종류	대지권비율	등기원인 및 기타사항
1	1 소유권대지권	878.35분의 67.63	2019년7월1일 대지권 2019년7월5일 등기

【 갑 구 】	(소유권에 관한 사항)			
순위번호	등 기 목 적	접 수	등 기 원 인	권리자 및 기타사항
1	소유권보존	2019년7월5일 제38961호		소유자 ○○○ 572730-******* ○○○○○ ○○구 ○○프로○○길 106-22,

【 을 구 】	(소유권 이외의 권리에 관한 사항)			
순위번호	등 기 목 적	접 수	등 기 원 인	권리자 및 기타사항
1	주택임차권	2023년3월15일 제13068호	2023년3월3일 ○○방법원	임차보증금 금220,000,000원 범 위 제3층 제301호 전부

(3) 등기부등본에서 권리의 순위

등기의 순서는 등기기록 중 같은 구에서 한 등기 상호간에는 순위번호에 따르고, 다른 구에서 한 등기 상호간에는 접수번호에 따른다.(부등법 제4조)

🏠 ex.9 권리의 순위

소유지분을 제외한 소유권에 관한 사항 (갑구)

순위번호	등기목적	접수정보	주요등기사항	대상소유자
4	가압류	2022년11월4일 제113824호	청구금액 금2,366,640원 채권자 근로복지공단	○○○
5	강제경매개시결정	2023년10월26일 제115007호	채권자 ○○	○○○
6	압류	2023년11월10일 제120883호	권리자 국	○○○
7	압류	2023년11월13일 제121384호	권리자 국민건강보험공단	○○○

(근)저당권 및 전세권 등 (을구)

순위번호	등기목적	접수정보	주요등기사항	대상소유자
8	근저당권설정	2020년2월26일 제20963호	채권최고액 금97,900,000원 근저당권자 주식회사국민은행	○○○ 등
8-1	근저당권이전	2023년10월20일 제74387호	근저당권자 한국주택금융공사	○○○ 등
9	근저당권설정	2023년4월13일 제23202호	채권최고액 금165,000,000원 근저당권자 ○○○○주식회사	○○○ 등
10	전세권설정	2023년4월13일 제23203호	전세금 금5,000,000원 전세권자	○○○ 등

권리의 순위는 갑구나 을구의 같은 구에서는 순위번호 순서로 하고 갑구, 을구 전체의 권리의 순위는 접수번호 순으로 한다. 그리고 같은 날자에 등기를 하면 접수번호로 순위를 정한다. 위에서 권리의 순위는 갑구 을구의 구별 없이 근저당설정(을8번)-가압류(갑4)-근저당설정(을9)-전세권설정(을10)-강제경매개시결정(갑5)-압류(갑6)-압류(갑7)이다.

근저당설정(을8번)과 근저당권이전(8-1)의 관계는 주등기와 부기등기의 관계로 순위번호를 사용할 때는 주등기(을8)의 번호로 한다.

(4) 대장(토지, 건물)과 등기부등본과의 관계

토지 등기부등본의 표제부는 토지대장 및 임야대장에 표시되어 있는 면적, 지목, 지번 등을 기준으로 정리하고 소유자가 같지 않을 때 대장관리관청은 등기부등본에 표시되어 있는 소유자를 기준으로 변경한다.

실제로 토지의 지번이 바뀌고 면적이 변경되면 대장을 다시 정리하고 정리된 대장을 기준으로 등기부등본에 기재사항을 변경한다. 그리고 소유자에 대해서는 대장에 기재된 소유자와 등기부등본상의 소유자가 다르면 등기부등본상에 기재된 소유자로 변경한다.

그러므로 토지 소유자는 등기부등본에 기재된 사항을 기준으로 하므로 중요한 것은 대장에 기록된 명의자를 소유자로 봐서는 안 된다. 보통 두 공적장부는 일치되도록 정리한다.

건물 등기부등본도 건축물대장을 기준으로 건축에 관한 종류, 구조, 연면적, 용도, 증축 관계 등을 등기부등본에 기입하며 건축물에 관한 소유자는 등기부등본에 기재된 소유자로 건축물대장의 소유자를 변경한다.

경우에 따라서는 등기부등본에 기재된 소유자와 건축물대장에 기재된 소유자가 다른 경우에 해당 관청에 전화만 하더라도 등기부등본에 기재된 소유자로 바로 변경해 주는 경우도 있다.

(5) 대장과 등기부등본을 열람하는 방법

각종 대장은 행정부에서 관리하므로 구청·동사무소에서 발급받을 수 있으며 인터넷 "정부24시" 사이트에서 쉽게 발급 받을 수 있다. 그리고 등기부등본은 법원에서 관리하므로 법원 등기소나 "대법원인터넷등기소" 사이트, 동사무소나 구청민원실에 설치된 무인발급기에서 쉽게 발급 받을 수 있다.

3) 그 밖의 공적서류

(1) 신탁원부

신탁된 부동산은 위탁자(부동산 원소유자)와 수탁자(소유권을 이전받은 신탁회사)관계에서 저당권설정·임대차계약 등의 내용을 확인할 수 있으며 전·월세등 계약시 권한의 위임관계 등을 반드시 확인해야 할 장부이다.

> add
> - 신탁이란 부동산 소유자가 신탁회사에 위탁하여 관리, 운용, 처분하는 것을 말한다. 신탁재산에 대하여 강제집행, 경매, 보전처분 등은 원칙적으로 금지되며 신탁기간 종료 후에는 수익자에게 반환된다.

(2) 전입세대열람내역서

동사무소에 가서 대법원경매정보지나, 사설경매정보지를 복사하여 제출하면 발급받을 수 있다. 해당주소에 사는 사람이 언제부터 전입되어 있는지 날짜를 비교하여 대항력의 유무를 파악할 수 있다.

chap.3
권리분석(총설)

1. 등기부등본에 공시된 권리
2. 등기부등본에 공시되어 있지 않는 권리
3. 권리분석을 쉽게하는 방법은

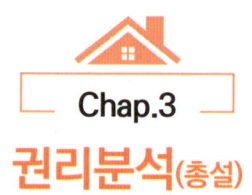

Chap.3
권리분석(총설)

경매물건을 낙찰받은 후 대금을 납부하여 소유권을 취득하게 되면 등기부상의 권리가 소멸되는 것이 있고 반면에 인수되어 남아있는 경우가 있다.
권리가 소멸되어야 낙찰인은 부담이 없고 인수가 되면 소유권을 빼앗길 수 있으며 돈을 물어줘야 할 경우가 생기며 사용·수익하는데 제한을 받을 수 있다. 그러므로 경매에서의 권리분석의 핵심은 인수냐 소멸이냐에 중점을 두고 분석을 해야 한다.

1) 권리분석에서 나오는 권리

경매물건의 권리에는 등기부상 공시된 권리가 있고 공시되어 있지 않는 권리가 있다.

(1) 등기부등본에 공시된 권리

(근)저당권, 용익물건(전세권, 지상권, 지역권), (가)압류, 가처분, 가등기, 예고등기, 등기된 임차권 등이 있다.(소유권-권리분석 대상x)

(2) 등기부등본에 공시되어 있지 않는 권리

임차권(등기x), 유치권, 법정지상권, 분묘기지권이 있다.

> **add**
> - 처음으로 경매의 권리분석을 배우는 사람에게는 어디서부터 어떻게 공부를 해야 하는지 막막한 생각이 든다. 그러나 위에서 정리한 권리의 범위가 거의 모두이므로 하나하나 법률에 대한 개념을 이해하고 권리의 인수와 소멸을 공부하면 된다.

2) 권리분석을 쉽게 하는 방법은

(1) 각 권리를 시간적 순서로 나열한다.

등기부등본상 갑구, 을구에 공시된 권리설정 날자와 임차인의 대항력 발생일자를 구별없이 시간적 순서로 나열한다. ※ 접수일자가 같은 날이면 접수번호순으로 한다.

(2) 말소기준권리를 찾는다.

『말소기준권리는 (근)저당권, (가)압류, 전세권(건물전부-경매신청과 배당요구), 담보가등기, 경매개시결정등기』

> **add**
> - 대법원경매정보사이트에서는 권리의 순위를 나열하여 정리를 해놓지 않으므로 등기부등본을 열람하여 권리의 순위를 정하고 임차인이 있으면 대항력 발생일도 함께 나열하여 말소기준권리를 찾아 인수되는 권리와 소멸되는 권리를 찾는다. 보통 사설경매사이트에서는 공시되는 권리의 순위를 분석하기 좋게 시간적인 순서로 나열해 놓으나 간혹 나열 순번이 틀리는 경우가 있으므로 등기부등본을 열람하여 잠시 확인하는 것도 중요하다. 그리고 공시되어 있지 않은 대항력을 갖춘 임차인이 있는지 없는지 확인한다.

① 소멸
말소기준권리보다 후순위에 오면 소멸하는 권리로는 용익물건(전세권, 지상권, 지역권), 가등기(담보, 순위보전), 임차인의 권리가 있다. 말소기준권리와 상관없

이 소멸되는 권리로는 (근)저당권, (가)압류, 담보가등기등 금전에 관한 권리이며 가처분의 권리는 말소기준권리보다 후순위에 오면 통상적으로 소멸하나 인수되는 경우도 있다.

case.1 소멸

임차인	점유부분	전입/확정/배당	채권액	기타	비고
손해인	주거용 전부	전입: 2010.03.10. 확정: 2010.03.10.	보증금:100,000,000	배당요구(O)	대항력 발생일 2010.03.11

순서	설정일자	권리종류	권리자	채권금액	비고	소멸여부
1	2005.07.11	소유권이전(매매)	한심인			
2	2010.02.19	근저당	국민은행	100,000,000원	말소기준권리	소멸
3	2010.10.19	가압류	김은희	39,000,000원		소멸
4	2011.01.02	가등기	박상인			소멸
5	2013.04.23	가압류	캐피탈(주)	18,000,000원		소멸
6	2015.07.01	임의경매	국민은행	100,000,000원	2015 타경 1234	소멸

『권리의 순위는 근저당(국민)-임차인(손해인)-가압류(김은희)-가등기(박상인)-가압류(캐피탈)』

최선순위의 말소기준권리는 근저당(국민)이므로 근저당 이후 후순위의 권리는 모두 소멸되므로 낙찰인에게는 아무런 부담이 없다.

② 인수

말소기준권리보다 선순위(최선순위)에 용익물건(전세권, 지상권, 지역권), 가등기(순위보전), 가처분, 임차인의 권리가 있으면 소멸하지 않고 매수인이 인수한다. 단, 최선순위의 전세권의 경우에는 경매신청이나 배당신청을 하면 소멸한다. 그러나 대항력을 겸한 전세권자와 대항력 있는 임차인의 경우에는 경매신청이나 배당신청을 하면 소멸하지만 전액을 배당받지 못하면 잔액은 낙찰자가 인수한다. 최선순위의 권리가 인수되는 경우는 경매실행으로 돈을 배당받지 못하기 때문에 남아 있는 경우이다.

case.2 인수

임차인	점유부분	전입/확정/배당	채권액	기타	비고
나산다	주거용 전부	전입: 2010.01.10. 확정: 2010.01.10.	보증금:100,000,000	배당요구(유 · 무)	대항력 발생일 2010.01.11

순서	설정일자	권리종류	권리자	채권금액	비고	소멸여부
1	2005.09.11	소유권이전(매매)	최부자			
2	2010.02.21	근저당	우리은행	100,000,000원	말소기준권리	소멸
3	2010.10.20	가압류	김상식	40,000,000원		소멸
4	2011.11.02	가등기	주하라			소멸
5	2012.02.21	가압류	새마을	20,000,000원		소멸
6	2015.07.01	임의경매	국민은행	100,000,000원	2015 타경 1234	소멸

『권리의 순위는 임차인(나산다)-근저당(우리은행)-가압류(김상식)-가등기(주하라)-가압류(새마을)』

최선순위에 대항력을 가진 임차인(나산다)이 있으므로 임차인이 경매신청 또는 배당신청을 하지 않으면 임대목적물을 계속 사용한다는 뜻으로 남아 있게 되므로 낙찰자는 그 건물을 인도 받을려면 할 수 없이 낙찰자는 보증금 전액을 주고 인도받게 된다.

그리고 임차인이 임대목적물의 사용을 포기하고 보증금을 돈으로 받아가기 위해 경매신청 또는 배당요구를 하면 임차인의 권리가 소멸한다. 그러나 보증금 전액을 배당받지 못한다면 잔액은 매수인이 인수한다.

case.3 인수

순서	설정일자	권리종류	권리자	채권금액	비고	소멸여부
1	2005.09.11	소유권이전	최부자			
2	2010.10.10	전세권	김무생	보증금100,000,000원	(경매신청, 배당요구)? 말소기준권리?	소멸? 인수?
3	2010.10.20	근저당	국민은행	40,000,000원	말소기준권리?	소멸
4	2011.11.02	가압류	박도생	30,000,000원		소멸
5	2012.02.21	가등기	구무식			소멸
6	2015.07.01	임의경매	국민은행	100,000,000원	2015 타경 1234	소멸

『권리의 순위는 전세권-근저당-가압류-가등기이다』

전세권은 사용하고 수익할 수 있는 용익물권과 저당권과 같은 담보물권의 두 가지 성질의 형태를 가지고 있다. 그러므로 최선순위의 전세권은 전세권자가 경매신청 또는 배당신청을 하지 않으면 소멸하지 않고 낙찰자가 전액 인수한다. 이런 경우 말소기준권리는 근저당(국민)이다. 그러나 최선순위전세권자가 경매신청 또는 배당신청을 하면 저당권과 같은 성질로서 돈을 배당받으니까 소멸하고 동시에 말소기준권리가 되어 후순위권리는 모두 소멸한다. 말소기준권리보다 후순위의 용익물권은 항상 소멸한다.

3) 말소기준권리와 상관없이 소멸 또는 인수되는 권리가 있다.

예고등기, 가처분, 유치권, 법정지상권, 분묘기지권등이 있다.

- 등기부등본상 공시된 권리와 대항력을 가춘 임차인의 대항력 발생일을 시간적 순서로 나열하여 말소기준권리를 찾아 이후 후순위 권리는 소멸되어야 하고 인수되는 권리가 없어야 한다. 인수되는 권리가 있더라도 낙찰가를 감안하여 입찰하도록 하여 손해가 없어야 한다.

그리고 말소기준권리와 상관없이 인수되는 권리가 있는지 검토하고 인수할 수 있는 권리가 있다면 보통 매각물건명세서에 언급되어 있다. 매각물건명세서가 깨끗하면 아무런 문제가 없다.

매각물건명세서에는 말소기준권리와 상관없이 인수될 수 있는 사항 뿐만아니라 본 경매사건의 거의 모든 하자를 공시한다. 한편으로 하자있는 권리가 있으면 입찰가가 많이 떨어지므로 이런 물건들을 소홀히 여기지 말고 눈여겨 볼 필요가 있다. 이러한 사건들은 수익을 낼 수 있는 물건들이 더러 있으므로 지나치지 말고 면밀히 분석하여 하자를 치유할 수 있는 능력있는 전문가가 되도록 많은 연구가 필요하다. 이렇게 하자를 치유할 수 있는 전문가가 많은 수익을 낼 수 있는 경매고수가 된다.

지금은 경매로 부동산을 매수한다는 것이 보편화되어 권리의 소멸과 인수되는 사항은 이웃 집 아줌씨도 잘 알고 있기 때문에 평이한 권리분석으로 돈되는 부동산을 잡는다는 것은 쉬운 일이 아니다. 그러므로 차원있는 접근이 필요하므로 하자있는 물건을 심층분석 할 줄 아는 권리분석의 전문가가 되어야 한다.

4) 매각물건명세서를 반드시 검토한다.

매각물건명세서는 경매목적물에 대한 사건 전반의 내용을 기록하는 문서로 최선순위로 설정된 권리와 임차인의 내역, 배당요구종기일, 매각조건의 유무 확인, 인수될 수 있는 권리관계를 기록한다. 법원 경매계에서는 입찰기일 7일 전에 공개하며 권리분석에 있어서 가장 중요한 문서이므로 반드시 세밀히 검토해야 한다.

ex.1 매각물건명세서

매각물건명세서

사 건	2020타경○○○○○ 부동산강제경매	매각물건번호	1	작성일자	2024.0.05	담임법관 (사법보좌관)	한○○	
부동산 및 감정평가액 최저매각가격의 표시	별지기재와 같음		최선순위 설정	2021.○.8. 가압류		배당요구종기	2023.○.04	

부동산의 점유자와 점유의 권원, 점유할 수 있는 기간, 차임 또는 보증금에 관한 관계인의 진술 및 임차인이 있는 경우 배당요구 여부와 그 일자, 전입신고일자 또는 사업자등록신청일자와 확정일자의 유무와 그 일자

점유자 성 명	점유 부분	정보출처 구 분	점유의 권 원	임대차기간 (점유기간)	보증금	차 임	전입신고일자·외국인등록(체류지변경신고)일자·사업자등록신청일자	확정일자	배당요구여부 (배당요구일자)
김○○	205호 전유부분 전부	등기사항 전부증명서	주거 임차권자	2020.○.20.~	110,000,000		2020.0○.20.	2020.0○.20.	

〈비고〉
김○○:신청채권자 주택도시보증공사는 임차인 김○○○ ○○○○○

※ 최선순위 설정일자보다 대항요건을 먼저 갖춘 주택·상가건물 임차인의 임차보증금은 매수인에게 인수되는 경우가 발생 할 수 있고, 대항력과 우선변제권이 있는 주택·상가건물 임차인이 배당요구를 하였으나 보증금 전액에 관하여 배당을 받지 아니한 경우에는 배당받지 못한 잔액이 매수인에게 인수되게 됨을 주의하시기 바랍니다.

등기된 부동산에 관한 권리 또는 가처분으로 매각으로 그 효력이 소멸되지 아니하는 것
매수인에게 대항할 수 있는 을구 순위4번 주택임차권등기(2022. 3. 30.등기) 있음(임대차보증금 110,000,000원, 점유개시일자 2020. 3. 20., 확정일자 2020. 2. 20.). 배당에서 보증금이 전액 변제되지 아니하면 잔액을 매수인이 인수함

매각에 따라 설정된 것으로 보는 지상권의 개요

비고란

주1 : 매각목적물에서 제외되는 미등기건물 등이 있을 경우에는 그 취지를 명확히 기재한다.
　2 : 매각으로 소멸되는 가등기담보권, 가압류, 전세권의 등기일자가 최선순위 저당권등기일자보다 빠른 경우에는 그 등기일자를 기재한다.

매각물건명세서에 특별매각조건이 기재되며 말소기준권리와 상관없이 낙찰자에게 인수될 수 있는 권리와 유치권, 법정지상권, 분묘기지권 성립 가능성, 위반건축물, 대지권 미등기등을 기입하므로 매각물건명세서가 깨끗하면 좋겠지요.

chap.4
등기부등본에 공시된 권리

1. 전세권 2. 지상권 3. 지역권 4. 저당권 5. 가압류
6. 가처분 7. 가등기 8. 예고등기

1.각 권리에 대한 개념이해 2.권리의 인수와 소멸에 대한 이해
3.일상에서 접하게 되는 법률 활용 4. 권리분석으로 수익 낼 수 있는 기법 연구

등기부등본에 공시된 권리

전세권에 대한 권리분석

타인의 상가, 주택, 공장 등의 건물을 점유하여 사용, 수익하기 위하여 건물소유자에게 전세금을 담보로 지급하여 전세계약을 체결하고 본 부동산 등기부등본상에 전세권을 설정한 것을 말한다.

전세계약을 체결하는 것은 임차권이며 채권이고, 전세계약을 체결하고 등기부등본상에 전세권설정을 하면 물권이다. 전세권자는 그 부동산의 전부에 대하여 후순위 권리자, 기타 채권자보다 전세금의 우선변제를 받을 권리가 있다.

전세권은 남의 물건을 점유하여 사용, 수익할 수 있다는 것은 용익물건에 해당하며 전세권자가 경매신청이나 배당신청을 하면 돈으로 배당받아 가겠다는 것이므로 저당권과 같은 담보물권의 성질을 가지고 있다.

 ex.1 전세권

【 을 구 】		(소유권 이외의 권리에 관한 사항)		
순위번호	등 기 목 적	접 수	등 기 원 인	권리자 및 기타사항
1	전세권설정	2023년3월8일 제27753호	2023년3월8일 설정계약	전세금 금110,000,000원 범 위 주거용 건물의 전부 존속기간 2023년 3월 일부터 2023년 6월 일까지 전세권자 부산광역시

1) 최선순위의 전세권이 인수될 때와 소멸할 때는

낙찰자는 최선순위의 전세권을 인수하면 전세금을 물어줘야 하므로 조심해야 한다.

말소기준권리보다 후순위의 전세권은 배당에 관계없이 무조건 소멸하므로 신경 쓸 것이 없지만 최선순위의 전세권에 있어서 전세권자가 경매신청을 하거나 배당요구종기일까지 배당신청을 하면 소멸한다.

case.1 최선순위에 전세권이 있을 때 인수와 소멸은

순서	접수	권리종류	권리자	채권금액	비고	소멸 여부
1	2000.10.10	소유권이전	소부자		매매	
2	2001.01.10	전세권	이병도	보증금 90,000,000원	배당요구(유,무)	인수? 소멸?
3	2001.10.09	근저당	하나은행	37,000,000원		소멸
4	2002.02.02	가압류	새마을금고	165,000,000원		소멸

- 인수

  말소기준권리보다 선순위(최선순위) 전세권자(이병도)가 경매신청을 하지 않거나 다른 채권자의 경매신청시에 배당요구종기일까지 배당요구가 없으면 배당받아야할 보증금을 포기하는 대신 사용, 수익할 권리를 갖게 됨으로 이 전세권은 용익물권으로 취급되어 낙찰자가 인수하게 된다. 낙찰자는 이 물건을 인도 받으려면 전세권자(이병도)에게 전세보증금(9천만원)전액을 지불해야만 한다.

- 소멸

  최선순위 전세권자(이병도)가 경매신청을 하거나 배당요구종기일까지 배당요구를 하면 사용, 수익 할 수 있는 권리를 포기하고 돈(전세보증금)으로 배당을 받게 되니까 담보물권이 되어 소멸하고 동시에 말소기준권리가 되어 전세권보다 후순위 권리(근저당, 가압류)는 소멸한다.

2) 대항력을 겸한 전세권의 인수와 소멸은

낙찰자에게 전세권은 인수되지 않고 소멸되어야 하므로 최선순위의 전세권자가 임의경매 신청을 했는지, 배당요구종기일까지 배당신청을 했는지, 대항력을 겸한 전세권자인지 면밀히 확인하는 것이 무엇보다 중요하다.

최선순위의 전세권자가 임의경매를 신청하거나 다른 채권자가 경매신청시에 배당요구종기일 까지 배당신청을 했다면 전세보증금 전액을 배당받든 일부받든 소멸한다. 그러나 대항력을 겸한 전세권자는 보증금 전액을 배당받으면 소멸하지만 전액을 배당받지 못하면 잔액은 낙찰자가 인수한다.

임차인이 먼저 전입과 입주하고 전세권을 설정하는 경우, 최선순위로 전세권을 먼저 설정하고 전입과 입주하는 경우등 임차인이 대항력을 겸한 전세권에 대하여 알아보기로 한다.

> *add*
> - 대항력을 겸한 전세권에 관해서는 임차인의 권리분석에서 대항력과 우선변제권을 이해하고 다루어야 하나 일반적으로 대항력을 갖춘 임차인이 가첨하여 전세권을 설정하는 경향이 많으므로 부득이 함께 이해해야 한다.

(1) 최선순위 임차인이 후순위의 전세권자 일 때 인수와 소멸은

주택임대차보호법상 대항력(입주+전입)을 갖춘 최선순위임차인이 후순위로 전세권을 설정했다면 임차인으로서 경매신청이나 배당신청의 유.무에 따라 낙찰자에게 임차보증금의 인수와 소멸이 결정된다. 즉 임차인이 경매신청이나 배당신청이 없으면 임차보증금 전액이 낙찰자에게 인수되며 배당신청을 하더라도 임차인의 보증금 전액을 배당받지 못하면 잔액은 낙찰자가 인수한다. 여기서 주임법상 대항력을 갖춘 임차인의 지위와 전세권자의 지위는 법률상 별개이다. 그러나 최선순위임차인보다 후순위 전세권은 동일인으로서 대항력을 갖춘 임차인의 지위에 포함된다고 말할 수 있다.

등기부상의 전세권으로 배당을 받을 경우와 주택임대차보호법에 의한 임차인으로서 배당받을 경우는 별개로서 취급하기 때문에 등기부상의 전세권으로 배당을 받을 경우 보증금 전액을 배당받지 못할 때, 주택임대차보호법에 의한 대항력을 갖춘 임차인으로서 배당을 받을 수 있다.

case.2 최선순위의 임차인이 후순위에 전세권을 설정할 때

매각가격: 150,000,000원

임차인	점유부분	전입/확정/배당	채권액	기타	비고
나산다	주거용 건물 전부	전입: 2010.05.10. 확정: 2010.05.10.	보증금 200,000,000원	배당요구(x) (유 · 무)	대항력 발생일 2010.05.11

순서	접수	권리종류	권리자	채권금액	비고	소멸여부
1	2007.10.20.	소유권이전	황부자		매매	
2	2010.06.10.	전세권	나산다	보증금 200,000,000원	말소기준권리?	소멸
3	2010.10.30.	근저당	하나은행	100,000,000원		소멸
4	2011.10.02.	가압류	새마을금고	157,000,000원		소멸

『임차인 나산다는 대항력(2010.05.11.)과 확정일자를 받아 우선변제권을 갖추고 이후에 전세권설정(2010.06.10.)을 한 후 근저당설정(하나은행)+가압류(새마을)를 하였다.』

등기부등본에 공시된 권리를 시간적 순서로 나열하면 전세권-근저당-가압류이다. 전세권자가 경매신청을 하면 말소기준권리가 되어 근저당-가압류 모두 소멸한다. 그러나 등기부등본에 공시된 권리와 공시되지 않는 임차인의 권리를 모두 나열하여 보면 ①임차인(나산다) - ②전세권(나산다) - ③근저당(하나은행) - ④가압류(새마을)이다.

전세권으로 임의경매를 실행하여 배당관계를 살펴보면 건물 매각가격은 150,000,000원이고 전세보증금은 200,000,000원이 되어 150,000,000원을 배당받고 50,000,000원은 배당받지 못한다. 그러나 전세권으로 배당받지 못한 50,000,000원은 주임법상 대항력을 갖춘 임차인이므로 낙찰자에게 대항할 수 있다.

add

- 위에서 등기부등본상 전세권으로 경매신청이나 배당신청을 하면 말소기준권리가 되어 후순위의 권리는 소멸하지만 주임법상 대항력을 갖춘 임차인(전세권자와 동일인)의 권리는 소멸하지 아니한다. 전세권으로 배당받을 권리와 임차인으로서 배당받을 권리는 별개이므로 전세권으로 보증금 전액을 배당받지 못하면 대항력을 갖춘 임차인의 자격으로 배당받지 못한 잔액을 낙찰자가 인수한다.(대법93다39676판결)

(2) 최선순위의 전세권자가 후순위의 임차인 일 때 인수와 소멸은

최선순위의 전세권은 전세권자가 경매신청을 하거나 배당요구종기일까지 배당요구를 하면 전세보증금이 전액 배당되지 않아도 소멸한다. 그러나 임차인의 대항력(입주+전입)을 겸한 전세권자는 전세보증금 전액을 배당받지 못하면 잔금은 낙찰자가 부담한다.

case.3 최선순위의 전세권자가 후순위에 임차인일 때

매각가격 80,000,000원

임차인	점유부분	전입/확정/배당	채권액	기타	비고
김왈자	주거용 건물 전부	전입: 2010.05.10 확정: 2010.05.10	보증금 100,000,000원	배당요구(유.무) 대항력발생일 2010.05.11	우선변제권

순서	접수	권리종류	권리자	채권금액	비고	소멸여부
1	2007.10.20.	소유권 이전	우정미		매매	
2	2010.05.05	전세권	김왈자	보증금 100,000,000원	말소기준권리?	소멸. 인수
3	2011.03.19	근저당	하나은행	97,000,000원		소멸
4	2012.11.02	가압류	김수동	100,000,000원		소멸

『권리의 순위는 전세권(김왈자)+임차인(김왈자)+근저당+가압류이다.』
최선순위 전세권자인 김왈자가 전세권자로서 경매신청과 배당신청을 하면 전세권은 말소기준권리가 되어 후순위 임차인, 근저당, 가압류 등이 소멸한다. 그러나 최선순위로 전세권설정등기권자가 등기부상 새로운 이해관계인

이 없는 상태에서 다시 임대차계약을 체결하여 주택임대차보호법상 대항요건을 갖추었다면 전세권자로서의 지위와 주임법상 대항력을 갖춘 임차인으로서의 지위를 함께 가지게 되어 전세권자가 경매신청하여 매각으로 소멸되어도 최선순위 전세권자는 대항력을 행사할 수 있으므로 보증금 전액을 변제받지 못한 나머지 금액에 대하여 낙찰자에게 대항할 수 있고, 그 범위 내에서 임차주택의 매수인은 임대인의 지위를 승계한 것으로 보아야 한다.(대법2010마900결정)

최선순위의 전세권자인 김왈자가 경매신청을 하여 건물 매각대금이 80,000,000원이면 전세보증금 100,000,000원중 80,000,000원만 받고 소멸해야 한다. 그러나 대항력을 겸한 전세권자이므로 전세보증금 전액을 받지 못한 20,000,000원은 낙찰자에게 대항할 수 있다.

(3) 최선순위 전세권자가 가압류 등기 후 임차인일 때 인수와 소멸은

최선순위의 전세권자가 등기부상 새로운 이해관계자가 있을 때 다시 임대차계약을 체결하고 입주와 전입을 하여 대항요건을 갖추었더라도 주임법상 대항력을 겸한 전세권자로서 지위를 함께 가질 수 없게 되므로 전세권이 매각으로 소멸하면 임차인의 권리도 소멸된다.

case.4 최선순위 전세권자가 가압류 등기 후 임차인일 때

매각가격 80,000,000원

임차인	점유부분	전입/확정/배당	채권액	기타	비고
이손자	주거용 건물 전부	전입: 2010.10.02 확정: 2010.10.02	보증금 100,000,000원	배당신청(O)	우선변제권 2010.10.03

순서	접수	권리종류	권리자	채권금액	비고	소멸여부
1	2007.10.20.	소유권 이전	김수미		매매	
2	2010.09.15	전세권	이손자	보증금 100,000,000원	말소기준권리	소멸. 인수
3	2010.09.20	가압류	우리은행	50,000,000원		소멸
4	2012.12.02	가압류	김샌자	80,000,000원		소멸

『권리의 순위는 최선순위의 전세권(이손자)- 가압류(우리은행)- 임차인(이손자)- 가압류(김샌자)이다.』

최선순위 전세권자인 이손자의 경매실행으로 건물 매각가격이 80,000,000원이면 전세보증금 100,000,000원중 80,000,000원을 배당받고 전세권은 소멸한다.

배당받지 못한 20,000,000원에 대하여 낙찰자에게 대항할 수 없다. 왜냐하면 최선순위의 전세권자와 임차인이 동일성이 인정되더라도 중간에 가압류(우리은행)으로 임차인의 권리가 소멸되기 때문이다.

add

- 임차인과 전세권자가 동일인 일 때
  ① 대항력 갖춘 임차인+ 전세권
  ② 전세권+ 대항력 갖춘 임차인
  ③ 전세권+ 저당권+ 임차인
  위에서 ①과 ②번은 대항력을 갖춘 임차인으로 임차보증금 전액이 배당되지 않으면 잔금은 낙찰자가 인수하고 ③은 전세권자가 경매신청이나 배당신청을 하면 전세보증금 전액을 배당받지 못해도 소멸한다.

4) 다가구주택의 최선순위전세권의 인수와 소멸은

다가구주택 일부에 설정된 최선순위의 전세권자는 다른 채권자의 경매시 배당신청을 해도 말소기준권리가 되지못하여 후순위 권리는 소멸하지 않는다. 또한 바로 건물 전체에 대한 임의경매를 신청할 수 없다. 이러한 경우 계약만료 후 전세금 반환을 받지 못했다면 전세금반환청구소송을 법원에 제기하여 승소 확정판결을 받은 후 건물 전체에 대하여 강제경매를 신청할 수 있을 뿐이다.

case.5 다가구주택에 최선순위의 전세권이 설정되었을 때

임차인	점유부분	전입/확정/배당	채권액	기타	비고
김숙자	주거용 건물 1층	전입:2010.01.10 확정:2010.01.10	70,000,000원	배당요구 (유·무)	말소기준권리(x)
이순자	주거용 건물 2층	전입:2012.10.10 확정:2012.10.10	80,000,000원	배당요구 (유·무)	

순서	접수	권리종류	권리자	채권금액	비고	소멸여부
1	2000.10.20.	소유권이전	김희애		매매	
2	2010.01.10	전세권	김숙자	보증금 70,000,000원	말소기준권리?	소멸
3	2012.10.10.	전세권	이순자	보증금 80,000,000원	배당요구(x)	인수
4	2015.09.10.	근저당	국민은행	채권액 60,000,000원		소멸

김숙자는 다가구주택 건물 1층에 최선순위로 전세권을 설정하였고 이순자는 2층에 전세권을 설정하였다. 소유자 김희애의 채무불이행으로 국민은행은 근저당 실행에 의한 경매를 신청하였다.

이렇게 건물 전부가 아닌 일부에 최선순위로 전세권을 설정한 전세권자(김숙자)가 다른 채권자의 경매시 배당신청을 하더라도 말소기준권리가 되지 못한다. 그러므로 후순위의 전세권자(이순자)가 배당신청을 하지 않으면 낙찰자는 전세보증금 전액(80,000,000원)을 인수하게 된다.

5) 최선순위로 전세권설정을 했다면 전세보증금 확보는 안전한가.

타인의 집에 최선순위로 전세권설정(건물전부)을 하면 경매나 공매가 실행되더라도 최선순위의 전세권자는 보증금을 전액 다 받을 수 있다고 생각한다. 그러나 최선순위의 전세보증금이나 근저당보다 먼저 배당되는 특별한 우선배당채권이 있다. 이것은 법원의 경매비용, 제3취득자의 비용상환청구권(필요비, 유익비), 주택임대차보호법이나 상가임대차보호법에 따른 소액보증금,

최종 3개월분의 임금채권(근로복지공단), 최종 3년간의 퇴직금과 재해보상금, 저당물 자체에 부과된 국세 및 지방세와 가산금 등이 있는데 이런 과목을 먼저 배당을 하기 때문에 최선순위의 전세권자라도 안심할 수 없는 일이다. 그러므로 전세보증금보다 선순위로 배당하는 금액이 많으면 전세권자가 배당받을 금액이 적어지는 경우가 있을 수 있다.

case.6 최선순위 전세권자가 보증금 전액 확보하지 못한 경우

매각가격 150,000,000원

순서	설정일자	권리종류	권리자	채권금액	비고	소멸여부
1	2009.09.11	소유권이전	전체납			
2	2010.10.10	전세권	김집사	보증금100,000,000원	경매신청(o) 말소기준권리	소멸
3	2010.11.20	압류	○○세무서			
4	2011.10.02	압류	근로복지공단			
5	2012.01.21	가압류	맹무식	140,000,000원		소멸
6	2013.07.01	임의경매	김집사	100,000,000원	2013타경 4325	소멸

『등기부등본상에 세무서의 국세압류와 근로복지공단의 임금채권이 압류되어 있다.』

조세채권이 5천만원이고 근로복지공단의 임금채권이 4천만원이라면 먼저 9천만원을 배당하고 남은 금액 6천만원을 김집사의 전세보증금으로 배당하면 보증금 1억원 중 4천만원을 배당받지 못하고 소멸한다.

① 최선순위로 배당할 특별한 우선배당채권을 알지 못할 때 확인하는 방법
대법원경매사이트의 물건상세검색의 문건처리내역을 살펴보면 세무서의 교부청구서가 제출되어 있거나 임금채권에 대하여 근로복지공단의 배당요구신청서가 제출되어 있다면 최선순위 전세권자는 전세보증금을 전액 받을 수 없는 경우가 있다. 여기서는 대항력을 겸한 전세권자가 아니므로 전세권자가

배당신청을 한 이상 낙찰자에게는 부담이 없다. 그러나 대항력을 겸한 전세권자라면 보증금 전액을 배당받지 못하면 잔금에 대해서는 낙찰자가 인수할 수 밖에 없는 경우가 있으므로 매수자로서는 조심해야 한다.

ex.2 문건처리내역

순번	접 수 일	접 수 내 역	결과
1	2014.01.20.	등기소 진○○○○ 등기필증 제출	
2	2014.02.21.	압류권자 ○○세무서 교부청구서 제출	
3	2014.04.22.	감정인 충○○○○○○○○ 감정평가서 제출	
4	2014.04.25.	배당요구권자 근로복지공단 권리신고 및 배당요구신청서 제출	
5	2014.04.30.	근저당권자 성○○○ ○○○○ 권리신고(유치권) 제출	

『본 경매사건에 있어서 문건처리내역에 ○○세무서의 교부청구서 제출, 근로복지공단의 배당요구신청서가 제출되어 있다면 선순위의 우선배당채권이 있으므로 고민스럽다.』

입찰예정자는 세무서의 조세채권에 대한 금액과 근로복지공단의 임금 내력을 열람할 수 없으므로 고민해야 한다. 만약 대항력을 겸하지 않는 전세권자인 김집사는 전세보증금보다 세무서의 교부청구나, 근로복지공단의 배당요구가 있으면 선순위로 배당할 금액이 있으므로 전세보증금 전부를 배당받지 못할 수도 있다. 그러므로 경매신청이나 배당요구를 하지 않는 것도 하나의 방법이라 생각할 수 있다. 왜냐하면, 최선순위전세권자가 배당요구를 하지 아니하면 용익물권으로 남아 낙찰자가 보증금 전부를 인수하기 때문이다.

6) 최선순위의 전세권자가 계약만료후 전세금 반환을 받지 못할 때

전세권자(건물전부)가 계약만료후 전세보증금 반환을 받지 못하면 특별한 소송절차 없이 바로 임의경매를 신청하여 보증금을 확보할 수 있는 편리한 장점이 있으나 설정비용이 드는 단점이 있다.그러나 임대차계약을 체결하고 사는 임차인이나 다가구주택 일부의 전세권자는 계약만료후 보증금 반환이 어려울 경우 법원에 임차보증금반환청구소송을 통하여 확정판결문을 받아 강제경매를 신청해야하므로 장기간 시간이 소요되고 우선 소송비용을 부담해야하는 번거로움이 있다.

7) 전세권 설정 시 주의 사항

일반적으로 전세권 설정할 때 집합건물(아파트 등 공동주택)인 경우는 전유부분에 대하여 설정을 하면 해당 건물과 토지 지분 전부에 대하여 전세권의 효력이 미치게 된다. 또한 주택에 입주와 전입을 하여 대항력을 갖춘 임차인은 경매시에 건물과 토지에 매각대금에 대하여 우선변제권을 갖는다.

그러나 집합건물이 아닌 단독주택의 경우 보통 건물에 관해서만 설정하는 경우가 있는데 경매 시 대항력 없는 전세권자는 주택이 매각되었을 때 건물에만 효력이 미치므로 보증금 전액을 확보하는 데 어려움이 있을 수 있다. 대항력을 갖춘 임차인이 보증금 확보에 대한 전세권만을 믿고 가족 모두 전출을 하여 대항력이 상실되었다면 보증금을 확보하는 데 문제가 생길 수 있다. 그러므로 단독주택에 대하여 전세권 설정을 할 때 토지와 건물 모두에 대하여 전세권을 설정하는 것이 전세보증금을 확보하는 데 안전하다.

다가구 주택일 경우 주택 전체의 일부만 전세권 설정을 하는 경우가 있는데 이런 경우 계약기간 만료 후 보증금을 반환받지 못할 때, 건물 일부에 설정된 전세권으로 바로 임의경매를 신청할 수 없으며, 임대인에 대한 보증금 반환청구소송을 통하여 집행권원을 확보한 후에 강제경매를 실행하여 보증금을 확보할 수가 있다.

집합건물이나 주택 전부에 대한 전세권을 설정할 경우에는 바로 별도의 소송 없이 임대인의 건물에 대하여 바로 임의경매를 신청할 수 있다.

> 전세권, 임차권, 임대차, 주택임대차보호법의 임대차

1) 전세권

전세권자는 전세금을 지급하고 타인의 부동산을 점유하여 그 부동산의 용도에 좇아 사용·수익하며, 그 부동산 전부에 대하여 후순위권리자 기타 채권자보다 전세금의 우선변제를 받을 권리가 있다. 농경지는 전세권의 목적으로 하지 못한다.(민법제303조)

(1) 전세권은 양도가 가능하며 타인에게 임대도 가능하다.

전세권자는 전세권을 타인에게 양도 또는 담보로 제공할 수 있고 그 존속기간 내에서 그 목적물을 타인에게 전전세 또는 임대할 수 있다. 그러나 설정행위로 이를 금지한 때에는 그러하지 아니하다.(민법제306조)

(2) 전세권자의 유익비 상환청구권

전세권자가 목적물을 개량하기 위하여 지출한 금액 기타 유익비에 관하여는 그 가액의 증가가 현존한 경우에 한하여 소유자의 선택에 좇아 그 지출액이나 증가액의 상환을 청구할 수 있다. 이런 경우에 법원은 소유자의 청구에 의하여 상당한 상환기간을 허여할 수 있다.(민법제310조)

- **유익비**
원래 부동산의 개량, 이용을 위하여 점유자나 제3자가 지출한 비용으로 부동산의 객관적인 가치를 증가시키는 데 들어가는 비용을 말하며 예를 들면, 새로운 수도시설 설치, 방이나 거실 증축 등을 들 수 있다. 이러한 유익비를 지출한 때에는 경매 시 우선상환을 받을 수 있다. 전세권자(전세권 설정)는 목적물의 현상을 유지하고 그 통상의 관리에 속한 수선을 하여야 하므로 유익비상환청구권이 있지만 필요비에 대해서는 청구할 수 없다. 그러나 임차인(임대차계약만)에 대해서는 유익비나 필요비를 모두 청구할 수 있다. 그리고 전세권자가 유익비상환을 청구할 때에는 점유자가 점유물을 반환할 때에 비로소 청구할 수 있다.(대법69다726판결)

- **필요비**
원래의 가치를 보존, 유지하는 데 들어가는 비용을 말하며 예를 들면, 보일러 고장수리, 지붕누수 수리, 고장 난 상수도 수리 등을 들 수 있다.점유자가 점유물을 반환할 때에는 회복자에 대하여 점유물을 보존하기 위하여 지출한 금액 기타 필요비의 상환을 청구할 수 있다.(민법제203조1항)

(3) 전세권의 소멸청구

전세권자가 전세권설정계약 또는 그 목적물의 성질에 의하여 정하여진 용법으로 이를 사용, 수익하지 아니한 경우에는 전세권설정자는 전세권의 소멸을 청구할 수 있다. 이러한 경우에는 전세권설정자는 전세권자에 대하여 원상회복 또는 손해배상을 청구할 수 있다.(민법제311조)

(4) 전세권의 존속기간과 전세금 증감청구권

전세권의 존속기간은 10년을 넘지 못한다. 당사자의 약정기간이 10년을 넘는 때에는 이를 10년으로 단축한다. 또한 전세권설정은 갱신할 수 있다. 그러나 그 기간은 갱신한 날로부터 10년을 넘지 못한다.
그리고 건물에 대한 전세권의 존속기간을 1년 미만으로 정한 때에는 이를 1년으로 한다.
전세금이 목적 부동산에 관한 조세·공과금 기타 부담의 증감이나 경제사정의 변동으로 인하여 상당하지 아니하게 된 때에는 당사자는 장래에 대하여 그 증감을 청구할 수 있다. 그러나 증액의 경우에는 대통령령이 정하는 기준에 따른 비율을 초과하지 못한다.(민법제312조)

(5) 소멸통고와 동시이행

전세권의 존속기간을 약정하지 아니한 때에는 각 당사자는 언제든지 상대방에 대하여 전세권의 소멸을 통고할 수 있고 상대방이 이 통고를 받은 날로부터 6월이 경과하면 전세권은 소멸한다.(민법제313조) 전세권이 소멸한 때에는 전세권설정자는 전세권자로부터 그 목적물의 인도 및 전세권설정등기의 말소등기에 필요한 서류의 교부를 받는 동시에 전세금을 반환하여야 한다.(민법제317조)

(6) 전세권자의 원상회복 의무와 부속건물 매수청구권

전세권이 그 존속기간의 만료로 인하여 소멸한 때에는 전세권자는 그 목적물을 원상으로 회복하여야 하며 그 목적물에 부속시킨 물건은 수거할 수 있다. 그러나 전세권설정자가 그 부속물건의 매수를 청구한 때에는 전세권자는 정당한 이유 없이 거절하지 못한다. 위와 같은 경우에 그 부속물건이 전세권설정자의 동의를 얻어 부속시킨 것인 때에는 전세권자는 전세권설정자에 대하여 그 부속물건의 매수를 청구할 수 있다. 그 부속물건이 전세권설정자로부터 매수한 것인 때에도 같다.(민법제316조)

2) 임차권, 주택임대차보호법에서 임차권

(1) 임차권

임차권은 임대차계약에 의하여 사용, 수익할 수 있는 권리이며 물권 아닌 채권이므로 제3자에 대하여 주장하지 못하고 당사자에게만 주장할 수 있다. 제3자에게 주장할 수 있는 대항력을 가지려면 임차권을 등기해야만 한다.

(2) 임대차

임대차는 당사자 일방이 상대방에게 목적물을 사용, 수익하게 할 것을 약정하고 상대방이 이에 대하여 차임을 지급할 것을 약정함으로써 그 효력이 생긴다.(민법제618조)

부동산임차인은 당사자간에 반대약정이 없으면 임대인에 대하여 그 임대차등기절차에 협력할 것을 청구할 수 있으며 부동산임대차를 등기한 때에는 그때부터 제삼자에 대하여 효력이 생긴다.(민법제제621조)

3) 주택임대차보호법에 의한 임대차-민법에 대한 특별법

주택의 임차인이 임대목적물을 사용, 수익하게 할 것을 약정하고 임대차계약을 하게 되는데 이러한 계약은 채권계약이므로 등기를 하지 않으면 제3자에게 대항할 수 있는 힘이 없다. 그러므로 등기에 대한 번거로움을 없애고 민법에 대한 특별법으로 주택임대차보호법을 제정하여 그 등기가 없는 경우에도 임차인이 주택의 인도와 주민등록을 마친 때에는 그 다음 날부터 제3자에 대하여 계약상의 권리를 주장할 수 있는 대항력(물권화)이 생긴다.

4) 전세권과 임차권, 임차권에 관한 특별법(주택임대차보호법)의 관계

전세권은 물권이고 임차권은 채권이다. 임차권은 등기를 해야 제3자에게 대항할 수 있지만 주임법에서 말한 임차권은 대항력(입주+전입)을 갖추면 등기를 하지 않아도 제3자에 대하여 강력한 대항력을 주장할 수 있으므로 채권이 물권화 된 것이다.

일반적으로 남의 집을 전세나 월세로 빌려 입주하고 전입해서 살면 거의 모두가 주택임대차보호법이 적용되고 상가일 경우에도 지역별 보증금의 범위에서 입주와 사업자등록을 하면 상가건물임대차보호법이 적용된다. 전세권은 임대인과 임차인이 임대차계약을 하고 임대인의 부동산에 전세권 설정등기를 하면 전세권이 성립하므로 강력한 대항력을 갖추게 되며 전세권은 임차권을 포함한다고 말할 수 있다.

지상권에 대한 권리분석

지상권자는 타인의 토지에 건물 기타 공작물이나 수목을 소유하기 위하여 그 토지를 사용할 권리가 있다.(민법제 297조)
타인의 토지에 건물 기타 공작물이나 수목을 소유하기 위하여 그 토지를 사용하는 권리가 지상권이다. 지상권은 계약에 의한 지상권이 있으며 법률상 당연히 인정되는 법정지상권이 있다.
여기서 말하는 것은 계약에 의한 지상권으로 토지 소유자와 건물소유자와 지상권설정계약을 하고 지상권의 존속기간, 지료와 지료지급시기, 지상권의 범위 등을 등기함으로 성립되는 지상권을 말한다.

1) 지상권의 인수와 소멸은

말소기준권리보다 선순위(최선순위)의 지상권은 인수하고 후순위이면 무조건 소멸한다. 나대지에 근저당을 설정하여 대출을 받을 때 저당권자는 그 토지 위에 용익권 설정 등으로 담보가치가 저감되는 것을 막기 위하여 저당권 앞이나 뒤에 지상권을 설정하는 경우가 있다.
저당권보다 앞선 선순위에 지상권이 설정되어 있을 때 저당권자와 지상권자가 동일하지 않으면 인수되고 동일하면 통상적으로 저당권이 소멸하면 지상권이 소멸한다. 그러나 설정 된 채권배당이 저당권자에게 만족하지 못하면 간혹 지상권이 인수되는 경우가 있으므로 조심해야 한다.

case.1 지상권의 인수

순서	접수	권리종류	권리자	채권금액	비고	소멸여부
1	2010.02.09	소유권이전	김영수			
2	2010.09.01	지상권	이인수		존속기간:2010.07.01.~2040.07.01. 만 30년	인수
3	2011.04.08	가압류	하나은행	7,000,000원	말소기준권리	소멸
4	2013.07.07	가압류	신숙자	17,000,000원		소멸

지상권자(이인수)와 가압류(하나은행)의 권리자가 다르다. 지상권이 말소기준권리보다 선순위이므로 소멸되지 않고 낙찰자가 인수하므로 입찰해서는 안된다.

case.2 지상권의 소멸

순서	접수	권리종류	권리자	채권금액	비고	소멸여부
1	2013.07.02.	소유권이전	박순재			
2	2013.10.01.	근저당	농협	100,000,000원	말소기준권리	소멸
3	2014.09.01.	지상권	이숙향		존속기간: 2001.3.1.~2031.3.1. 만 30년	소멸
4	2014.10.07.	근저당	김상태	2,000,000원		소멸

지상권이 말소기준권리보다 후순위이면 근저당권자와 지상권자가 동일인이건 아니건 무조건 소멸된다.

case.3 지상권의 소멸?

순서	접수	권리종류	권리자	채권금액	비고	소멸여부
1	2010.02.02	소유권이전	방재선			
2	2010.10.01	지상권	농협		존속기간: 2001.3.1. ~2031.3.1. 만 30년	소멸.소멸
3	2011.09.10	근저당	농협	190,000,000원	말소기준권리	**소멸**
4	2011.11.07	가압류	김수석	2,000,000원		소멸

최선순위의 지상권은 낙찰자가 인수한다. 그러나 지상권자와 근저당권자가 동일인이므로 근저당이 소멸하면 통상적으로 소멸한다. 그러나 근저당권자(농협)가 채권금액을 만족하지 못하면 인수할 수 있는 경우가 있으므로 지상권자의 매각물건명세서에 말소동의서가 첨부되어 있는지 지상권자에게 확인하는 것이 필요하다.

지역권에 대한 권리분석

지역권자는 일정한 목적을 위하여 타인의 토지를 자기의 토지의 편익에 이용하는 권리가 있다.(민법제291조)

지역권자는 일정한 목적을 위하여 타인의 토지를 자기토지의 편익에 이용하는 권리가 지역권이다. 남의 토지를 이용하여 통행도로로 사용하거나, 물을 끌어온다든가 하여 남의 토지를 자기의 토지의 편익에 이용하는 권리로서 용익물건의 일종이다.

당사자와 계약과 신청에 의하여 등기부등본에 기재되는 권리이므로 편익을 얻는 토지를 요역지라하고 편익을 제공하는 토지를 승역지라 하며 소유자가 바뀌어도 지역권은 소멸되지 않는다. 요역지 소유자는 편익을 제공받은 도로 설치 및 사용으로 승역지 소유자가 입은 손해에 대하여 보상하여야 하지만 요역지 경매에서 지역권이 설정되어 있다면 인수해도 좋은 경우가 있지 않을까 생각된다.

지역권은 영구히 사용할 수 있는 계약의 약정도 가능하며 계속되고 표현된 것에 한하여 민법제 245조의 규정에 의하여 통행지역권의 시효취득도 가능하다.

- **민법 제245조**
  - 20년간 소유의 의사로 평온, 공연하게 부동산을 점유하는 자는 등기함으로써 그 소유권을 취득한다.
  - 부동산의 소유자로 등기한 자가 10년간 소유의 의사로 평온, 공연하게 선의이며 과실 없이 그 부동산을 점유한 때에는 소유권을 취득한다.

1) 지역권의 인수와 소멸은

최선순위의 지역권은 인수하고 말소기준권리보다 후순위에 있으면 소멸하는 권리이다.

case.1 지역권의 인수

순서	접수	권리종류	권리자	채권금액	비고	소멸여부
1	2008.07.07	소유권이전	김성준		매매	
2	2010.10.19	**지역권**	이순자		토지 전부: 부산OOO	**인수**
3	2011.10.10	가압류	허무인	50,000,000원	말소기준권리	소멸

최선순위의 지역권은 낙찰자에게 인수된다.

case.2 지역권의 소멸

순서	접수	권리종류	권리자	채권금액	비고	소멸여부
1	2010.10.07	소유권이전	김순선		매매	
2	2010.10.30	저당권	농협	100,000,000원	말소기준권리	소멸
3	2019.12.19	지역권	이미자		토지전부: 서울000	소멸

말소기준권리보다 후순위의 지역권은 소멸한다.

저당권에 대한 권리분석

저당권자는 채무자 또는 제삼자가 점유를 이전하지 아니하고 채무의 담보로 제공한 부동산에 대하여 다른 채권자보다 자기 채권의 우선변제를 받을 권리가 있다.(민법제356조)

돈을 빌리면서 채무자의 소유부동산 또는 물상보증인이 채무를 담보로 제공한 부동산에 대하여 저당권을 설정하여 변제기일에 채무이행을 하지 않을 경우, 그 목적물의 물건에 대한 경매(임의)신청을 하여 그 매각대금에서 우선변제를 받을 수 있는 약정담보물건이다.

 add

- 물상보증인
  다른 사람의 채무를 위하여 자신의 소유재산을 담보로 제공하는 자를 말한다.

1) 저당권의 역할

(근)저당권은 등기부등본상의 설정된 권리이므로 채무불이행시에 그 채권의 변제를 받기위하여 임의경매를 신청할 수 있으며 최선순위의 저당권은 말소기준권리로서 역할을 하며 선순위, 후순위에 관계없이 소멸하는 권리이다. 또한 등기부에 기재된 접수일자와 접수번호를 기준으로 후순위채권자보다 우선하여 그 피담보채권을 변제받을 수 있다.

> **add**
>
> • 피담보채권
>   담보권에 의해 담보되는 채권을 말한다.즉 주택을 담보로 저당권을 설정하고 은행에서 돈을 빌릴 때 은행의 입장에서 대출해 주는 대출채권금액을 말한다.

2) 저당권자의 배당

저당권은 물권으로 동일한 부동산 위에 수 개의 저당권을 설정할 수 있으며 이로 인하여 경합하는 경우에 저당권의 순위는 설정등기의 선후에 의하여 배당하며 선순위 저당권자가 변제받고 남은 잔액에 대해서만 후순위 저당권자가 우선변제권을 행사할 수 있다.

또한, 경매개시결정기입등기 이전에 설정된 근저당권은 배당요구를 하지 않아도 당연히 배당받을 수 있다.그러나 채권자는 원리금에 대한 이자등을 포함하여 채권계산서를 제출하여 배당받는 것이 현명하다.

 ex.1 매각대금 9천만원

1. 근저당(갑)	권리금액 5천만원	설정일자 2000.01.10.
2. 근저당(을)	권리금액 4천만원	설정일자 2000.02.10.
3. 근저당(병)	권리금액 5천만원	설정일자 2000.03.10

매각대금 9천만원으로 채권자들에게 배당하면 근저당은 우선변제권이 있으므로 1순위(갑)에게 5천만원을 배당하고 2순위(을)에게 4천만원을 배당하면 마지막으로 근저당권자(병)에게 배당할 금액은 0원이다.

3) 근저당의 채권최고액이란

채권최고액이란 채권자가 채무자에게 받을 수 있는 최고금액을 말하며 근저당을 설정하면 반드시 채권최고액이 등기부등본에 기재된다. 이것은 근저당이 담보하는 채권의 범위를 말하며 원금과 이자, 채무불이행으로 인한 손해배상, 위약금 등이 채권최고액에 포함되며 이를 초과하는 부분은 우선변제를 받지 못한다. 또한 근저당권의 실행비용은 채권최고액에 포함되지 아니한다. 현재는 저당권의 이용보다는 거의 90% 이상 근저당권을 이용한다.

> **ex.2** 채권최고액 설정
>
> 은행에서 금 1억원을 대출받아 근저당을 설정할 때 보통 대출원금에 20%~30%를 더 추가하여 채권최고금액(1억2천만원~1억3천만원)을 정하는데 이것은 원금, 이자, 채무불이행으로 인한 손해배상, 위약금 등이 포함된다.
> 채권최고금액을 초과하는 금액에 대해서는 우선변제를 받지 못하며 또한 근저당권의 실행비용은 여기에 포함되지 아니한다.

4) 저당권과 근저당이 다른점

근저당권은 부동산등기부상에 채권최고금액을 담보로 설정해 놓고 그 한도의 범위 안에서 일부 상환과 대출도 가능한 계속적인 거래계약이다. 중요한 것은 대출금을 다 갚아도 등기부상의 근저당권 자체는 변동이 없으며 설정계약해지에 따른 말소등기를 해야만 소멸한다. 현재 대출을 받을 때 대부분 거의 근저당권의 설정을 많이 이용한다.

반면 저당권은 특정채무를 담보로 설정하고 다수의 거래는 할 수 없는 단발성 거래에 그치며 금액의 변동이 있을 경우 기존 저당권을 말소하고 다시 저당권 설정등기를 해야 하는 번거로움이 있으며 변제기 또는 변제기 전에라도 채무를 변제하면 저당권은 당연 소멸한다.

 가압류에 대한 권리분석

가압류는 금전채권 또는 금전으로 환산할 수 있는 채권을 압류하여 미래의 강제집행을 보전하기 위하여 채무자의 재산을 동결시켜 처분할 수 있는 권한을 잠정적으로 빼앗는 일종의 보전처분이다. 이것은 목적물에 대한 처분금지의 효력이 있으므로 담보설정 등 일체의 처분을 금지하는 효력이 발생한다.

그러나 이러한 처분금지적 효력에 대하여 유·무효의 견해가 있으나 담보물건 설정행위가 처분금지적효력에 반하는 것이 아니라는 견해에서 가압류권자와 담보물권자는 평등하게 채권액에 비례하여 안분배당을 받는다.(대법86다카2570판결)

1) 가압류 활용

이쌍수는 김팔자에게 금 8천만원을 빌려주면서 변제일은 2000년 0월 0일, 이율은 연 6%를 받기로 하는 약정을 하고 차용증을 받았다.

그 당시에 김팔자는 자기 소유인 주택이 한 채 있었는데 그 주택을 상가로 용도변경하여 음식점을 하고 있었다. 그런데 변제기(돈을 갚는 시기)가 되어서 돈을 갚으라고 수차례 독촉을 했지만 반응이 없어 혹시라도 집을 매도하는지, 또는 저당권설정을 하는지 아니면 다른 채권자가 먼저 가압류하여 빌려준 돈을 모두 받지 못할 수 있다고 생각하여 미리 잠정적으로 김팔자 소유 주택을 동결시켜 후에 강제집행을 보전하기 위하여 가압류하기로 하였다.

case.1 김팔자 등기부등본

건물가격 100,000,000원

순서	설정일자	권리종류	권리자	채권금액	비고	소멸여부
1	2010.01.12	소유자	김팔자			
2	2015.01.13	가압류	이쌍수	80,000,000원	말소기준권리	소멸
3	2015.10.09	근저당	국민은행	30,000,000원		소멸
4	2016.02.02	가압류	정수라	50,000,000원		소멸
5	2016.03.23	강제경매	이쌍수	80,000,000원	2015타경00	소멸
6	2016.07.01	가압류	조금이	30,000,000원		소멸

(1) 가압류는 경매절차에서 말소기준권리의 역할을 한다.

가압류는 보전처분의 일종으로 확정된 채권도 아니고 우선변제권은 없으나 말소기준권리로 취급하여 후순위로 등기된 각종 등기부상의 권리는 소멸한다.
즉, 선순위 가압류(이쌍수)는 말소기준권리로서 후순위 권리(근저당, 가압류)는 소멸한다.
가압류 자체는 선순위, 후순위에 관계없이 소멸한다.

(2) 가압류의 배당관계는

가압류는 물권 아닌 채권이므로 채권자 평등주의에 의하여 가압류끼리는 동순위로서 채권비율에 따라 안분배당을 하며, 선순위에 우선변제권이 있는 물권(근저당, 확정일자부 임차인, 담보가등기, 배당요구한 전세권)이 있을 때에는 항상 후순위로 배당한다. 그리고 가압류 후 순위에 담보물건이 있다면 처분금지의 효력 때문에 담보권 설정 등을 할 수 없지만 판례는 인정한다. 그러나 가압류권자는 우선변제권이 없으므로 후순위 물권자와 동순위로 안분배당을 받는다.
아래에서 배당은 채권과 물권의 혼합관계이므로 1차로 안분배당후 2차로 흡수배당을 한다.
건물가격 100,000,000원에서 경매개시결정이후의 가압류권자(조금이)는 별도로 하고 배당하면

2015.01.13	가압류	이쌍수	80,000,000원
2015.10.09	근저당	국민은행	30,000,000원
2016.02.02	가압류	정수라	50,000,000원

① 먼저 안분배당을 한다.
　㉮ 이쌍수 배당액　1억원×(8천만/1억6천)= 5천만원
　㉯ 국민은행 배당액 1억원×(3천만/1억6천)= 1천8백7십5만원
　㉰ 정수라 배당액　1억원×(5천만/1억6천)= 3천1백2십5만원

② 흡수배당을 하면
　㉮ 이쌍수 배당액　1억원×(8천만/1억6천)= 5천만원
　㉯ 국민은행 배당액 1억원×(3천만/1억6천)
　　= 1천8백7십5만원+1천1백2십5만원=3천만원
　㉰ 정수라 배당액　1억원×(5천만/1억6천)
　　= 3천1백2십5만원-1천1백2십5만원=2천만원

이쌍수 채권액 8천만원에서 5천만원을 배당받고 3천만원은 배당받지 못한다. 가압류는 물권아닌 채권이므로 채권액에 따라 안분배당하기 때문이다. 그리고 국민은행의 근저당의 권리는 물권이므로 우선변제권이 있으므로 1천1백2십5만원을 정수라 배당액에서 흡수하여 3천만원을 만족하고 남은 나머지 금액을 정수라에게 2천만원을 배당한다.
우선변제권이 있는 채권자는 내 채권을 모두 만족하고 남은 채권이 있으면 후순위에게 배당하는 것이다.

(3) 가압류권자가 배당요구를 하지 않아도 배당을 받을 수 있는지

첫 경매개시결정등기 전에 등기된 가압류권자는 배당요구를 하지 않아도 당연히 배당받을 권리를 가진다.(민집148조)

그러나 경매개시결정등기 후에 가압류한 채권자는 목적부동산에 대한 가압류집행을 마친 채권자로서 배당요구 종기일까지 반드시 배당요구를 하여야만 배당을 받을 수 있다.

그러므로 가압류한 조금이는 가압류 결정이 아니라 가압류 집행을 마친 채권자에 해당되므로 배당요구종기일까지 배당요구하면 배당을 받을 수 있다.

- **가압류의 배당**
  가압류한 금액은 가압류권자에게 바로 배당하는 것이 아니라 가압류에 대한 승소확정판결문을 제출해야 배당금을 받을 수 있으며 본안소송을 거치지 않는 가압류는 법원의 직권으로 가압류한 금액을 공탁해 놓고 본안소송에서 승소하여 채권이 확정되면 배당금을 환수할 수 있다.

(4) 가압류권자가 경매신청을 하려면 어떻게 해야 하는가.

가압류는 저당권, 전세권과 같은 확정된 채권이 아니므로 본안소송을 통하여 승소한 확정된 판결문이나 지급명령으로 확정된 집행권원으로 강제경매를 신청할 수 있다.

- **지급명령**
  지급명령은 임차인이 보증금을 돌려받지 못할 때, 빌려준 돈을 받지 못할 때 등 소송으로 할 때보다 간단하고 비용도 저렴하게 집행권원을 확보할 때 쓰는 소송의 일종이다. 채무자가 송달을 받고 2주 이내에 이의신청이 없이 기간이 경과한 때에는 확정판결과 같은 효력이 있다. 그러나 채무자가 송달을 받지 않으면 법원은 직권에 의한 결정으로 사건을 소송절차에 부칠 수 있다.
- **집행권원**
  확정 판결문, 소송상화해조서, 청구의 인락조서, 확정된 지급명령, 확정된 이행권고결정, 조정조서와 조정에 갈음하는 결정, 집행력 있는 공정증서 등이 있다.

2) 가압류가 인수될 때

경매에서 가압류는 선순위, 후순위에 관계없이 소멸한다. 그러나 인수되는 경우가 있으므로 물건매각명세서에 특별매각조건을 항상 잘 살펴야 한다.
가압류가 인수되는 특별한 경우가 있는데 이런 경우란 전 소유자에 대한 가압류가 설정되고 현 소유자의 근저당권 실행으로 경매가 진행될 때 말소기준권리인 선순위의 가압류보다 후순위의 권리는 소멸하는 것이 당연하다고 생각되어 낙찰을 받는 경우가 있다. 그러나 이런 경우 가압류는 인수되는 경우가 있으므로 조심하도록 한다.

case.2 전소유자에 대한 가압류가 있을 때

순서	접수	권리종류	권리자	채권금액	비고	소멸여부
1	2010.03.02	소유자	김성수			
2	2010.11.03	가압류	이미순	320,000,000원	경매신청인?	**소멸여부?**
3	2011.07.07	소유권이전	최진석	204,000,000원		
4	2011.10.02	근저당	신한은행	23,000,000원	경매신청인?	소멸

전 소유자의 가압류권자인 이미순이 경매신청을 하는 경우에는 가압류는 말소기준권리가 되어 후순위의 권리는 소멸한다. 그러나 소유권이전 후의 채권자 신한은행이 경매신청을 할 경우에는 종전 소유자의 가압류권자를 배당에 참여시켜 가압류를 말소하는 것이 보통이지만 말소되지 않고 낙찰자가 인수하는 경우가 있으므로 매각물건명세서의 비고란에 "전 소유자의 가압류를 낙찰자 인수"라는 특별매각조건으로 경매진행을 하는 경우가 있으므로 확인하여 입찰하도록 한다.

가처분에 대한 분석

채권자가 금전채권 이외의 물건이나 권리를 대상으로 청구권을 가지고 있을 때 그 강제집행 시까지 계쟁물이 처분·멸실되는 등 법률적·사실적 변경이 생기는 것을 방지하기 위하여 법원이 채무자의 재산을 임시로 동결시키는 보전처분이다.

add
- 다툼의 대상에 관한 가처분은 부동산에 대한 현상이 바뀌면 당사자가 권리를 실행할 수 없게 되거나 실행하는 것이 매우 곤란할 염려가 있을 경우에 한다. 또한, 가처분은 다툼이 있는 권리관계에 대하여 임시의 지위를 정하기 위하여도 할 수 있다. 이 경우 가처분은 특히 계속하는 권리관계에 끼칠 현저한 손해를 피하거나 급박한 위험을 막기 위하여, 또는 그 밖의 필요한 이유가 있을 경우에 하여야 한다.(민집제300조)

1) 가처분의 효력

처분금지가처분등기의 효력은 가처분의 등기가 마쳐진 후에 가처분권자가 본안소송에서 승소판결을 받아 확정되면 그 피보전권리의 범위 내에서 그 가처분에 저촉되는 처분행위는 효력이 없다.

add
- 부동산에 관하여 처분금지가처분의 등기가 마쳐진 후에 가처분권자가 본안소송에서 승소판결을 받아 확정되면 그 피보전권리의 범위 내에서 그 가처분에 저촉되는 처분행위의 효력을 부정할 수 있고, 이때 그 처분행위가 가처분에 저촉되는 것인지의 여부는 그 처분행위에 따른 등기와 가처분등기의 선후에 의하여 정해진다.(대법2000다65802판결)

case.1 가처분의 효력

순서	설정일자	권리종류	권리자	채권금액	비고	소멸여부
1	2016.06.08.	소유권이전	김두환			
2	2016.08.05.	가처분	김종수	소유권이전등기청구권 00지법2015카단311		인수?
3	2017.01.04.	근저당	이종민	98,000,000원		소멸
2-1	2017.01.09.	가압류	이종기	110,000,000원		소멸
5	2017.09.06.	가등기	김상국	130,000,000원		소멸

소유자 김두환에 대하여 김종수가 소유권이전등기청구에 관한 처분금지가처분을 하였다.

이 사안에서 김종수가 소유권이전등기청구소송을 제기하면서 제3자에게 매각하거나, 근저당 등을 설정하거나, 가압류등이 들어와도 모두 무효로 하기 위하여 가처분을 한 것이다.

가처분은 강제집행을 보전하기 위한 처분이므로 본안재판을 통하여 소유자인 김두환이 승소하면 원래대로 환원되며 가처분권자인 김종수가 승소하면 가처분이후 근저당, 가압류, 가등기 등의 효력이 무효로 되며 만약 이종민의 임의경매신청으로 낙찰받은 낙찰자는 소유권을 잃을 수 있다.

2) 가처분이 소멸(말소)할 때와 인수할 때

말소기준권리보다 선순위(최선순위)의 가처분은 통상적으로 인수한다. 말소기준권리보다 후순위 가처분은 말소한다. 그러나 선순위 가처분이라도 말소될 수 있는 가처분이 있으며 후순위가처분 역시 인수되는 것이 있다.

(1) 가처분이 말소되는 경우

case.2 최선순위 가처분권자가 승소하는 경우

순서	접수	권리종류	권리자	채권금액	비고	소멸여부
1	2010.07.01	소유권이전	황동기			
2	2012.01.03	가처분	이상문		소유권이전등기청구권, 부산지방법원 2012카단3487	말소
3	2013.10.20	소유자	이상문		가처분에 기한 본안소송-승소	
4	2014.07.01	가압류	김수남	300,000,000원		소멸

소유권이전등기청구권을 보전하기 위한 가처분권자(이상문)와 현소유자(이상문)가 같은 경우에 선순위 가처분은 피보전권리에 기한 소유권이전등기가 되어 그 가처분은 이미 그 목적을 달성한 것으로서 선순위가처분은 의미가 없다.

가처분권자인 이상문은 소유자 황동기와 본안소송에서 승소하여 현 소유자가 되었으므로 이런 경우에는 선순위 가처분은 소멸한 것이나 다름없기 때문에 말소 촉탁이 가능하므로 가압류권자가 강제경매를 실행할 경우 낙찰받아도 이상없다.

case.3 가처분권자에 의한 강제경매가 진행될 때

순서	설정일자	권리종류	권리자	채권금액	비고	소멸여부
1	2006.06.08	소유권이전	김민우			
2	2006.09.25	가처분	이상술		2006카단9760 ○○지방법원 처분금지가처분	말소
3	2007.11.04	가압류	김호남	108,000,000원		소멸
4	2008.11.09	근저당	이수민	12,000,000원		소멸
5	2010.01.06	강제경매	이상술		2010타경23464	

가처분권자 이상술은 소유자 김민우와 가처분에 대한 본안재판(조정 또는 화해)을 통해 금전채권으로 전환하여 강제경매를 신청한 경우이다. 이런 경우에는 선순위가처분은 목적달성을 하였으므로 말소촉탁이 가능하다.

이와 같은 사건은 가처분한 내력과 강제경매사건과 연관성이 있어야 하므로 사

건번호(2006카단9760)과 2010타경 23464사건의 관계를 대법원사이트 나의 사건 검색창에 열람해 살펴보아 관련성이 있어야 한다.

case.4 근저당설정청구권을 보전하기 위한 가처분

순서	설정일자	권리종류	권리자	채권금액	비고	소멸여부
1	2007.03.21	소유권보존	장만수			
2	2011.07.01	**가처분**	하나은행	근저당설정등기청구권,00지방법원 매매.증여.저당권설정등일체의행위를금함		
3	2012.03.18	근저당	하나은행	3억원-(가격의 유·무 표시?)		
4	2013.05.01	강제경매	김상태	청구금액: 130,000,000	2013타경1235	소멸

토지상에 건물을 축조할 때 은행의 대출자금의 확보를 위하여 완공하기 전 선순위담보가 필요할 경우 완공 후 대출을 실행하기 위한 근저당설정을 보전하기 위하여 미리 가처분을 해두는 경우가 있다. 이러한 가처분에 대하여 은행에서 대출을 실행하는 경우 대출금액이 확정되어 을구에 기재되는 경우가 있고 가처분만 해놓고 대출금액이 미확정되어 있는 경우가 있을 수 있다.

하나은행은 건물 완공 후 최선순위로 자금을 대출하기 위하여 미리 가처분을 한 것이므로 근저당권자(하나은행)에 의한 경매실행이 된다면 선순위의 가처분은 말소되고 동시에 말소기준권리가 될 수 있다. 그러나 근저당 설정을 보전하기 위한 가처분이라도 가처분권자가 근저당설정등기(채권금액이 명시)가 없는 가처분에 대해서 낙찰을 받으면 선순위 가처분에 대해서 말소촉탁이 어려울 수 있으므로 입찰하지 않는 것이 현명하다. 그러므로 근저당설정등기청구권을 피보전권리로 하는 가처분은 반드시 등기부등본의 을구를 확인하여 선순위가처분에 대한 근저당 설정등기가 되어 있는지 확인해야 한다.

case.5 근저당권에 의한 가처분의 소멸

순서	접수	권리종류	권리자	채권금액	비고	소멸여부
1	2016.10.03	근저당	국민은행	90,200,000원	말소기준	소멸
2	2017.01.02	근저당	이순자	150,000,000원		소멸
3	2017.03.02	가압류	신용보증기금	210,000,000원		소멸
2-1	2017.07.01	가처분	신용보증기금		2017카단17○○지방법원 이순자 근저당말소가처분(사해행위)	소멸
5	2018.08.06	가압류	현대산업개발	10,000,000원	2018카단341	소멸

가압류권자인 신용보증기금이 근저당권자(이순자)에 대하여 사해행위취소를 원인으로 근저당 말소청구가처분을 한 것이다. 이런 소송에서 사해행위가 인정된다면 근저당권이 말소되므로 신용보증기금이 만족한 배당금을 받기위한 것이다.

이렇게 2번 근저당에 관한 가처분은 부기등기로 하며 주등기인 근저당이 소멸하면 따라서 부기등기(가처분)도 소멸한다. 낙찰받는 데 아무런 하자가 없다.

case.6 공유물분할청구권에 대한 가처분

순서	설정일자	권리종류	권리자	채권금액	비고	소멸여부
1	2010.01.10	소유권이전	김준호, 허만리		각 지분1/2	
2	2010.07.10	가처분	김준호		피보전권리: 공유물분할을 원인으로 한 허만리지분 가처분 채권자: 김준호 금지사항: 매매, 증여, 저당권 설정 등 일체의 행위를 금함	말소
3	2011.05.17	공유물분할경매	김준호		2011타경9812	

하나의 부동산을 두 명 이상이 공유로 지분을 소유하게 되면 서로 유리한 방향으로 분할을 원하기 때문에 협의가 성립되기 어렵고, 또한 현물로 쪼개어 분할할 수 없을 때 법원에 공유물분할청구소송을 제기하여 판결을 받은 후

경매를 통해 매각하여 현금으로 각자의 지분만큼 비례하여 분할할 수 있다. 이러한 경우에는 선순위에 가처분이 있더라도 낙찰자에게 인수되지 않는다. 이렇게 김준호가 상대방 공유자인 허만리 지분에 대한 가처분을 한 이유는 재판하는 동안 분할할 목적물에 가등기 등 제한설정사항이 들어오면 공유물분할이 어렵기 때문에 가처분을 한 것이다.

(2) 가처분이 인수되는 경우

case.7 최선순위가처분은 인수할 수 있다.

순서	설정일자	권리종류	권리자	채권금액	비고	소멸여부
1	2001.01.05	소유권이전	김석수			
2	2001.10.06	가처분	김인자	본안소송 승소 여부에 따라	소유권이전등기청구권 처분금지가처분00지법2001카단2017	인수?
3	2002.01.05	가압류	정들자	50,000,000원		소멸
4	2002.02.11	가압류	김영진	20,000,000원		소멸
5	2003.12.02	가압류	이방진	40,000,000원		소멸
6	2003.09.02	강제경매	정들자	50,000,000원	2014타경124	소멸

부동산 가처분은 소유권에 관한 처분금지가처분과 소유권 이외에 물권 등에 관한 가처분 이 있는데 말소기준권리보다 선순위의 소유권이전등기청구권 가처분은 일반적으로 인수한다고 보면 된다. 위의 경우 최선순위가처분이 되어 있는 경매물건을 낙찰받으면 가처분에 대한 본안소송에 따라 김석수가 승소하면 가처분은 말소되지만 가처분권자인 김인자가 승소하면 가처분의 목적달성으로 낙찰자는 소유권을 잃을 수 있으므로 최선순위의 가처분이 있으면 입찰을 하지 않는 것이 현명하다.

case.8 순위에 관계없이 인수하는 가처분이 있다.

① 지상건물철거 및 토지인도의 청구권

순서	설정일자	권리종류	권리자	채권금액	비고	소멸여부
1	2007.10.01	가압류	김삼수	73,007,740원	2007카단57	소멸
2	2010.04.01	가압류	곽민우	16,000,000원	2010카단1011	소멸
3	2010.10.13	가처분	(주)퓨처스	대지소유권에 기한 지상건물 철거청구권,OO지방법원 2010카단7100 사건		인수
4	2011.10.21	가압류	강민수	77,000,000원		소멸

최선순위 가처분은 보통 인수한다고 생각하면 되고 말소기준권리보다 후순위 가처분은 보통 소멸하지만 말소되지 않고 낙찰자가 인수하는 경우가 있다.
토지소유자가 그 지상 건물의 소유자에 대하여 건물철거 및 토지인도청구에 관한 가처분일 경우와 절대적 무효 사유로 인한 진정명의회복을 위한 소유권이전등기청구에 관한 다툼의 가처분은 순위에 관계없이 낙찰자에게 인수될 수 있으며 가처분권자가 본안소송에서 승소하면 불이익을 당할 수 있다. 이러한 가처분의 내용은 등기부등본을 보면 건물철거 및 토지인도청구, 진정명의회복을 위한 소유권에 관한 다툼인지 그 내용을 알 수 있다.
지상건물철거 및 토지인도청구에 관한 가처분은 순위에 관계없이 인수되므로 입찰해서는 안 된다. 매각물건명세서 특별매각조건에 인수됨을 기재하므로 반드시 확인을 요한다.

② 진정명의회복을 위한 소유권이전등기의 가처분

순서	설정일자	권리종류	권리자	채권금액	비고	소멸여부
1	2010.06.08	소유권이전	김기동			
2	2010.12.05	근저당	이미자		경매신청인	소멸
3	2011.01.04	가처분	김상기	진정명의회복을 위한 (절대적 무효)		인수
2-1	2011.01.04	가처분	김상기	2011카단132지방법원 이미자 근저가처분		소멸
5	2013.09.06	근저당	김진섭	130,000,000원		소멸

소유자 김기동을 상대로 피보전권리인 진정소유권이전 다툼(절대적 무효)에 있

어서 근저당권자(이미자)의 경매실행으로 가처분권자인 김상기가 승소할 경우 낙찰자는 소유권을 잃게 되는 경우가 있으므로 이런 경우 매각물건명세서의 특별매각조건을 살펴보아 '갑구 순위 3번 가처분등기(2011.01.04.)는 말소되지 않고 매수인에게 인수됨' 이런 문구가 있으면 입찰을 당연히 포기한다.

- **절대적 무효**
  처음부터 법률효과가 발생하지 않는 것을 말하며 법률행위 당사자뿐만 아니라 제3자에 대하여도 주장할 수 있는 것을 말한다. 반사회질서행위, 불공정한행위, 강행법규위반행위 등
- **상대적 무효**
  당사자 사이에만 무효 주장이 가능하며 거래의 안전을 보호하기 위하여 선의의 제3자에게 주장할 수 없는 경우를 말한다.

3) 가처분은 취소할 수 있다.

채권자는 채무자의 부동산에 가압류나 가처분을 해두면 시간에 관계없이 채권확보는 확실하다고 생각하는 사람이 있고 또한, 심각한 법적인 내용도 아니고 돈 되는 것도 아닌데 유리한 협상과 금전적 이익을 바라고 한 것들이 더러 있다.

지나고 보니까 채권자 자신도 소송을 해보았자 별것이 없다고 생각하고 또, 귀찮으니까 본안의 소를 제기하지 않고 있는 상황에서 채무자는 마냥 등기된 상태로 채권자의 처분만을 기다리는 상태로 수년이 경과하는 경우가 있다.

그러나 이렇게 가압류나 가처분에 대해서 소정의 기간이 경과되면 취소신청을 할 수 있고 또한, 본안의 소를 제기할 것을 법원에 신청(제소명령신청)하면 법원은 기간을 정하여 채권자에게 최고를 하고 소정의 최고에 대해 응하지 않을 때에는 채무자의 신청으로 보전처분(가압류, 가처분)을 취소할 수 있다.

(1) 사정변경에 따른 가처분과 가압류는 취소할 수 있다.

경매물건에 있어서 가압류는 문제될 것이 없으며 가처분에 대해서 주의하면 된다. 가압류, 가처분이 집행된 뒤 일정 기간 본안의 소를 제기하지 아니할 때 법원은 채무자 또는 이해관계인의 신청에 따라 가압류 및 가처분을 취소할 수 있다.

2005.07.28. 이후 경료된 가압류, 가처분은 3년이 지났다면-
2002.07.01~2005.07.27. 이 기간에 경료된 가압류, 가처분은 5년이 지났다면-
2002.06.30. 이전에 경료된 가압류, 가처분은 10년이 지났다면-
취소신청을 할 수 있다.(민집제288조)

순서	설정일자	권리종류	권리자	채권금액	비고	소멸여부
1	2000.07.02.	소유권이전	김만석			
2	2006.01.06.	가처분	김두환	본안소송 승소 여부에 따라	소유권이전등기청구권 00지법2006카단201	인수?
3	2011.02.05.	근저당	신미자	40,000,000원		소멸
4	2012.12.11.	임의경매	신미자	40,000,000원	2014타경271	소멸

2005.07.28. 이후 경료된 가압류, 가처분은 3년이 지나는 동안 본안소송을 제기하지 않았으므로 사정변경에 의한 취소신청을 할 수 있다. 김두환의 가처분 한 날(2006.01.06.) 이 후 3년이 지났으므로 낙찰자는 가처분에 대한 취소신청을 할 수 있다.

add

- 가압류·가처분의 채권자가 가압류·가처분집행 후 3년간(2005.07.28.이후 등기된 가처분) 본안의 소를 제기하지 아니한 때에는 가압류·가처분채무자 또는 이해관계인은 그 취소를 신청할 수 있고, 그 기간이 경과 되면 취소의 요건은 완성되며, 그 후에 본안의 소가 제기되어도 가압류·가처분 취소를 배제하는 효력이 생기지 아니한다.(대법99다37887판결)

- **보전처분취소에 관한 이해관계인**
보전처분의 채무자에 대한 채권자. 보전집행 목적물의 특별승계인(예. 경매낙찰자) - 경매받은 낙찰인도 마찬가지로 취소신청을 할 수 있다. 가압류의 취소권자는 통상적으로 채권자이지만 가압류가 집행된 뒤에 3년간 본안의 소를 제기하지 아니한 때에는 이해관계인도 취소신청을 할 수 있다.(민집제288조3항)

이러한 사정변경에 의한 취소할 수 있는 선순위 가처분이 있다 하여 무조건 취소할 수 있는 것은 아니다. 이 가처분에 대한 본안소송 중일 경우가 있으며, 본안소송에서 승소하여 등기부등본을 정리하지 않고 확정판결문을 가지고 있는 경우가 있으며, 이에 대한 조정조서나, 재판상 화해조서, 또는 소송절차 밖에서 이에 관한 집행권원을 취득하여 언제든 집행이 가능하다면 문제가 되는 경우가 있다.

(2) 부당한 가처분·가압류에 대한 신속한 말소가 가능하다.

보전처분(가압류·가처분)이 부당하다고 생각될 때 조속한 정당성을 확보하기 위하여 채무자는 본안의 소를 제기할 것을 법원에 신청(제소명령신청)할 수 있다. 이 때, 채무자의 신청에 따라 법원은 기간을 정하여 채권자에게 최고를 하고 소정의 최고에 대해 응하지 않을 때에는 보전처분(가압류, 가처분)을 취소할 수 있다.

법원은 채무자의 신청에 따라 변론 없이 채권자에게 상당한 기간 이내에 본안의 소를 제기하여 이를 증명하는 서류를 제출하거나 이미 소를 제기하였으면 소송계속 사실을 증명하는 서류를 제출하도록 명하여야 하고 서류를 제출하지 아니한 때에는 법원은 채무자의 신청에 따라 결정으로 가압류를 취소하여야 한다.(민집287조)

```
                        제소명령신청서

    신 청 인    (성명)              (주민등록번호  -      )
                (주소)
                (연락 가능한 전화번호)
    피신청인    (성명)              (주민등록번호  -      )
                (주소)

당사자 간 20  .  . .에 내려진  법원 20  카단(합)  가압류(가처분)결정에 대하여 채권자는
현재까지 본안소송을 제기하지 않으므로 피신청인에게 상당한 기간 내에 본안소송을 제기할 것을
명령하여 주시기 바랍니다.

                            소명자료
  가처분(가압류)결정사본 1부
                                      20 .  .  .
    신청인            (서명 또는 날인)

                        00 법원 귀중
```

가처분 채권자가 제소명령에서 지정된 기간 내에 소를 제기하고 그 사실을 증명하는 서류를 제출하지 아니한 이상 민사집행법 제287조 제3항의 규정에 의하여 위 가처분을 취소하여야 한다.(대법2003다1209결정)

add

- 내 소유의 아파트 등기부등본에 보전처분이 되어 채권자가 본안의 소를 제기하지 않고 방치되고 있다면 재산권 행사에 장해가 되므로 보전처분이 된 기간을 고려하여 고민하지 말고 사정변경에 의한 취소신청과 제소명령신청을 통하여 가압류, 가처분을 취소할 수 있는지 생각해 볼 수 있다.

4) 가처분의 활용

(1) 사행행위 취소를 원인으로 한 처분금지가처분

황부자와 강도남은 서로 잘 아는 사이로 황부자는 강도남에게 6개월 후에 변제할 것을 약정하고 3억원의 금전을 빌려 주었다. 6개월이 지나 변제기가 되었는데 돈을 갚지 않아 수차례 독촉을 하였으나 아무런 반응이 없어 강도남이 차용 당시에 소유했던 아파트 등기부등본을 열람해보니 소유자는 다름 아닌 자기 조카인 강도리에게 매매한 상태였다.

이러한 행위를 한 것은 돈을 갚지 않으려고 재산을 은익하기 위한 것이라 생각하고 법원에 사해행위 취소로 인한 소유권이전등기말소청구의 소송을 제기하고 동시에 그 아들이 매도하지 못하도록, 근저당설정을 하지 못하도록, 제3자의 가압류 등이 들어오면 무효로 하기 위한 처분금지가처분을 신청하였다.

ex.1 사행행위에 대한 가처분

순서	설정일자	권리종류	권리자	채권금액	소멸여부
1	2010.06.08	소유자	강도남		
2	2011.04.05	소유권이전	강도리		
2-1	2012.01.04	가처분	황부자	사행행위취소를 인한 소유권이전등기말소청구권	인수 · 소멸
3	2013.01.09	가압류	이상해	50,000,000원	소멸
4	2013.09.06	강제경매	이상해	2013타경 3245	소멸

이러한 최선순위 가처분은 본안소송을 통하여 채무자 강도남이 조카인 강도리에게 소유권을 이전하므로 수익자인 강도리가 선의로 매수했다면 소유권은 그대로 유지될 수 있지만 악의(강제집행을 면하기 위하여 재산을 은익한다는 사실을 알 수 있는 것)이면 소유권은 원상태로 회복되어 황부자는 채권을 회수할 수 있는 기회가 된다.(강도리는 승소하기 위해서는 악의가 아니라는 것을 구체적이고 객관적으로 입증해야 한다.) 이러한 가처분이 있는 경매사건에 있어서 가압류자인 이상해의 강제경매신청으로 낙찰받은 낙찰인은 가처분권자(황부자)가 승소한다면 소유권을 취득하는데 문제가 생길 수 있다.

> **add**
>
> • 사해행위 취소소송의 재척기간은 채권자 취소 원인을 안날로부터 1년, 처분행위가 있었던 날로부터 5년이다.

(2) 매매를 원인으로 한 소유권이전등기청구권의 가처분

강매수는 황매도의 아파트를 매수하기 위하여 매매계약을 체결하면서 계약금을 주고 얼마 후 약정한 날짜에 중도금까지 지불하였다. 그리고 잔금일에 강매수는 잔금을 마련하여 약속장소에 나갔으나 황매도는 소유권이전등기에 관한 서류도 준비하지 않고 나와서 - 집을 너무 싸게 팔아 계약금을 두 배로 줄 터이니 해약하자고 하였다.

강매수는 해약을 할까 생각했지만 사전부터 이 아파트를 선호하고 있는 터라 이번 기회에 매수하지 않으면 이 아파트를 사지 못할까 생각되어 소유권이전등기청구의 소송을 법원에 제기하면서 잔금을 공탁하고, 다른 사람에게 매도하지 못하도록 처분금지가처분등기를 하였다.

ex.2 소유권이전등기청구가처분

순서	설정일자	권리종류	권리자	채권금액	비고	소멸여부
1	2013.10.02.	소유권이전	황매도		매매	
2	2015.12.06.	가처분	강매수	본안소송 승소여부?	소유권이전등기청구권 ○○지법2015카단311	인수?
3	2016.11.11.	가압류	나주라	50,000,000원		소멸

소유자 황매도에 대하여 강매수가 소유권이전등기청구소송을 제기하면서 제3자에게 매각하거나, 근저당등을 설정하거나, 가압류등이 들어와도 모두 무효로 하기 위하여 가처분을 한 것이다.

가처분은 강제집행을 보전하기 위한 처분이므로 본안재판을 하여 황매도가 승소하면 원래대로 환원되며 만약 나주라의 강제경매신청으로 낙찰받은 낙찰자는 가처분에 따른 본안소송에서 강매수가 승소하면 소유권을 잃을 수 있다.

add

- 매매계약단계에서는 계약금의 배액을 배상하고 계약을 해제할 수 있지만 중도금을 지불하면 매수인의 이행의 착수가 실행되어 매수인의 동의 없이 매도인은 일방적으로 계약을 해제할 수 없다. 이와 같은 경우에는 매수인은 매매잔금을 법원에 공탁하고 황매도의 아파트에 처분금지가처분을 하고 소유권이전등기청구소송을 할 수 있다.

5) 경매에서 나오는 가처분

(1) 처분금지가처분

채권자가 금전채권 이외의 물건이나 권리를 대상으로 청구권을 가지고 있을 때 채무자의 목적부동산에 대하여 소유권이전, 근저당, 임차권, 전세권 등 일체의 처분행위를 금지하는 임시보전처분으로 이는 나중에 본안재판을 하게 된다.

(2) 점유이전금지가처분

목적부동산의 명도에 있어서 청구권을 보전하기 위하여 다툼의 대상에 관한 가처분의 일종으로 예를 들면 경매에서 낙찰자가 경매목적물의 점유자(a)에 대하여 건물인도명령 결정문을 받아 강제집행을 실행할 때 집행절차가 진행되는 동안 점유자(a)에서 점유자(b)가 바뀌어져 있다면 집행할 수 없으므로 다시 점유자(b)에 대한 명의로 건물인도명령결정문을 받아서 강제집행을 실행해야 하는 번거로움이 있다.

그러므로 처음부터 건물인도명령신청과 동시에 점유이전가처분의 신청으로 결정문을 받아 집행하게 되면 이런 어려움을 해결할 수 있다.

> **add**
> - 보통 경매에서 건물을 인도 받을 때 건물인도명령결정문만 받아 놓아도 충분하지만 경우에 따라서는 점유자를 내보내는 데 매우 힘든 경우가 있다. 낙찰을 받으면 대금을 지불하기 전에 목적물의 점유자를 한 번쯤 만나 이사 관계를 협의하여 보는데 점유자의 태도를 보아 협의사항이 힘들 것 같으면 이전등기촉탁 시에 건물인도명령 신청과 점유이전가처분신청을 고려해볼 수 있다.

> **add**
> - 가처분할 수 있는 물건은
>   부동산 처분금지가처분은 등기된 부동산에 한하여 허용되는 것이 원칙이지만 미등기 부동산이라도 보존등기가 가능한 경우와 아직 사용승인을 얻지 못해 보존등기를 하지 못한 건축물의 경우에도 가처분이 가능하며 상속등기를 하지 않는 채무자 소유의 부동산에 대하여 대위에 의한 상속등기를 함으로써 가처분등기가 가능하도록 하고 있다.

가등기에 대한 권리분석

가등기는 소유권이전등기청구권가등기와 담보가등기가 있는데 소유권이전등기청구권가등기는 부동산 소유권이전을 요구할 수 있는 권리이므로 가등기를 가진 사람이 본등기를 하면 본등기의 효력은 가등기를 한 날짜로 소급되며 그 사이 각종 중간처분의 등기는 직권으로 말소한다. 또한 담보가등기는 채권의 보전을 목적으로 한 가등기이므로 담보목적부동산에 경매 청구와 배당신청을 할 경우에 담보가등기권리는 저당권으로 본다.

1) 가등기에 의한 본등기의 효력발생 시기는

소유권이전등기청구권보전을 위한 가등기에 기한 본등기를 한 경우 소유권이전의 효력발생 시기는 가등기 한 때로 소급한다.

case.1 가등기에 기한 본등기

순서	설정일자	권리종류	권리자	채권금액	비고	소멸 여부
1	2000.06.01.	소유권이전	김창수		매매가 400,000,000원	
2	2002.07.07. 2003.07.02.	가등기(소유권이전) 본등기(소유자)	이미연		가등기에 의한	가등기 말소
3	2002.09.05.	가압류	김미순	23,300,000		말소
4	2003.02.01.	소유권이전	심선아			말소
2-1	2003.07.02.	본등기(소유권이전)	이미연		가등기에 의한	가등기 한 때로 소급

이미연은 소유권이전등기청구가등기를 2002.07.07.에 하고 가등기에 기한 본등기를 2003.07.02.에 본등기를 하였다.

이런 사안에서 소유권이전의 효력발생시기는 가등기 한때(2002.07.07.)로 소급되므로 가등기 이후 중간처분행위(가압류, 소유권이전)는 당연히 말소된다.

> **add**
> - 가등기는 본등기 순위보전의 효력만이 있고, 후일 본등기가 마쳐진 때에는 본등기의 순위가 가등기한 때로 소급함으로써 가등기 후 본등기 전에 이루어진 중간처분이 본등기보다 후순위로 되어 실효될 뿐이고, 본등기에 의한 물권변동의 효력이 가등기한 때로 소급하여 발생하는 것은 아니다.(대법80다3117 판결)

2) 가등기가 인수될 때와 소멸할 때

말소기준권리보다 앞선 소유권이전등기청구권가등기(순위보전)는 인수하고 담보가등기는 저당권으로 보기 때문에 소멸한다. 그러므로 최선순위 가등기가 순위보전가등기인지 담보가등기인지 구별이 필요하다. 또한, 말소기준권리보다 후순위의 가등기가 소유권이전 등기청구권가등기든 담보가등기든 모두 소멸한다.

> **add**
> - **순위보전가등기와 담보가등기의 구별**
>   등기부등본에 표시되어 있는 가등기가 소유권이전청구권(순위보전)가등기인지 담보등기인지 구별되어 표시가 되어 있지 않다. 최선순위의 가등기가 소유권이전등기청구권가등기일 경우에는 낙찰자에게 인수되지만 담보가등기일 경우에는 저당권의 설정등기와 동일한 것으로 보아 말소되므로 이에 대한 구별이 매우 중요하다. 그러나 담보가등기는 저당권과는 달리 첫 경매개시결정등기 전에 등기된 것으로 매각으로 소멸되는 때에도 채권신고의 최고기간까지 채권신고를 한 경우에 한하여 배당을 받을 수 있다.(가담법제16조2항)

담보가등기인 경우에는 가등기권리자가 임의경매를 신청하거나 채권계산서에 의한 배당요구서를 최고기간까지 신고를 한 경우에 한하여 배당을 받을 수 있기 때문에 배당요구신청서를 제출했으면 담보가등기이고 신고하지 않았으면 소유권이전등기청구권보전가등기로 보면 된다. 이러한 최고에 대한 신고 내용은 매각물건명세서의 매각조건과 대법원경매정보 사이트에 들어가 문건처리내역의 기재내용을 보면 제출내역을 알 수 있다.

ex.1 문건처리내역

접수일	접수내역	결과
2021.12.10.	채권자 정OO 보정서 제출	
2021.12.17.	등기소 북OOOOO 등기필증 제출	
2021.12.27.	감정인 대OOOOOOOOO 감정평가서 제출	
2021.12.28.	압류권자 북OOOOO 교부청구서 제출	
2021.12.28.	임차인 김OO 권리신고 및 배당요구신청서(주택임대차) 제출	
2021.12.29.	가등기권자 김OO 보정서 제출	
2021.12.29.	**가등기권자 김OO 권리신고 및 배당요구신청서 제출**	※담보가등기임
2022.01.03.	임차인 김OO 권리신고 및 배당요구신청서(주택임대차) 제출	

실무에서 법원은 최선순위에 가등기가 있을 때 그 가등기권리자에 대하여 최고를 하여 그 최고에 대한 신고가 없고, 가등기의 내용이 밝혀지지 않을 때는 순위보전을 위한 가등기로 보아 낙찰인에게 그 부담이 인수될 수 있다는 취지를 물건명세서에 기재하고 경매를 진행할 수 있고(대법2003마1438결정), 담보가등기권리자가 집행법원이 정한 기간 안에 채권신고를 하지 아니한 경우 매각대금의 배당받을 권리를 상실한다.(대법2007다25278판결)

(1) 가등기가 말소(소멸)되는 경우

case.2 최선순위의 가등기가 담보가등기일 때 소멸

순서	설정일자	권리종류	권리자	채권금액	비고	소멸여부
1	2000.04.01.	소유권이전	김영일		매매가 250,000,000원	
2	2000.12.03.	**가등기(소유권이전)**	이영호		말소기준권리?	소멸.인수?
3	2001.02.05.	가압류	윤상호	90,000,000원		소멸
4	2002.05.12.	근저당	신일순	50,000,000원		소멸
5	2002.10.21.	가압류	이상순	14,000,000원		소멸

최선순위담보가등기권자가 경매신청을 하거나 배당신청을 하면 저당권과 같이 말소기준권리가 되어 소멸한다. 말소기준권리보다 후순위 가등기는 배당신청 유.무에 관계없이 소멸하므로 담보가등기권자는 반드시 배당신청을 해야만 배당을 받을 수 있다.

최선순위가등기(이영호)가 소유권이전등기청구권가등기인지, 담보가등기인지 알 수 없으므로 최선순위가등기권자가 임의경매를 신청하든지, 대법원 경매사이트의 문건처리내역을 보아 채권계산서를 제출하면서 배당요구를 했으면 담보가등기에 해당되므로 말소기준권리가 되어 후순위 권리는 소멸한다. 따라서 낙찰받아도 상관없다.

add

- 최선순위가등기권자가 채권신고 없이 경매가 진행- 소유권이 이전되었다면
  선순위가등기권자가 채권신고를 하지 않아 경매절차를 진행하여 매각되었다고 하더라도 최선순위의 가등기가 담보가등기라면 가등기담보등에관한법률 제15조는 담보가등기가 경료된 부동산에 대하여 경매 등이 행하여진 때에는 담보가등기권리는 그 부동산의 매각에 의하여 소멸한다고 규정하고 있으므로 경락인이 경락허가결정을 받아 그 경락대금을 모두 지급함으로써 소유권을 취득하였다면 담보가등기권리는 소멸되었다고 보아야 한다.(대법93다52853판결)
- 담보가등기를 마친 부동산에 대하여 강제경매 등이 행하여진 경우에는 담보가등기권리는 그 부동산의 매각에 의하여 소멸한다.(가담법제15조)

case.3 말소기준권리 이후에 설정된 가등기의 소멸

순서	설정일자	권리종류	권리자	채권금액	비고	소멸여부
1	2010.04.01.	소유권이전	조창권		매매가 250,000,000원	
2	2010.12.13.	**근저당**	김사랑	30,000,000원	말소기준권리	소멸
3	2011.02.15.	**가등기(소유권이전)**	이상호			말소
4	2011.05.22.	근저당	신영순	50,000,000원		소멸

선순위로 저당권이나 가압류 등의 말소기준권리가 되어 있고 후순위로 가등기가 되어 있다면 소유권이전청구권가등기든 담보가등기든 불문하고 매각

으로 말소 대상이다.(대법91다41996판결) 즉, 말소기준권리보다 후순위 가등기는 무조건 소멸한다.

case.4 가등기에 기한 본등기를 할 때 선순위의 가등기 말소

순서	설정일자	권리종류	권리자	채권금액	비고	소멸 여부
1	2001.04.01	소유권이전	김영수		매매가 250,000,000원	
2	2002.02.03 2005.05.15	가등기(매매예약) 소유권이전(본등기) (가등기에 의한)	이말순			가등기 말소?
3	2003.02.05	가압류	김인식	80,000,000		소멸
※	2005.05.15	소유자	이말순		가등기에 의한(본등기)	
4	2006.03.28	가압류	구상순	14,000,000		소멸

최선순위가등기(소유권이전등기청구권)는 본등기(가등기에 기한)를 하면 목적달성을 하였으므로 선순위 가등기는 의미없는 가등기로 소멸한다. 위에서 가압류권자 구상순이 강제경매를 신청하여 경매가 실행되면 선순위 가등기는 말소할 수 있다. 소유권이전등기청구권보전을 위한 가등기에 기한 본등기를 한 경우 소유권 이전의 효력발생시기는 가등기 한때로 소급한다.

가등기권자 이말순은 2005.05.15.에 가등기에 기한 본등기를 함으로써 가등기의 목적을 달성하였으므로 가등기는 의미가 없어 소멸하고 본등기는 가등기와 같은 순위(2번-2002.02.03.)로 소급하여 가등기의 후순위 중간처분등기(가압류)는 소멸한다. 낙찰받아도 문제없다.

case.5 낙찰자는 제척기간의 경과를 주장하여 가등기(매매예약)의 말소청구가 가능하다.

순서	설정일자	권리종류	권리자	채권금액	비고	소멸여부
1	2010.02.01	소유권이전	심마니		매매가 300,000,000원	
2	2010.12.13	가등기(소유권이전)	김시우		매매예약	말소?
3	2012.02.15	가압류	이민호	90,000,000원	말소기준권리	소멸
4	2012.05.22	근저당	신영숙	10,000,000원		소멸

소유권이전등기청구권에 의한 가등기는 제척기간 10년이 경과하면 소멸한다. 경매목적물의 최선순위에 담보가등기 아닌 소유권이전등기청구권보전을 위한 가등기는 매매예약완결권을 가진다. 매매예약의 완결권은 일종의 형성권으로서 당사자 사이에 그 행사기간을 약정한 때에는 그 기간 내에, 그러한 약정이 없는 때에는 그 예약이 성립한 때로부터 10년 내에 이를 행사하여야 하고, 그 기간을 지난 때에는 예약 완결권은 제척기간의 경과로 인하여 소멸한다.(대법94다22682판결)

add
- 최선순위에 소유권이전청구권가등기가 있다면 입찰가격이 많이 떨어지므로 한 번쯤 매수를 고려해 볼 수 있지만 쉬운 일은 아니다. 가등기한 기간이 10년이 넘었지만 제척기간 경과 전 매매예약완결권이 언제 행사되었는지 여부를 알 수 없고 가등기권자가 이전등기판결을 받은 사실이 있어도 등기부등본을 정리하지 않은 경우도 있기 때문이다.

case.6 낙찰자는 소멸시효를 주장하여 가등기의 말소청구가 가능하다.

매매계약에 의한 소유권이전등기청구권가등기는 소멸시효의 완성으로 가등기 말소를 청구할 수 있다. 가등기에 의한 소유권이전등기청구권(채권)은 소멸시효(10년)의 완성으로 소멸되었다면 그 가등기 이후에 그 부동산을 취득한 제3자(경매낙찰자)는 그 소유권에 기한 방해배제청구로서 그 가등기권자에 대하여 본등기 청구권의 소멸시효를 주장하여 그 등기의 말소를 구할 수 있다.(대법90다카27570판결)

ex.2 선순위 가등기 말소 (사례) - (19타경1077××.〈모녀관계〉)

임차인	점유부분	전입/확정/배당	보증금/차임	대항력	배당금액	기타
박××	주거용 전부	전입2011.04.28. 확정2011.04.05. 배당요구: (O)	보증금 60,000,000원	있음		우선변제권

순서	설정일자	권리종류	권리자	채권금액	비고	소멸여부
1	2009.07.15.	소유권이전(매매)	권××			
2	2011.05.08.	가등기(소유권이전)	김××			인수
3	2019.01.07.	압류	00세무서		말소기준권리	소멸
4	2019.11.07.	강제경매개시결정	박××		19타경1077××	
5	2022.01.07.	임차권(주택)	박××	보증금 60,000,000원	21카임101××	
6	2022.07.07.	소유권이전	박××	경매낙찰로 인하여		

소유자인 권×× 소유의 오피스텔의 건물에 박××는 2011.04.29.에 대항력과 확정일자를 갖춘 우선변제권을 가진 임차인으로서 살던 중 2011.05.08.에 김××가 가등기를 하였다. 임차인은 임대차계약 종료 후 임차보증금을 반환하여 달라고 수차례나 종용을 하였으나 아무런 반응이 없어 수년이 지나 할 수 없이 임차인 박××는 임차보증금 반환소송을 통하여 승소확정판결문을 받아 2019.11.07.에 강제경매를 신청하였다.

이와 같은 사안에서 법원은 가등기권리자(김××)에게 최고를 했지만 이에 대한 신고가 없고 아무런 답변이 없었다. 이런 경우 가등기의 내용이 밝혀지지 않을 때는 특별한 사정이 없는 한 사실상 매각절차를 정지하거나 낙찰인에게 그 부담이 인수될 수 있다는 취지를 매각물건명세서에 기재하고 경매를 진행할 수 있다.

최선순위임차인의 우선변제권으로는 말소기준권리가 되지 못하여 가등기권을 소멸시킬 수 없어 인수할 수 있으므로 입찰하지 않는 것이 현명하다. 그리고 세무서의 압류는 임차인의 보증금보다 먼저 배당해야 할 특별우선배당채권이 있을 수 있으므로 낙찰인의 부담이 가중될 수 있기 때문에 더욱 고민해야 한다.
그러나 임차인(박××)은 내친김에 임차보증금(6천만원)에 대한 배당요구를 하고 과감하게 입찰하여 낙찰자가 되었다.

임차인들은 자신이 살던 집에 경매가 들어오면 이 집을 낙찰받아 볼까 하는 생각으로 고민을 한 번쯤 해본다. 임차인이 살던 경매목적물에서 배당받을 임차보증금을 낙찰대금으로 차액지급(상계)하고 나머지 모자란 금액에 대해서만 부담할 경우에는 반드시 배당요구를 하고 입찰을 해야 한다.

아무튼 임차인(박××)은 배당요구를 하고 선순위의 가등기가 있음에도 불구하고 낙찰을 받아 가등기에 대한 소멸시효 완성으로 인한 가등기 말소를 주장하여 "사건번호 2021가단3183×× 가등기말소"에 관한 소송에서 승소하여 깔끔하게 말소하였다.
"판결문의 주문은 매매예약에 관한 소멸시효완성을 원인으로 2011.05.08. 접수한 접수 제286××호로 마친 소유권이전청구권가등기의 말소등기 절차를 이행하라"라는 판결을 받아 최선순위가등기를 말소하여 당당한 소유자가 되었다.

간혹, 부모가 아파트를 자식에게 증여 또는 매수해 주면서 매각하지 못하도록 가등기를 해놓은 경우가 가끔 있는데 이러한 경우 가등기권자는 오직 아파트를 보존하기 위하여 가등기를 한 것이므로 그 가등기에 대한 예약완결권 행사는 물론 아무런 조치도 없이 10년 이상의 기간이 경과되어 어쩌다가 강제경매가 신청된 경우도 있으므로 이런 물건에 대한 가등기의 내력을 잘 안다면 기꺼이 낙찰받아 소유권에 기한 방해배제청구로서의 본등기 청구권의 소멸시효를 주장하여 가등기의 말소를 청구할 수 있을 것이다.

> **add**
>
> - **매매예약과 매매계약의 가등기**
>   매매예약에 의한 가등기의 당사자는 예약완결권을 10년 내에 행사해야 하며 이 기간이 도과하면 예약완결권은 소멸된다. 이러한 기간은 제척기간으로 시효중단이 없이 당연히 소멸되는 권리이다. 그러나 형식상 매매예약으로 되어 있지만 매매예약완결권을 행사할 필요없이 가등기권리자가 본등기를 요구하면 언제든 신청할 수 있도록 약정된 경우도 있다. 매매예약에 의한 소유권이전등기청구권가등기는 예약완결권을 행사하면 매매계약으로 성립되어 매수자는 소유권이전등기청구권을 행사할 수 있다. 이 권리는 채권으로서 10년의 소멸시효에 해당되어 이 기간이 지나면 소멸하지만 가등기권자가 점유하고 있다면 시효중단으로 소멸되지 않는다. 아무튼 매매예약과 매매계약의 가등기는 등기부등본상의 접수원인란에는 보통 구별없이 매매예약으로 표시되어 있다.

add

- **제척기간**
  형성권에 대한 권리행사기간으로 기간이 경과하면 당연히 소멸되는 권리이며 단축 또는 감경할 수 없고 이익을 포기할 수도 없다.

- **소멸시효**
  권리 위에 잠자는 자는 보호될 수 없다는 존재근거로 객관적 권리가 발생하여 권리를 행사할 수 있는 때로부터 진행하여 일정기간 행사하지 않으므로 소멸되는 권리를 말하며 시효중단도 가능하다.

  ○ 소멸시효의 중단사유
  소멸시효는 다음 각 호의 사유로 인하여 중단된다.
  1. 청구
  2. 압류 또는 가압류, 가처분
  3. 승인

case.7 가등기의 목적물이 멸실하면 가등기 효력이 소멸 한다.

매매목적물인 건물이 화재로 소실되거나 철거되어 전부 멸실된 경우 가등기의 효력은 소멸한다. 가등기가 되어 있는 매매목적물인 건물이 전부 멸실된 경우에는 가등기의 표시가 등기부에 그대로 등재되어 있다 하여도 이에 대한 가등기는 효력이 없어지는 것이므로 특별한 사정이 없는 한 이에 대한 소유권이전등기나 소유권 확인을 구할 수 없다.(대법75다399판결)

(2) 가등기가 말소되지 않는 경우

case.8 최선순위가등기 일 때(소유권이전등기청구권가등기)

순서	설정일자	권리종류	권리자	채권금액	비고	소멸여부
1	2011.04.01.	소유권이전	박용수		매매가 250,000,000원	
2	2011.12.03.	가등기(소유권이전)	김진섭		말소기준권리?	인수
3	2012.02.15.	가압류	김남호	70,000,000원		소멸
4	2012.03.22.	가압류	심순이	50,000,000원		소멸
5	2012.09.28.	가압류	이미순	34,000,000원		소멸

말소기준권리보다 선순위인 가등기(소유권이전등기청구권)는 경매절차에서 말소되지 않고 낙찰자에게 인수되어 소유권을 잃을 수 있으므로 입찰해서는 안 된다. 최선순위가등기가 말소촉탁이 될 수 있어야 하므로 소유권이전청구권가등기인지, 담보가등기인지 알아보는 것이 중요하다.

case.9 최선순위의 가등기(소유권이전)와 상관없는 소유권이 이전될 때

순서	설정일자	권리종류	권리자	채권금액	비고	소멸여부
1	2000.03.01	소유권이전	임영수			
2	2000.07.07	가등기(소유권이전)	김영웅			인수
3	2003.05.03	가압류	이영애	150,000,000원		소멸
4	2004.02.09	소유자(매매)	김영웅		*가등기에 기한 본등기아닌(매매)	
5	2004.08.07	가압류	나우택	97,000,000원		
6	2006.09.08	강제경매	나우택	97,000,000원	2006타경3312	소멸

최선순위가등기는 가등기에 기한 본등기가 아닌, 그 가등기와 상관없는 매매 등을 원인으로 인한 소유권이전등기를 하면 가등기는 소멸하지 않는다.

경매목적물의 가등기권자가 그 가등기와 상관없이 소유권이전등기를 넘겨받은 경우- 소유권이전등기청구가등기(김영웅)+가압류(이영애)+소유자(김영웅)+경매신청인(나우택)일 때 최선순위소유권이전등기청구권가등기는 말소되지 않는다.

최선순위 가등기권자가 본등기하면 가등기의 순위로 소급상승하여 가압류(이영애)뿐만 아니라 후순위의 권리자는 모두 소멸한다고 생각하여 낙찰을 받았다면 소유권을 잃을 수 있다.

| 조심 |

왜냐하면 최선순위가등기에 기한 본등기라면 본등기 순위는 가등기의 순위로 상승되는 것이 원칙인데 등기부등본상의 순위는 2번과 4번으로 따로 부여

되어 있고 등기원인은 매매로 되어 있으므로 최선순위의 가등기에 기한 본등기가 아니기 때문이다.

이렇게 별개의 원인으로 소유권이전을 하였으므로 최선순위 가등기는 소멸하지 않으며 결국에 가등기권자 김영웅은 중간처분등기(가압류-이영애)를 소멸시키기 위하여 가등기에 의한 본등기를 할 것이기 때문에 낙찰자는 소유권을 잃을 수 있다.

add

- 가등기를 경료한 가등기권자가 그 가등기와는 상관없이 소유권이전등기를 넘겨받은 경우, 그 가등기에 기한 본등기 절차의 이행을 구할 수 있다.
  부동산에 관한 소유권이전등기청구권 보전을 위한 가등기 경료 이후에 다른 가압류 등기가 경료되었다면, 그 가등기에 기한 본등기 절차에 의하지 아니하고 별도로 가등기권자 명의의 소유권이전등기가 경료되었다고 하여 가등기 권리자와 의무자 사이의 가등기 약정상의 채무의 본지에 따른 이행이 완료되었다고 할 수는 없으니, 특별한 사정이 없는 한, 가등기권자는 가등기의무자에 대하여 그 가등기에 기한 본등기 절차의 이행을 구할 수도 있다.(대법95다29888판결)
- 『가등기+소유권이전』일 때 가등기권자가 바로 후순위로 가등기에 기한 본등기 아닌 다른 원인으로 소유권이전등기를 할 때는 가등기에 의한 본등기를 할 필요없이 가등기는 혼동으로 의미 없는 가등기가 된다.

case.10 최선순위임차인 이후 가등기(소유권이전등기)가 되었을 때

경매목적물의 우선변제권을 가진 최선순위임차인과 후순위가등기권자(등기부상 최선순위의 가등기)일 때 가등기는 소멸되지 않는다. 이에 관하여 여러 가지 긍정설과 부정설이 있다.

임차인	점유부분	전입/확정/배당	보증금/차임	대항력	배당예상금액	기타
김병선	주거용 전부	전입2010.05.02. 확정2010.05.02. 배당요구:(O)	보증금 1억 원	있음		우선변제권

순서	설정일자	권리종류	권리자	채권금액	비고	소멸여부
1	2010.01.11	소유권이전	김동수			
2	2010.12.04	가등기(소유권이전)	㈜리치			인수
3	2011.07.01	가압류	이미순	100,000,000원	말소기준권리	소멸

등기부등본상에 아무런 설정도 없고 선순위 임차인도 없는 깨끗한 집을 최선순위로 임차한다면 주택임대차보호법상 임차인의 보증금을 안전하게 보호를 받을 수 있다고 생각하여 안심하고 계약을 체결할 수 있다.

그러나 '임차인(김병선)의 후순위로 소유권이전등기청구가등기(등기부상 최선순위-(주)리치)를 한 상태라면 최선순위임차인이 계약만료시 임차보증금을 반환받지 못하게 되면 보증금 반환소송에서 승소하여 확정판결문으로 강제경매가 실행될 때 최선순위임차권은 말소기준권리가 되지 못하여 등기부상 최선순위가등기는 소멸되지 않으므로 입찰가는 계속떨어져도 낙찰받을 사람이 없어 곤란하게 된다. 그러나 위와 같은 경우가 생기게 된다면 곤란하므로 이를 미연에 방지하기 위하여 전세권을 설정하여 둔다면 경매가 실행되더라도 전세권에 대한 배당요구를 하면 가등기의 말소를 구할 수 있을 것이다.

add

- 우선변제권을 가진 임차인은 배당요구를 하더라도 말소기준권리가 되지 못하여 가등기를 말소시키지 못하고 민사집행법상 매수인의 권리 인수 여부는 부동산등기부에 기재된 사항을 기준으로 판단해야 하므로 가등기는 말소되지 아니한다.(수원지법 2010.11.9.선고2009나19359판결)

case.11 최선순위 가등기권자(소유권이전)가 목적물을 계속 점유하고 있을 때

임차인	점유부분	전입/확정/배당	보증금/차임	배당예상금액	기타
박질김	주거용 전부	전입2002.01.02.	점유		

순서	설정일자	권리종류	권리자	채권금액	비고	소멸여부
1	2000.03.01	소유권이전	김부동			
2	2002.01.04	가등기(소유권이전)	박질김		매매예약	인수
3	2002.07.01	가압류	정영숙	100,000,000원	말소기준권리	소멸

소유권이전등기청구권(채권)의 소멸시효는 10년이다. 그러나 점유가 계속되는 한 시효로 소멸하지 아니한다. 여기서 말하는 점유에는 직접점유뿐만 아니라 간접점유도 포함한다고 해석하여야 한다. 박질김은 2002.01.04.에 소유권이전등기청구권가등기를 한 후 10년이 지났지만 계속 점유함으로써 소멸시효가 진행되지 않으므로 가등기는 말소되지 아니한다.

 case.12 최선순위가등기권자(담보)가 목적물을 계속 점유하고 있다면?

담보가등기일 경우 소유권이전등기청구권의 소멸시효가 중단된다 하더라도 담보가등기일 경우에는 피담보채권이 시효로 소멸되면 그에 의한 소유권이전등기가등기는 말소되어야 한다.

add

- 담보가등기를 경료한 토지를 인도받아 점유할 경우 담보가등기의 피담보채권의 소멸시효가 중단되는 것은 아니고, 담보가등기에 기한 소유권이전등기청구권의 소멸시효가 완성되기 전에 그 대상 토지를 인도받아 점유함으로써 소유권이전등기청구권의 소멸시효가 중단된다 하더라도 위 담보가등기의 피담보채권이 시효로 소멸한 이상 위 담보가등기 및 그에 기한 소유권이전등기는 결국 말소되어야 할 운명의 것이다.(대법2006다12701판결)

3) 가등기의 활용과 이해

가등기는 소유권이전등기청구권가등기(매매예약)와 담보가등기가 있는데 매매예약의 가등기는 부동산 소유권이전을 요구할 수 있는 권리이며 담보가등기는 채권의 보전을 목적으로 한 가등기이며 변제를 하지 않는 경우 경매를 청구할 수 있고 또한 청산작업을 거쳐 소유권을 이전할 수 있다.

(1) 매매예약의 가등기의 활용

매도인 황도팔은 매수인 김도순에게 아파트를 팔기로 계약을 하면서 잔금은 12개월 후에 지불하기로 하며 황도팔 소유의 부동산에 매매예약에 의한 가등기를 하기로 하였다. 이런 가등기를 한 이유는 매수인 김도순이는 아파트 하나를 더 취득하면 다주택자에 해당되어 더 많은 세금을 부담해야 하는 상황으로 가지고 있는 집을 하나 팔고 취득해야 하기 때문이며 잔금을 치르는 기간이 너무 길어 황도팔이가 또 다른 사람에게 팔거나, 근저당을 설정하거나, 제삼자의 제한설정이 들어오거나 하면 곤란한 일이 생기므로 이를 사전에 방지하기 위하여 가등기를 한 것이다. 이런 가등기를 해두면 가등기 이후에 소유권이전을 하거나, 근저당설정을 하거나, 제3자의 가압류설정 등이 있더라도 가등기에 기한 본등기를 하면 소유권 이전의 효력발생 시기는 가등기 한 때로 소급하므로 가등기 이후 중간처분의 등기는 직권말소되기 때문에 매수자인 김도순이는 안심하고 잠을 잘 수 있다.

case.13 가등기에 기한 본등기

순서	설정일자	권리종류	권리자	채권금액	비고	소멸 여부
1	2009.06.01.	소유권이전	황도팔		매매가 500,000,000원	
2	2011.07.06. 2012.05.02.	가등기(소유권이전) 본등기(소유자)	김도순		가등기에 의한	가등기 말소
3	2011.09.05.	가압류	김미연	300,000,000		말소
4	2012.02.01.	소유권이전	심선아			말소
※	2012.05.02.	본등기(소유권이전)	김도순		가등기에 의한	가등기 한 때로 소급

김도순이는 소유권이전등기청구가등기를 하고 본등기를 2012년.05.02에 본등기를 하면 소유권이전의 효력발생 시기는 가등기 한 때(2011.07.06.)로 소급되므로 가등기 이후 중간처분행위(가압류, 소유권이전)는 당연히 말소된다.

add

- 가등기는 본등기 순위보전의 효력만이 있고, 후일 본등기가 마쳐진 때에는 본등기의 순위가 가등기한 때로 소급함으로써 가등기 후 본등기 전에 이루어진 중간처분이 본등기보다 후 순위로 되어 실효될 뿐이고, 본등기에 의한 물권변동의 효력이 가등기한 때로 소급하여 발생하는 것은 아니다.(대법80다3117판결)

(2) 담보가등기의 활용

나호구는 강남에 아파트를 가지고 있었고 사업자금이 급하게 필요하여 강도남에게 돈을 빌리면서 담보로 제공한 나호구의 소유아파트에 근저당설정을 하기로 하였으나 채권자인 강도남이 대물변제예약에 관한 담보가등기 하기를 원하여 할 수 없이 원하는 대로 하였다.

나호구가 사업에 실패하여 변제기가 지나도 돈을 갚지 못하게 될 때 물건(아파트)으로 받겠다는 대물변제의 예약에 관한 소유권이전등기청구가등기를 하여 이에 대한 예약완결권을 행사하여 본등기를 함으로써 나호구 아파트의 소유권을 취득할 속셈이었다.

이러한 경우는 1983년 가등기 담보에 관한 법률이 제정되기 전에는 청산절차 없이 채무자가 변제기에 돈을 갚지 않을 때 본등기가 가능했다 한다. 그러나 현재는 가담법에 의한 적법한 청산절차를 거치지 않는 담보가등기에 의한 본등기는 무효이다(대법92다20132판결)란 사실을 모르고 있었다.

청산절차란 담보가등기가 설정된 부동산 가격에서 원금과 이자 등을 공제한 나머지금액을 채무자에게 일정기간 동안 고지하고 그 차액을 지급하는 절차이다.

담보가등기권리자는 그 선택에 따라 담보권을 실행하여 담보목적부동산의 경매를 청구할 수 있고 제3자의 경매신청 시에는 배당요구를 하면 다른 채권자보다 자기채권을 우선변제 받을 권리가 있으므로 이 경우 담보가등기권리를 저당권으로 본다.(가담법제12조)

또한, 청산절차가 온전히 끝나기 전까지(청산금이 없는 경우에는 청산기간이 지나기 전) 경매가 개시될 경우에는 더 이상 본등기를 청구할 수 없고 배당요구를 하여 배당을 받을 수 있을 뿐이다.(가등기담보등에 관한 법률 제14조)

---

add

- **대물변제예약**
  채무불이행시에 현금아닌 물건으로 변제하겠다는 예약이다.

4) 가등기된 부동산을 낙찰받아 소유권을 상실한 경우 구제방법

가등기된 부동산을 낙찰받아 경락대금 납부 후 가등기에 기한 본등기가 경료되어 소유권을 상실한 경우에 배당이 실시되기 전이라면 낙찰인은 집행법원에 대하여 경매에 의한 매매계약을 해제하고 납부한 낙찰대금의 반환을 청구할 수 있고(대법96그64결정), 배당이 완료되었다면 쉬운 일은 아니지만 채무자에게 계약의 해제 또는 대금감액의 청구를 할 수 있고, 대금의 배당을 받은 채권자에 대하여 그 대금의 전부나 일부에 대하여 부당이득반환을 청구할 수 있다.

> **add**
>
> - **부당이득의 내용**
>   법률상 원인없이 타인의 재산 또는 노무로 인하여 이익을 얻고 이로 인하여 타인에게 손해를 가한 자는 그 이익을 반환하여야 한다.(민법제741조)

 예고등기

예고등기는 등기원인의 무효 또는 취소에 의한 등기의 말소 또는 회복을 구하는 소가 제기된 경우에 수리한 법원이 직권으로 등기소에 촉탁, 등기부등본에 기재하여 제3자에게 경고를 줄 목적으로 행하여지는 등기였으나 2011.4.에 부동산등기법이 개정되면서 삭제 폐지되었다. 하지만 지금도 간혹 등기부등본에 예고등기가 기입되어 있는 물건이 경매로 나온 경우가 있으므로 입찰 시 주의를 요한다. 예고등기가 되어 있는 경매물건은 입찰하지 않는 것이 현명하다.

case.1 예고등기

순서	접수	권리종류	권리자	채권금액	비고	소멸여부
1	2003.10.02.	소유권보존	이민형			
2	2009.06.01.	소유권일부이전	(주)백산		매매,3/100	
3	2009.07.02.	(주)백산소유권말소**예고등기**	인천지방법원에 소제기,2009가합353 사건검색			
4	2010.08.12.	가압류	임성택	210,000,000원		

chap. 5
임차인의 권리분석

1. 대항력과 우선변제권 개념이해
2. 일상에서 접하게되는 임차인·임대인에 대한 권리찾기
3. 임차인의 보증금 지키기
4. 임차인의 권리 인수와 소멸

Chap.5
임차인의 권리분석

경매에서 임차인의 권리분석은 핵심적인 사항이면서 가장 중요한 부분이다. 말소기준권리보다 후순위의 임차인의 권리는 모두 소멸한다. 그러나 대항력을 가진 선순위임차인(말소기준권리보다 앞선 임차인)에 대해서는 면밀한 분석이 필요하다.

대항력 갖춘 선순위 임차인이 보증금을 환수하기 위하여 경매신청을 한다든지, 다른 채권자들의 경매시에 배당신청을 하여 임차보증금을 배당받으면 임차인의 권리는 소멸되나 전액 배당을 받지못하면 나머지 잔액에 대하여 낙찰자가 인수한다.

1) 대항력이란

주택의 임차인이 임대목적물을 사용, 수익하게 할 것을 약정하고 임대차계약을 하게 되는데 이러한 계약은 채권계약이므로 등기를 하지 않으면 제3자에게 대항할 수 있는 힘이 없다. 그러므로 그 등기가 없는 경우에도 임차인이 주택의 인도와 주민등록을 마친 때에는 그 다음 날부터 제3자에 대하여 계약상의 권리를 주장할 수 있는 대항력이 생긴다.

(1) 대항력(입주+전입)의 발생요건과 시점

임차인의 대항력 발생 요건은 임대차계약을 하고 그 주택에 입주하고 전입을 하면 그 다음 날 오전 0시부터 대항력이 발생한다. 대항력 있는 임차인은 목적부동산에 대한 어떠한 설정행위가 있어도 우선하며 또한, 그 임차주택을 매도를 해도 임차인에게는 대항력이 있으므로 이전받은 양수인은 임대인의 지위를 승계한 것으로 본다.

ex.1 대항력 발생 시점
전입과 동시에 입주: 2018.01.01. ⇒ 2018.01.02일 0시부터 대항력 발생.

add
- **주택임대차보호법 제3조에 의한 대항력이 생기는 시점인 '익일'의 의미**
  주택임대차보호법 제3조의 임차인이 주택의 인도와 주민등록을 마친 때에는 그 '익일부터' 제3자에 대하여 효력이 생긴다고 함은 익일 오전 0시부터 대항력이 생긴다는 취지이다.(대법99다9981판결)

(2) 대항력의 활용

최팔이는 임대인 최부자의 집에 세 들어 살기로 하고 2010.10.10일에 최선순위로 이사를 하고 당일 날 동사무소에 가서 전입과 확정일자를 받았다.

㉮ 최팔이의 대항력 발생일은
대항력은 입주하고 전입한 그 다음 날 0시부터 발생하므로 대항력 발생 시점은 2010.10.11.,0시 이다.

㉯ 최팔이가 임차한 집을 최부자가 매도씨에게 팔았다면
최팔이는 최부자의 집에 입주와 전입을 하여 대항력의 요건을 갖추었으므로 임대차 등기를 하지 않아도 등기한 것과 같은 효력이 있으므로 최팔이의 임차보증금은 매도씨에게 승계된다.

㉰ 최팔이의 대항력발생 이후 최부자의 집에 어떤 설정행위가 있다면
최팔이의 대항력 발생일(2010.10.11.) 이후 후순위로 근저당, 가압류 등 어떤 설정행위가 있어도 최팔이에게 대항하지 못한다.(최팔이가 우선한다)

(3) 대항력의 요건 존속 기간

임대차보호법상 주택의 임차인은 우선변제 요건인 주택의 인도와 주민등록을 갖추는 그 존속 기간은 경매절차상 다른 이해관계인들의 배당요구의 변수들을 고려하여 우선변제권을 취득 시에만 구비하면 족한 것이 아니고 민사집행법상 배당요구의 종기까지 계속 존속하고 있어야 한다.(대법2007다17475판결)

> **add**
>
> - **채권의 물권화**
>   주택임대차보호법 또는 상가건물임대차보호법상의 대항요건을 갖춘 경우에는 제3자에 대하여 대항력을 가지게 되는데 이러한 경우 임차권을 등기하지 않아도 대항요건을 갖추면 모든 사람에게 등기한 것과 같은 강한 효력(물권의 효력)을 주장할 수 있다. 이러한 경우 채권이 물권화 되는 경향이라 한다.

2) 우선변제권(입주+전입+확정일자)은 무엇인가

임차인이 대항력을 갖추고 확정일자를 받으면 우선변제권을 취득한다. 우선변제권이란 보증금을 받을 수 있는 순서를 말하는데 주임법상 민사집행법에 의한 경매나 국세징수법에 의한 공매시에 목적물 환가대금에서 후순위의 저당권자나 기타 채권자나 임차인보다 우선하여 임차보증금을 배당받을 수 있는 권리이다.

(1) 확정일자란

확정일자란 증서에 대하여 그 작성한 일자에 관한 확실한 증거가 될 수 있는 법률상 인정되는 일자를 말하며 임대차계약에 관한 확정일자는 사후에 변경하는 것을 방지하기 위한 것이며 대항력 발생 후에 확정일자를 받으면 우선변제권이 생기는데 이것은 임차인의 보증금을 배당받을 수 있는 순서가 생긴다.

- **확정일자 및 확정일자 있는 증서의 의미**
  확정일자란, 증서에 대하여 그 작성한 일자에 관한 완전한 증거가 될 수 있는 것으로 법률상 인정되는 일자를 말하며, 당사자가 나중에 변경하는 것이 불가능한 확정된 일자를 가리키고, 확정일자 있는 증서란, 위와 같은 일자가 있는 증서로서 민법 부칙 제3조 소정의 증서를 말한다.(대법98다28879판결)

① 확정일자 부여 받는 법과 정보제공 요청

㉮ 관청에 가서
확정일자는 주택 소재지의 읍·면사무소, 동주민센터 또는 시(특별시·광역시·특별자치시는 제외하고, 특별자치도는 포함한다)·군·구(자치구를 말한다)의 출장소, 지방법원 및 그 지원과 등기소 또는 「공증인법」에 따른 공증인(이하 이 조에서 "확정일자부여기관"이라 한다)이 부여하며 방문하여 확정일자를 받으려면 주택임대차계약서, 신분증, 도장을 지참하여 받을 수 있다.

㉯ 인터넷으로 신청
인터넷으로 신청하는 방법이 있는데 정부24의 홈페이지에서 전입신고를 하고 대법원의 인터넷등기소의 확정일자란에 들어가 확정일자를 받으면 된다.
확정일자를 받을 수 있는 신청자는 임대인, 임차인, 계약서를 작성한 공인중개사, 변호사, 법무사이므로 공인중개사를 통하여 계약을 하면 바로 전입신고와 확정일자를 받을 수 있다.

㉰ 전세권설정 등기로
전세권설정계약서가 첨부된 등기필증에 등기관의 접수인이 찍혀 있다면 그 원래의 임대차에 관한 계약증서에 확정일자가 있는 것으로 보아야 한다.(대법 2001다51725판결)

㉱ 확정일자 정보제공 요청
임대인의 동의를 받은 임대차계약을 체결하려는 자와 주택의 임대차에 이해관계가 있는 자가 해당 주택의 확정일자 부여일, 차임 및 보증금 등 임대차 정보의 제공을 요청할 경우에는 정당한 사유 없이 이를 거부할 수 없으므로 임대

차에 관한 정보요청은 관할 주민센터에 신분증과 이해관계인임을 입증할 수 있는 서류를 가지고 방문하여 요청할 수 있고 또는 대법원 인터넷등기소 온라인 신청으로 확정일자 부여현황을 확인할 수 있다.

(2) 우선변제권의 발생요건과 시점

우선변제권의 요건 발생은 대항력(입주와 전입)+확정일자이고 시점은 대항력이 먼저 발생하고 확정일자를 뒤에 받았다면 확정일자 받은 날에, 확정일자를 먼저 받고 대항력이 뒤에 발생했다면 대항력 발생일에 우선변제권이 발생한다.

> add
> - 법 제3조의2 제1항에 규정된 확정일자를 입주 및 주민등록일과 같은 날 또는 그 이전에 갖춘 경우에는 우선변제적 효력은 대항력과 마찬가지로 인도와 주민등록을 마친 다음날을 기준으로 발생한다.(대법97다22393판결)

 ex.2

임차씨는 임대씨의 집에 세들어 살기로 하고 2010.10.10일에 임대차계약을 체결하고 입주하고 동사무소에 가서 전입과 확정일자를 받았다.

① 임차씨의 대항력 발생일은 2010.10.11.
  ○ 확정일자 받은 날이 2010.10.10.이면≫우선변제권 발생일은 2010.10.11.
  ○ 확정일자 받은 날이 2010.10.13.이면≫우선변제권 발생일은 2010.10.13.
  ○ 확정일자 받은 날이 2010.10.09.이면≫우선변제권 발생일은 2010.10.11.

(3) 우선변제권은 언제까지 존속되어야 하는지

경매절차상의 다른 이해관계인들에게 피해를 입힐 수도 있는 점 등에 비추어 볼 때, 공시방법이 없는 주택임대차에 있어서 주택의 인도와 주민등록이라는 우선변제의 요건은 그 우선변제권 취득 시에만 구비하면 족한 것이 아니고, 배당요구의 종기인 경락기일까지 계속 존속하고 있어야 한다.(대법95다44597판결)

- 경락허가결정의 취소로 신경매와 경락대금 미납으로 재경매를 할 때 우선변제권의 존속요건은 경락허가결정이 취소되어 신경매를 하거나 경락허가결정 확정 후 최고가매수인의 경락대금 미납으로 재경매를 한 경우, 임차인이 주택임대차보호법에 의한 대항력과 우선변제권을 인정받기 위한 주택의 인도와 주민등록이라는 요건이 존속되어야 할 종기로서의 경락기일은 배당금의 기초가 되는 경락대금을 납부한 경락인에 대하여 경락허가결정을 한 마지막 경락기일을 말한다.(=최종 경락기일)(대법2000다61466판결)

(4) 우선변제권을 갖춘 임차인의 배당

경매로 인한 부동산의 매각대금에서 임차인의 보증금을 배당받으려면 배당신청종기일까지 권리신고 및 배당요구를 해야 하며 우선변제권이 발생되는 시점에서 후순위권리자 기타 채권자나 임차인보다 우선하여 배당받을 권리가 있다

case.1 우선변제권을 갖춘 선순위임차인의 배당

매각대금: 300,000,000원

임차인	점유부분	전입/확정/배당	채권액	기타	비고
나살래	주거용 전부	전입:2010.01.02 확정:2010.01.11 배당요구(○)	보증금200,000,000원	우선변제권 발생 2010.01.11	대항력 발생 2010.01.03.

순서	접수	권리종류	권리자	채권금액	비고	소멸여부
1	2007.01.20	소유권이전	정혁진		매매가격: 400,000,000원	
2	2010.01.10	근저당	국민은행	130,000,000원	말소기준권리	소멸
3	2011.02.10	근저당	새마을금고	200,000,000원		소멸

권리의 순위는 1순위 임차인(2010.01.03.),2순위 근저당(국민),3순위 근저당(새마을)이며 배당순위는 1순위 근저당(국민-2010.01.10.),2순위 임차인(나살래-우선변제권 2010.01.11),3순위(새마을-2011.02.10)이므로 말소기준권리보다 선순위 임차인은 대항력을 갖추었지만 확정일자가 근저당(국민)보다 하루 전이므로 먼저 국민은행 채권액 130,000,000원 배당하고 두 번째로 임차보증금

170,000,000원을 배당하고 마지막으로 새마을금고는 배당받지 못하고 끝난다.

그러나 임차인은 대항력을 갖추었으므로 임차보증금 전액을 배당받지 못하므로 받지못한 잔액(3천만원)은 낙찰자가 인수한다.

> **add**
>
> - 이때 임차인이 대항력(2010.01.03.)을 가진 최선순위로서 배당신청하였으므로 임차인의 보증금의 전액을 배당받을 것이라고 생각하여 안심하고 낙찰받는 경우가 종종 있다. 그러나 임차인의 배당받을 순위는 권리의 순위가 아니라 그와 함께 확정일자를 받은 날짜(우선변제권발생일)의 순위이므로 꼭 비교 확인해야 한다.

case.2 우선변제권을 갖춘 후순위 임차인의 배당

매각대금: 300,000,000원

임차인	점유부분	전입/확정/배당	채권액	기타	비고
김장수	주거용 전부	전입: 2010.01.10. 확정: 2010.03.01. 배당요구(○)	보증금200,000,000원	우선변제권 발생 2010.03.01.	대항력발생 2010.01.11.

순서	접수	권리종류	권리자	채권금액	비고	소멸여부
1	2009.01.20.	소유권이전	정혁진		매매가격: 400,000,000원	
2	2010.01.01.	근저당	하나은행	100,000,000원	말소기준권리	소멸
3	2010.02.03.	근저당	새마을금고	150,000,000원		소멸

권리의 순위는 근저당(하나), 임차인(김장수), 근저당(새마을)이며 배당순위는 근저당(하나), 근저당(새마을), 임차인(김장수)이다. 물건 매각대금 300,000,000원에서 먼저 근저당(하나)권자에게 100,000,000원을 배당하고 둘째로 근저당(새마을)권자에게 150,000,000원을 배당하고 나머지 임차인에게 50,000,000원을 배당하면 끝난다. 임차인의 권리는 말소기준권리보다 후순위이므로 배당에 관계없이 소멸하고 확정일자가 늦으므로 인하여 많은 손해가 난 입장이다.

case.3 임차보증금을 증액한 경우 우선변제금의 배당

대항력을 갖춘 선순위임차인이 저당권설정등기 이후에 임차인과의 합의에 의하여 보증금을 증액한 경우 보증금 중 증액부분에 대해서는 저당권 실행으로 건물을 낙찰받은 소유자에게 대항할 수 없다.

임차인	점유부분	전입/확정/배당	채권액	기타	비고
고심한	주거용 전부	전입:2010.03.01. 확정:2010.03.01. 배당요구(O)	보증금 100,000,000원	대항력 : 2010.03.02 우선변제권 : 2010.03.02.	증액한 보증금 3천만원 2014.03.01.-확정일자 ?

순서	접수	권리종류	권리자	채권금액	비고	소멸여부
1	2010.01.20.	소유권이전	김진태		매매가격: 400,000,000원	
2	2013.03.01.	근저당	국민은행	50,000,000원	말소기준권리	소멸
3	2014.04.01.	근저당	이진하	40,000,000원		소멸

『우선변제권을 갖춘 임차인이 살던중에 임대인과 합의하여 2014.03.01에 보증금 3천만원을 증액을 하였다. 증액한 보증금은 낙찰자에게 대항할 수 있을까?』
증액한 보증금도 말소기준권리보다 선순위이면 대항력이 있으므로 낙찰자에게 대항할 수 있으나 후순위이면 배당에 관계없이 소멸한다.
증액한 보증금이 근저당 설정(2013.03.01.) 이전에 증액을 했다면 낙찰자에게 대항할 수 있으나 이후에 증액을 하였으므로 증액한 보증금에 대해서는 부담이 없다.

add

- **저당권설정등기 이후 증액한 보증금을 변제받을 수 있는지**
  저당권설정등기 이후 증액한 보증금은 낙찰자에게 대항할 수 없다.
  임차인은 위 저당권에 기하여 건물을 경락받은 소유자의 건물명도 청구에 대하여 증액전 임차보증금을 상환받을 때까지 그 건물을 명도할 수 없다고 주장할 수 있을 뿐이고 저당권설정등기 이후에 증액한 임차보증금으로써는 소유자에게 대항할 수 없는 것이다.(대법90다카11377판결) 이러한 법리는 대항력을 갖춘 임차인이 체납처분에 의한 압류등기 이후에 임대인과 보증금을 증액하기로 합의하고 초과부분을 지급한 경우에도 마찬가지로 적용된다고 할 것이다.(대법2010다12753판결)

(5) 우선변제권을 가진 임차인의 매각대금의 범위

우선변제권을 가진 임차인은 건물만이 아닌 대지를 포함한 주택의 환가대금에서 배당받을 수 있을 뿐만 아니라 대지에 관하여 저당권 설정 당시 그 지상에 건물이 존재하는 경우에 대지와 건물에 대하여 경매신청 되었다가 대지만이 매각되거나 대지만 경매신청된 경우에도 보증금을 변제받을 권리가 있다.

> **add**
>
> - **임대차계약 당시 임대인의 소유였던 대지가 매도될 때 우선변제권을 행사**
>   대항요건 및 확정일자를 갖춘 임차인과 소액임차인은 임차주택과 그 대지가 함께 경매될 경우뿐만 아니라 임차주택과 별도로 그 대지만이 경매될 경우에도 그 대지의 환가대금에 대하여 우선변제권을 행사할 수 있고, 이와 같은 우선변제권은 이른바 법정담보물권의 성격을 갖는 것으로서 임대차 성립시의 임차 목적물인 임차주택 및 대지의 가액을 기초로 임차인을 보호하고자 인정되는 것이므로, 임대차 성립 당시 임대인의 소유였던 대지가 타인에게 양도되어 임차주택과 대지의 소유자가 서로 달라지게 된 경우에도 마찬가지이다.(대법2004다26133판결)

3) 주택임차인의 최우선변제권(소액보증금)이란

임차인은 보증금 중 일정액을 다른 담보물권자보다 우선하여 변제받을 권리가 있다. 이 경우 임차인은 주택에 대한 경매신청의 등기 전에 대항력의 요건을 갖추어야 하며 보증금 중 일정액의 범위와 기준은 대지의 가액을 포함한 주택가액의 2분의 1을 넘지 못한다.(주임법8조)

> **add**
>
> - **주택임대차보호법 제8조 소정의 '주택가액'의 의미**
>   주택임대차보호법 제8조 소정의 우선변제권의 한도가 되는 주택가액의 2분의 1에서 '주택가액'이라 함은 낙찰대금에다가 입찰보증금에 대한 배당기일까지의 이자, 몰수된 입찰보증금 등을 포함한 금액에서 집행비용을 공제한 실제 배당할 금액이라고 봄이 상당하다.(대법2001다8974판결)

(1) 소액보증금의 성립요건과 배당

경매개시결정기입등기 전에 임차주택에 입주하고 주민등록전입을 하여야 하며 보증금의 액수는 지역에 따른 소액보증금적용범위 이하이어야 한다.
또한, 배당종기일까지 대항력을 유지하면서 배당요구를 하여야 하며 낙찰대금에서 집행비용을 제외한 주택 가액의 2분의 1 범위 내에서 배당받게 되는데 소액보증금에 해당되는 임차인이 수인이면 각각 안분배당을 하므로 다가구주택의 경우에 임차인의 수가 많으면 소액보증금의 배당액이 적어질 수 있다.
그리고 최종 3개월분의 임금, 최종 3년간의 퇴직금, 재해보상금과는 동순위로 안분배당한다. 또한, 소액보증금에 해당되면 확정일자를 받지 않아도 되지만 권리신고 및 배당신청은 해야 한다.

> **add**
>
> - 소액임차보증금에 관한 우선변제권 유·무
>   ㉮ 주임법상의 임차권등기가 되어 있는 주택을 그 이후에 임차한 임차인은 소액보증금의 우선변제를 받을 권리가 없다.
>   ㉯ 하나의 주택에 공동생활하는 임차인이 2인 이상이면 보증금을 합산하여 소액보증금의 해당 여부를 결정한다.
>   ㉰ 우선변제권을 가진 소액임차인이 적법하게 전대한 전차인도 우선변제를 받을 소액임차인으로 본다.

(2) 소액보증금의 판단하는 기준과 배당

① 선순위 담보물건의 기준

소액보증금이 얼마인지 해당 여부는 경매목적부동산의 최초 담보물권 설정일을 기준으로 판단하며 최초의 선순위의 담보물권이라 함은 저당권이나 담보가등기는 포함되지만 우선변제권이 없는 가압류, 압류는 포함되지 않는다.
선순위의 전세권과 확정일자를 갖춘 임차인에 대해서 여러 견해가 있으나 전세권은 매각으로 인하여 소멸되는 경우에는 담보물권으로 보아 소액보증금 판단기준에 긍정하는 편이며 소멸되지 않는 경우에는 용익물권으로 보아 배당에서 제외한다.

우선변제권을 갖춘 임차인에 대해서는 포함되는지에 관한 견해가 있으나 부동산담보권자와 유사한 성질을 가지므로 긍정하는 견해가 다수이다.(대법2007다45562 판결)

ex.3 소액보증금 적용 범위(~금액 이하)

담보물권 설정일 2016.03.31. ~ 2018.09.17.	지역	소액보증금 범위	최우선변제 금액
	서울특별시	10,000만원	3,400만원
	과밀억제권역 (서울제외)	8,000만원	2,700만원

case.4 소액임차보증금의 배당-근저당 기준

(지역: 서울특별시)　　　　　　　　　　　　　　　　　　　　　　매각가격: 1억원

임차인	점유부분	전입/확정/배당	채권액	기타	비고
고상한	주거용 전부	전입:2018.10.01. 확정:2018.10.01. 배당요구(O)	보증금90,000,000원	대항력: 2018.10.02 우선변제권: 2018.10.02.	소액임차인보증금 받을 수 있을 것인가?

순서	접수	권리종류	권리자	채권금액	비고	소멸여부
1	2010.01.20.	소유권이전	김진수		매매가격: 400,000,000원	
2	2017.03.01.	근저당	농협은행	150,000,000원	말소기준권리	소멸
3	2019.04.01.	가압류	이은미	40,000,000원		소멸

위의 권리의 순위는 1순위 근저당(농협),2순위 임차인(고상한),3순위 가압류(이은미)이므로 임차인은 말소기준권리(근저당)보다 후순위이므로 임차보증금의 배당에 관계없이 소멸한다. 그러나 최우선변제금(소액보증금)에 대하여 알아보자.

임차인(고상한)은 2018.10.01.에 임차보증금 9천만원으로 서울지역에 임대차계약을 체결하고 당일날 입주와 전입을 한다.

최초 담보물건 설정일(근저당 2017.03.01.)은 2016.03.31.~2018.09.17.의 서울지역의 담보물권 설정일의 범위에 해당되고 소액보증금 9천만원은 소액보증

금의 범위 1억원 이하에 해당되므로 소액변제금(소액보증금)은 3,400만원이다. 다만 건물의 매각가격이 1억원이므로 1/2인 5천만원의 한도 내에서 소액보증금을 배당받는다.

case.5 소액임차보증금의 배당-전세권 기준(일반건물 전세권)

(지역: 서울특별시) 매각가격: 1억원

임차인	점유부분	전입/확정/배당	채권액	기타	비고
신재미	주거용 일부	전입:2018.11.01. 확정:2018.11.01. 배당요구(○)	보증금 40,000,000원	우선변제권 2018.11.02	소액임차인보증금 받을 수 있을 것인가?

순서	접수	권리종류	권리자	채권금액	비고	소멸여부
1	2010.01.20.	소유권이전	김복동		매매가격: 300,000,000원	
2	2017.03.01.	전세권	김윤아	70,000,000원	말소기준권리(**배당요구**)	소멸
3	2017.10.01.	가압류	김상민	60,000,000원		소멸

최선순위의 전세권에 대해서는 여러 견해가 있으나 전세권자가 경매를 신청하거나 배당요구를 하면 담보물권으로 취급되어 소액보증금의 판단기준이 된다.

이런 경우는 드물지만 가끔보이는 사건이다. 전세권(물권)이 설정되어 있는 건물에 임차권(채권)은 가능하다.

집합건물이 아닌 토지와 건물이 따로 되어 있는 일반주택의 경우에 건물에만 전세권(대항력x)이 설정되어 있을 때 우선변제권은 건물에만 미치므로 전세보증금은 건물의 매각대금에서 배당되며 임차인의 소액보증금은 대지의 매각대금에서 우선변제권을 행사할 수 있다고 본다.

가압류권자(김상민)가 강제경매(일괄)를 신청하여 전세권자(김윤아)가 배당신청을 했다면 주택임대차보호법에 의한 임차인은 토지의 매각대금에서 소액보증금을 배당받을 수 있다.

임차인(신재미)은 2018.11.01.에 임차보증금 4천만원으로 서울지역에 임대차계약을 하고 당일날 입주와 전입을 한다. 최초 전세권설정일(2017.03.01.)은 2016.03.31.~2018.09.17.의 서울지역의 담보물권설정일의 범위에 해당되고 소액보증금의 범위는 10,000만원 이하에 3,400만원을 받을 수 있으므로 토지의 매각가격에 따라서 임차인의 소액보증금 3,400만원을 배당 받을 수 있다.

- 대항요건 및 확정일자를 갖춘 임차인과 소액임차인은 임차주택과 그 대지가 함께 경매될 경우뿐만 아니라 임차주택과 별도로 그 대지만이 경매될 경우에도 그 대지의 환가대금에 대하여 우선변제권을 행사할 수 있고, 이와 같은 우선변제권은 이른바 법정담보물권의 성격을 갖는 것으로서 임대차 성립시의 임차 목적물인 임차주택 및 대지의 가액을 기초로 임차인을 보호하고자 인정되는 것이므로, 임대차 성립 당시 임대인의 소유였던 대지가 타인에게 양도되어 임차주택과 대지의 소유자가 서로 달라지게 된 경우에도 마찬가지이다.(대법2004다26133판결)

- 우선변제권 갖춘 임차인의 기준(상대적 소액임차인)
우선변제권을 갖춘 임차인에 대해서는 포함되는지에 관한 견해가 있으나 부동산담보권자와 유사한 성질을 가지므로 긍정하는 견해가 다수이다.
주택임대차보호법 제3조의2 제2항은 대항요건(주택인도와 주민등록전입신고)과 임대차계약증서상의 확정일자를 갖춘 주택임차인에게 부동산 담보권에 유사한 권리를 인정한다는 취지로서, 이에 따라 대항요건과 확정일자를 갖춘 임차인들 상호간에는 대항요건과 확정일자를 최종적으로 갖춘 순서대로 우선 변제받을 순위를 정하게 되므로, 만일 대항요건과 확정일자를 갖춘 임차인들이 주택임대차보호법 제8조 제1항에 의하여 보증금 중 일정액의 보호를 받는 소액임차인의 지위를 겸하는 경우, 먼저 소액임차인으로서 보호받는 일정액을 우선 배당하고 난 후의 나머지 임차보증금채권액에 대하여는 대항요건과 확정일자를 갖춘 임차인으로서의 순위에 따라 배당을 하여야 하는 것이다.(대법2007다45562판결)

case.6 다가구주택일 때 소액임차인의 배당

매각금액 200,000,000원

임차인	점유부분	전입/확정/배당	채권액	기타
김강산	주거용 1층	전입: 2015.07.20. 확정: 2015.07.20. 배당요구(O)	보증금 90,000,000원	우선변제권: 2015.07.21.

임차인	점유부분	전입/확정/배당	채권액	기타
강호순	주거용 2층	전입: 2016.07.20. 확정: 2016.07.20. 배당요구(O)	보증금80,000,000원	우선변제권: 2016.07.21.

순서	접수	권리종류	권리자	채권금액	비고	소멸여부
1	2010.01.20.	소유권이전	김동만		매매가격: 300,000,000원	
2	2016.07.20.	근저당	김윤수	70,000,000원	말소기준권리	소멸
3	2017.04.01.	가압류	박상민	20,000,000원		소멸

권리의 순위는 1순위 임차인(김강산)-2순위 근저당(김윤수)-3순위 임차인(강호순)-4순위 가압류(박상민)이다. 근저당(김윤수)설정일과 임차인(강호순)의 입주와 전입일은 같지만 강호순의 대항력은 입주와 전입일 다음 날에 발생하므로 근저당(김윤수)의 순위가 앞선다.

위에서 소액보증금적용범위를 보면 임차인이 입주와 전입한 날이 아닌 최초 담보물권설정일(2016.07.20.)은 2016.03.31.~2018.09.17.의 범위에 해당하고 서울지역의 소액보증금액의 한도는 1억원 이하에 해당되는 3,400만원이다.
<지역별 소액 보증금의 범위 참고>

| 배당을 하면 |

먼저 토지와 건물 매각대금에서 집행비용을 제외한 1/2범위에서 소액임차보증금을 배당하고 만약에 최종 3개월분의 임금채권, 최종 3년간의 퇴직금, 재해보상금이 있으면 동순위로 안분 배당을 하고 소액 임차인의 수가 많으면 또한 안분배당을 한다.

건물가액 1/2(1억)의 범위에서 임차인(김강산) 3,400만원 / 임차인(강호순) 3,400만원을 소액보증금으로 우선 배당하고 다음으로 순위배당을 하면 1순위 임차인(김강산): (3,400만원+5,600만원),2순위 근저당(김윤수): 7,000만원,3순위 임차인(강호순): (3,400만원+600만원)을 각 배당받고 나머지 채권자는 소멸한다.

case.7 임차보증금의 증감이 있는 경우 소액보증금에 해당여부

임차관계가 지속되는 동안 임차보증금의 증액과 감액의 변동이 있는 경우 소액임차인에 해당 여부의 기준은 배당 시 보증금액으로 본다.

ex.4 소액보증금 적용 범위(보증금 증감 경우)

담보물권 설정일	지역	소액보증금 범위	최우선변제 금액
2016.03.31. ~ 2018.9.17.	서울특별시	10,000만원	3,400만원
	과밀억제권역 (서울제외)	8,000만원	2,700만원

임차인 보증금 9,000만원, 서울특별시 지역에 2018.10.01. 전입하고 입주, 등기부등본에 최초 근저당설정일은 2017.03.01.일때 위의 소액보증금적용범위(1억 이하)에서 소액보증금은 3,400만원이다.

그러나 임차인의 보증금에 2,000만원을 증액하여 보증금이 11,000만원이 되었다면 배당 시에 소액보증금은 10,000만원 이하의 적용범위에 해당되지 않으므로 소액보증금을 받지 못한다.

또한 계약당시 임차인 보증금이 11,000만원일 때 소액보증금범위에 해당되지 않지만 보증금을 2,000만원 감액하여 배당시의 보증금이 9,000만원이 되었다면 소액보증금적용범위에 해당되어 3,400만원을 받을 수 있다.

 add

- **임대차보증금의 증감·변동이 있는 경우 소액임차인에 해당하는지 여부**
  임대차관계가 지속되는 동안 임대차보증금의 증감·변동이 있는 경우, 소액임차인에 해당하는지 여부는 배당 시로 본다.
  임대차관계가 지속되는 동안 임대차보증금의 증감·변동이 있는 경우, 소액임차인에 해당하는지 여부의 판단시점은 원칙적으로 배당 시로 봄이 상당하고, 따라서 처음 임대차계약을 체결할 당시 임대차보증금의 액수가 적어서 소액임차인에 해당한다고 하더라도 그 후 갱신과정에서 증액되어 그 한도를 초과하면 더 이상 소액임차인에 해당하지 않게 되고, 반대로 처음에는 임대차보증금의 액수가 많아 소액임차인에 해당하지 않는다 하더라도 그 후 갱신과정에서 감액되어 한도 이하로 되었다면 소액임차인에 해당한다.(2003가단134010대구지법판결)

◎ ≪주임법의 지역별 소액보증금의 범위≫

담보설정일	지역	보증금 범위	최우선변제액
2010.7.26. ~ 2013.12.31.	서울특별시	7,500만원	2,500만원
	과밀억제권역	6,500만원	2,200만원
	광역시(인천광역시/군지역 제외) 안산시, 용인시, 김포시, 광주시	5,500만원	1,900만원
	기타	4,000만원	1,400만원
2014.1.1. ~ 2016.03.30.	서울특별시	9,500만원	3,200만원
	과밀억제권역	8,000만원	2,700만원
	광역시(인천광역시/군지역 제외) 안산시, 용인시, 김포시, 광주시	6,000만원	2,000만원
	기타	4,500만원	1,500만원
2016.03.31. ~ 2018.9.17.	서울특별시	10,000만원	3,400만원
	과밀억제권역 (서울제외)	8,000만원	2,700만원
	광역시(일부제외), 세종시	6,000만원	2,000만원
	그 밖의 지역	5,000만원	1,700만원
2018.9.18. ~ 2021.5.10.	서울특별시	11,000만원	3,700만원
	과밀억제권역 (서울제외) 용인, 화성, 세종 포함	10,000만원	3,400만원
	광역시(일부제외) 안산, 김포, 광주, 파주 포함	6,000만원	2,000만원
	그 밖의 지역	5,000만원	1,700만원
2021.5.11. ~ 2023.2.20.	서울특별시	15,000만원	5,000만원
	과밀억제권역 (서울제외) 용인, 화성, 김포, 세종 포함	13,000만원	4,300만원
	광역시(일부제외) 안산, 광주, 파주, 이천, 평택 포함	7,000만원	2,300만원
	그 밖의 지역	6,000만원	2,000만원
2023.2.21. ~ 현재	서울특별시	16,500만원	5,500만원
	과밀억제권역 (서울제외) 용인, 화성, 김포, 세종 포함	14,500만원	4,800만원
	광역시(일부제외) 안산, 광주, 파주, 이천, 평택 포함	8,500만원	2,800만원
	그 밖의 지역	7,500만원	2,500만원

4) 임차인의 권리(임차보증금) 인수와 소멸

말소기준권리보다 선순위의 임차인의 권리가 문제가 되고 후순위의 임차인의 권리는 소멸하므로 최선순위의 임차인에 대해서 철저히 분석하면 임차인의 권리분석은 마무리 된다. 우선변제권을 가진 최선순위임차인(말소기준권리보다 앞선 임차인)이 경매신청을 하거나 배당요구종기일까지 권리신고 및 배당요구를 하여 임차보증금 전액을 배당받으면 임차인의 권리는 소멸하고, 보증금 전액을 배당받지 못하면 남은 잔금은 낙찰자가 인수한다. 그리고 배당신청을 하지 않을 경우 임차보증금 전액에 대하여 낙찰자가 인수한다.

(1) 낙찰자가 최선순위임차인의 보증금을 전액 또는 일부를 인수하게 되는 경우

case.8 최선순위임차인이 배당요구를 하지 않았을 때

최선순위의 임차인이 배당요구종기일까지 배당신청을 하지 않았을 때는 임차보증금 전액에 대하여 낙찰자가 인수한다. 가끔 배당요구종기일 이후 배당신청을 할 경우가 있는데 이때도 마찬가지이다. 그러므로 배당신청을 배당요구종기일까지 했는지 세심하게 확인할 필요가 있다.

임차인	점유부분	전입/확정/배당	채권액	기타	비고
차성수	주거용 전부	전입: 2008.05.06. 확정: 2008.05.06.	보증금:150,000,000원	우선변제권	배당요구 (X)

순서	접수	권리종류	권리자	채권금액	비고	소멸여부
1	2008.01.20.	소유권이전	이숙희		매매가격: 280,000,000원	
2	2008.07.22.	근저당	국민은행	99,100,000원	말소기준권리	소멸
3	2009.10.02.	가압류	김삼수	34,000,000원		소멸
4	2009.11.02.	근저당	심수미	30,000,000원		소멸

임차인 차성수는 대항력과 확정일자를 받은 우선변제권을 가진 임차인으로 경매 신청이나 배당요구를 하지 않을 경우 임차보증금 전액(1억5천만원)을 낙찰자가 인수한다.

case.9 최선순위임차인이 대항력은 있지만 확정일자가 없을 때

최선순위의 임차인이 대항력을 갖추고 확정일자를 받지 않았다면 배당받을 순위를 상실하여 배당받을 수 없으나 임차인의 대항력은 있으므로 결국에 낙찰자가 보증금 전액을 인수한다.

매각대금: 200,000,000원

임차인	점유부분	전입/확정/배당	채권액	기타
김영숙	주거용 전부	전입:2010.11.10. 확정일자(x) 배당요구(x)	보증금 150,000,000원	확정일자가(x)면 우선변제권(x)

순서	접수	권리종류	권리자	채권금액	비고	소멸여부
1	2009.01.20.	소유권이전	김말숙		매매가격:400,000,000원	
2	2010.11.30.	근저당	제일은행	100,000,000원	말소기준권리	소멸
3	2011.02.07.	가압류	이순옥	133,000,000원		소멸
4	2011.11.02.	근저당	김금순	34,000,000원		소멸

최선순위 임차인(김영숙)은 대항력은 있으나 확정일자를 받지 않았기 때문에 보증금을 배당받을 수 없으며 확정일자를 받지 않았어도 배당요구를 하고 임차인의 보증금이 소액보증금의 한도에 해당하면 소액보증금은 배당받을 수 있다. 위의 임차인은 확정일자가 없으므로 배당순위에서 제외되며 배당받지 못한 보증금 전액(1억5천만원)은 낙찰자가 인수한다.

case.10 최선순위임차인이 배당요구-후순위 채권자보다 확정일자가 늦은 경우

매각대금: 200,000,000원

임차인	점유부분	전입/확정/배당	채권액	기타	비고
박성택	주거용 전부	전입: 2010.11.20. 확정: 2011.01.23. 배당요구(○)	보증금 130,000,000원	우선변제권 2011.01.23.	대항력 2010.11.21.

순서	접수	권리종류	권리자	채권금액	비고	소멸여부
1	2008.01.20.	소유권이전	정재순		매매가격: 400,000,000원	
2	2011.01.22.	근저당	국민은행	150,000,000원	말소기준권리	소멸
3	2012.10.02.	가압류	김돌팔	30,000,000원		소멸

권리의 순위는 임차인(박성택)-근저당(국민은행)-가압류(김돌팔)이고 배당순위는 1순위 근저당권자(설정일2011.01.22.)에게 1억5천만원 배당-2순위 임차인(우선변제권 발생일 2011.01.23.)에게 5천만원 배당하면 임차보증금 1억3천만원에서 배당받지 못한 8천만원은 낙찰자가 인수한다.

case.11 최선순위임차인이 배당요구-후순위 근저당 설정일과 확정일자가 같을 때

매각대금 100,000,000원

임차인	점유부분	전입/확정/배당	채권액	기타	비고
나미래	주거용 전부	전입:2018. 01.08. 확정:2018. 01.10. 배당요구(O)	보증금150,000,000원	우선변제권 발생 2018.01.10.	대항력발생 2018.01.09.

순서	접수	권리종류	권리자	채권금액	비고	소멸여부
1	2012.01.25.	소유권이전	장미화		매매가격:300,000,000원	
2	2018.01.10.	근저당	국민은행	100,000,000원	말소기준권리	소멸
3	2018.02.10.	근저당	새마을금고	200,000,000원		소멸

권리의 순위는 임차인(나미래)-근저당(국민)-근저당(새마을)이며 배당순위는 임차인의 우선변제권 발생일(2018.01.10.)과 근저당설정일이 같으므로 금액의 비율에 따라 안분배당을 하며 임차인은 대항력이 있으므로 임차인의 보증금 전액이 배당되지 않으면 잔금은 낙찰자가 인수한다. 그러므로 매각대금 1억원을 임차인(나미래)에게 6,000만원과 국민은행(근저당)에게 4,000만원 안분배당하면 배당은 종료되며 임차보증금 전액을 배당받지 못한 나머지 9,000만원은 낙찰자가 인수한다.

case.12 선순위의 근저당 채권 대위변제로 인한 낙찰자의 임차보증금 인수

매각가격 150,000,000원

임차인	점유부분	전입/확정/배당	채권액	기타	비고
나안다	주거용 건물전부	전입: 2009.05.10. 확정: 2009.05.10.	보증금: 230,000,000	배당요구(○)	우선변제권

순서	접수	권리종류	권리자	채권금액	비고	소멸여부
1	2009.01.20.	소유권이전	이숙현		매매가격:280,000,000원	
2	2009.03.20.	근저당	이상순	9,000,000원	말소기준권리	소멸
3	2009.10.02.	근저당	김삼숙	134,000,000원		소멸
4	2009.11.02.	가압류	심수현	30,000,000원		소멸

권리의 순위는 말소기준권리(근저당-이상순)-임차인(나안다)-근저당(김삼숙)-가압류(심수현)이다. 임차인(나안다)는 말소기준권리(근저당)보다 후순위의 임차인으로 경매가 실행되면 임차보증금 배당에 관계없이 소멸한다는 사실과 만약 선순위 근저당(이상순)이 없다면 최선순위 임차인으로서 임차보증금 전액을 배당받지 못하면 낙찰자에게 대항력을 행사하여 나머지 보증금을 받을 수 있다는 것을 알기 때문에 근저당 채권액 9백만원을 대위변제할 생각이다. 만약 대위변제 후 나안다의 강제경매 실행으로 건물낙찰대금이 1억5천만원이라면 임차인의 보증금 2억3천만원 중 1억5천이 배당되고 배당받지 못한 8천만원은 낙찰자가 인수한다.

이와 같이 말소기준권리인 선순위의 저당권보다 후순위의 권리가 소멸되는 것으로 알고 낙찰을 받는 경우가 있는데 이러한 선순위의 저당권이 대위변제나 어떤 이유로 인하여 소멸한 경우, 저당권 후순위로 소멸될 임차인의 권리가 다시 살아있는 대항력을 갖춘 임차인으로 순위상승하여 문제가 되는 경우가 있다. 그러므로 이렇게 선순위의 금액이 적은 저당권은 쉽게 대위변제가 가능하므로 매각결정 후 잔금을 납부하기 전에 매수자는 법원 경매계에 가서 경매기록열람과 등기부등본을 발급받아 수시로 점검하여 보아야 한다.

add

- 낙찰로 인하여 근저당권이 소멸하고 낙찰인이 소유권을 취득하게 되는 시점인 낙찰대금지급기일 이전에 선순위 근저당권이 다른 사유로 소멸한 경우에는, 대항력 있는 임차권의 존재로 인하여 담보가치의 손상을 받을 선순위 근저당권이 없게 되므로 임차권의 대항력이 소멸하지 아니한다. 이런 경우에 낙찰허가결정의 취소신청을 할 수 있다.(대법98마1031결정)
위와 같은 경우에서 낙찰자에게 아무런 고지(선순위근저당이 소멸되었다는 사실)가 없어 대항력 있는 임차권이 존속하게 된다는 사정을 알지 못한 채 대금지급기일에 낙찰대금을 지급하였다면, 채무자는 민법 제578조 제3항의 규정에 의하여 낙찰자가 입게 된 손해에 대하여 배상할 책임이 있다.(대법2002다70075판결)

(2) 특별우선배당채권 때문에 낙찰자가 보증금 전액 또는 일부를 인수하게 되는 경우

우선변제권을 갖춘 최선순위임차인이 배당신청을 하였다 하여 안심하고 낙찰받으면 큰 손해를 볼 수 있다. 최선순위임차인의 보증금보다 먼저 배당할 특별우선채권으로는 집행비용, 필요비, 유익비, 소액임차보증금채권, 최종 3개월분의 임금채권과 최종 3년간의 퇴직금 및 재해보상금 등이 있고, 법정기일(등기부등본의 압류일자가 아님)이 빠른 조세채권 등은 선순위로 배당하고 남은 금액에 대하여 배당하게 되므로 그 최선순위임차인의 임차보증금액을 만족하지 못할 경우 잔액에 대하여 낙찰자가 인수하게 된다. 그러나 현재는 주택임차인에 대해서는 임차인의 확정일자보다 늦은 당해세 배분 한도 만큼은 임차보증금이 우선변제를 받는다.

add

- **주택임차보증금과 당해세의 배당 순위**
경매에서 당해세는 법정기일과 상관없이 임차보증금반환채권보다 우선하였으나 2023년 법 개정으로 주택임차인의 확정일자보다 법정기일이 늦은 당해세인 국세(상속세, 증여세, 종부세)와 지방세(재산세)의 배분한도만큼은 주택임차인이 우선변제를 받게 된다. 다만 주택임차인이 아닌 상가임차인에게는 적용되지 않는다.
전세사기 예방차원에서 임차인이 임대인에게 국세와 지방세에 대한 납부열람의 동의를 요청할 수 있고 임대차계약 후에는 세무서에 셀프 열람도 가능하지만 경매에 있어서 입찰예정자에게는 그런 권한이 주어지지 않는다. 그러므로 낙찰인의 부담은 경감이 되나 전과 같이 변함이 없다 생각하고 입찰에 고민을 해야 한다.

- **당해세**
  당해세는 목적부동산 자체에 부과된 조세와 가산금으로 국세에 속하는 상속세, 증여세, 재평가세, 종합부동산세 등이 있으며 지방세로서는 재산세, 자동차세, 종합토지세(분리과세), 도시계획세, 소방공동시설세가 있다.

① 선순위 특별우선배당채권(임금채권과 조세채권 등)의 존재를 확인하는 방법

등기부등본에는 세무서의 압류나 근로복지공단(임금채권) 압류의 채권이 명시되어 있으나 이러한 경우 압류일자만 기재되어 있고 법정기일이 언제인지, 금액이 얼마인지 관계기관에 열람하는 방법이 없다. 그러나 대략적으로 확인하는 방법으로는 대법원경매사이트의 물건상세검색의 문건처리내역을 살펴보면 세무서의 교부청구서가 제출되어 있거나 근로복지공단(임금채권)의 배당요구신청서가 제출되어 있다면 신중히 검토하여 입찰할 필요가 있다.

ex.5 문건처리내역 열람

순번	접 수 일	접 수 내 역	결과
1	2010.01.25.	등기소 진OOOO 등기필증 제출	
2	2010.02.01.	감정인 충OOOOOOOOOO 감정평가서 제출	
3	2010.02.12.	**압류권자 OO세무서 교부청구서 제출**	
4	2010.02.12.	근저당권자 성OOO OOOO 권리신고(유치권) 제출	
5	2010.02.19.	**배당요구권자 근로복지공단 권리신고 및 배당요구신청서 제출**	

add
- 문건처리내역에 세무서의 교부청구서 제출, 근로복지공단의 배당요구서 제출이 되어 있다면 입찰을 고민해야 한다.

(3) 회차에 따른 우선변제권의 효력

우선변제권을 가진 임차인이 1차 경매에서 배당요구하여 보증금을 배당받지 못하면 2차 경매절차에서 배당은 효력이 없다.

case.13 회차에 따른 우선변제권의 효력

임차인	점유부분	전입/확정/배당	채권액	기타	비고
허수만	주거용	전입일: 2005.07.15. 확 정: 2005.07.16. 배당요구(○)	보증금: 100,000,000원	배당요구	우선변제권

순서	등기일	권리종류	권리자	채권금액	비고	소멸여부
1	2007.01.20.	소유권이전(촉탁)	황병도		2006타경2311 경매낙찰	
2	2010.09.21.	근저당	새마을금고	27,100,000원	말소기준	소멸
3	2011.11.09.	압류	○○세무서			소멸
4	2011.12.02.	임의경매	새마을금고	25,000,000원	2011타경2360	소멸

위에서 말한 사건들이 가끔 나오기 때문에 주의를 요하는 사항이다. 2007. 01.20. 황병도는 경매낙찰(2006타경2311)로 인하여 이전촉탁한 사항이므로 2006타경2311의 1차 경매내력을 잘 살펴보아 대항력 있는 임차인 허수만이 배당요구를 하여 배당받지 못했다면 2차 경매(2011타경2360)가 진행된 절차에서 다시 배당요구를 해도 1차 경매에서 우선변제권은 소멸하였으므로 허수만의 보증금은 낙찰자가 인수한다.

add

- 주택임대차보호법상의 대항력과 우선변제권의 두 가지 권리를 겸유하고 있는 임차인이 우선변제권을 선택하여 제1경매절차에서 보증금 전액에 대하여 배당요구를 하였으나 보증금 전액을 배당받을 수 없었던 때에는 경락인에게 대항하여 이를 반환받을 때까지 임대차관계의 존속을 주장할 수 있을 뿐이고, 임차인의 우선변제권은 경락으로 인하여 소멸하는 것이므로 제2경매 절차에서 우선변제권에 의한 배당을 받을 수 없다.(대법98다4552판결)

(4) 선순위임차인이 1순위 저당권자에게 무상거주확인서를 작성해준 경우

주택경매절차에서 선순위임차인이 1순위근저당권자에게 무상거주확인서를 작성해준 사실이 있어 임차보증금을 배당받지 못하게 되었다고 하더라도, 그러한 사정을 들어 주택의 인도를 구하는 매수인에게 주택임대차보호법상 대항력을 주장하는 것은 신의칙에 위반되어 허용될 수 없으므로 경매절차에서 임차보증금을 배당받지 못하며 1순위로서 대항력은 없다고 봐야 하며 낙찰받아도 상관없다.

 ex.6 무상거주확인서

매각물건명세서의 비고란에 "채권자(근저당권자) ○○○에게 대항력 있는 임차인 ○○○으로부터 무상으로 거주한다."는 확인서가 제출된 사실을 표시한다.

임차인이 보증금을 지키려면

요즘 전세사기를 많이 당하는데 임차인들이 보증금을 지키기 위해서 어떻게 해야 하고, 어떤 집에 어떻게 계약을 해야 하는지 임차인들이 꼭 알아야 할 사항을 피력하였다.

1) 임차인의 보증금 확보는

(1) 전세권 설정 없이-(임대차계약+입주+전입)-**이면 임차보증금의 확보는 가능한가**

 ex.7 최선순위의 임차인일 때

《권리의 순위》

임차인	점유부분	전입/확정/배당	채권액	기타	비고
김사랑	주거용 건물전부	전입: 2013.05.20. 확정: 2013.05.20.	보증금: 300,000,000	배당요구(유 · 무)	우선변제권

순서	접수	권리종류	권리자	채권금액	비고	소멸여부
1	2010.07.20.	소유권이전	최부자		매매	
2	2013.06.20.	가압류	나주라	100,000,000원	말소기준권리	소멸
3	2014.02.19.	근저당	하나은행	87,000,000원		소멸
4	2015.10.20.	가압류	새마을금고	107,000,000원		소멸

선순위의 임차인도 없고, 어떤 설정도 없는 깨끗한 집에 임차인으로 산다면?
김사랑은 선순위의 임차인도 없고 아무런 제한물권설정이 없는 깨끗한 최부자집에 임대차계약을 하고 입주와 전입을 하고 산다면 -주임법상 대항력이 생겨 후순위 권리자에 대하여 대항할 수 있는 힘이 생긴다. 대항력을 취득하면 임차권을 등기하지 않아도 등기를 하고 사는 것 같은 강력한 효력이 있으므로 최선순위의 임차인의 보증금 확보는 가능하다. 주임법에 의한 우선변제권을 가진 최선순위의 주택임차인은 경매신청을 하거나 다른 채권자의 경매 시 배당요구를 하면 대지와 건물 전부의 매각대금에 대하여 배당받을 수 있고, 또한 보증금 전액을 배당받지 못할 때는 그 잔액에 대하여 낙찰자에게 부담하게 할 수 있으므로 보증금 확보는 가능하다.

> **add**
>
> - 경제사정에 따른 건물가격이 하락하여도 낙찰이 된다면 임차보증금 전액을 배당받지 못할 때 잔금에 대하여 낙찰자에게 대항할 수 있고, 낙찰자가 없어 보증금 확보가 어려워 다른 곳으로 이사갈 수 없을 경우에는 계속 거주할 수 있으며, 임대차계약 만료 후 이사를 할 경우도 있을 것인데 이런 경우에는 임차권등기를 반드시 하고 옮겨야 대항력을 유지하여 보증금을 확보할 수가 있다. 그리고 임차보증금이 걸려 있는 집을 낙찰받으려고 한다면 꼭 배당신청을 하여 차액지급(상계) 신청하면 건물낙찰대금에서 보증금을 상계하고 모자란 금액에 대해서만 대금을 지불하면 소유권을 취득할 수 있으며 살면서 후일을 기대할 수밖에 없다.

(2) 저당권 설정 등이 되어 있는 집에 후순위로 임대차계약을 하고 산다면

말소기준권리(근저당)보다 후순위의 임차인의 권리는 임차보증금을 받든, 받지 못하든 소멸한다. 그러므로 임차보증금의 확보는 건물의 매각가격에서 선순위채권자들이 배당받고 남은 금액에 대해서 배당받고 소멸하므로 낙찰자에게는 부담이 없으나 임차인은 보증금을 확보하기가 어려울 수 있으며 경우에 따라서는 한 푼도 배당받지 못하고 쫓겨날 수 있다.

(3) 임차인이 대항력을 취득한 후 가족 모두 일시 전출을 한다면

대항력 취득 후 전 가족이 일시 전출하면 주임법상 대항력은 소멸하며 다시 재전입을 하면 재전입한 때로 새로운 대항력이 발생한다. 그러므로 대항력을 유지하기 위해서는 가족 중 일부라도 남아 있으면 가능하다. 대항력이 소멸하면 임차보증금 확보가 어려우므로 대항력을 꼭 유지해야 한다.

> **add**
>
> - 임차인이 대항력 취득 후 가족과 함께 일시 다른 곳으로 주민등록을 이전했다면 주민등록이탈이라 볼 수 있으므로 그 대항력은 소멸된다 할 것이고, 다시 원래의 주민등록지로 재전입한 경우에는 당초에 소멸되었던 대항력이 소급하여 회복되는 것이 아니라 재전입한 때로부터 새로운 대항력이 발생한다. (대법97다43468판결)

(4) 전 소유자가 살던 집을 팔고 바로 그 집에 임차인으로 산다면

기존주택에 전입을 하고 살던 소유자가 그 주택을 매도하면서 살던 집을 임대차 할 경우 임차인의 보증금 확보에 대한 사고가 생기는 경우가 가끔 있다. 매수자는 소유권이전 하는 날에 은행대출을 받고 저당권을 설정하면 당일날 저당권의 효력이 생기지만 살고 있던 전 주인(임차인)의 대항력은 소유권이전 다음 날에 대항력이 발생하므로 저당권이 선순위로 우선변제권을 가지며 임차인의 권리는 후순위가 되어 손해를 보는 경우가 있다.

이러한 경우에는 적어도 먼저 소유권이전을 하고 그 다음 날 근저당 설정을 하더라도 임차인으로서 우선변제권(대항력+확정일자)을 취득한 날과 근저당 설정한 날이 같으면 배당에 있어서 안분배당을 하고 임차보증금 전액을 배당받지 못하면 대항력을 주장하여 낙찰자에게 대항할 수 있다.

- 기존주택에 전입하고 살던 소유자가 그 주택을 매도하고 임대차 할 경우 대항력은 기존주택에 주민등록을 하고 살던 소유자가 당해 주택을 매도하고 그 주택을 임대차 할 경우 대항력은 매수자 명의의 소유권이전등기일 다음 날 0시부터 대항력을 갖는다.(대법99다59306판결)

(5) 임차인 자신이 살고 있는 주택을 낙찰받으려고 할 때

자신의 보증금이 걸려있는 임차인(우선변제권을 갖춘)이나 전세권자(배당요구)가 주택을 낙찰받아 대금을 납부할 때 법원에서 실제로 배당받을 금액과 낙찰인의 경매입찰보증금을 제외하고 모자란 금액을 보태어 차액지급(상계처리)하고 소유권을 취득할 수 있다.

차액지급의 경우에는 배당받을 권리가 있는 매수인(임차인이나 전세권자)이 매각대금에서 실제로 배당받을 배당액과 입찰보증금을 제외한 금액을 또는, 매수인이 경매신청채권자인 경우에는 여기에다 집행비용을 제외한 금액을 매각결정기일(낙찰 후 1주일 이내)이 끝날 때까지 법원에 신고하고 배당기일에 나머지 금액을 낼 수 있는데 이를 상계신청 또는 차액지급이라 한다. 배당받을 수 있는 매수인은 경매목적물에 대하여 차액지급의 신청을 하고자 할 때에는 반드시 배당요구신청을 해야 한다.

- 채권자가 매수인인 경우에는 매각결정기일이 끝날 때까지 법원에 차액지급신청을 하고 실제로 배당받아야 할 금액을 제외한 금액을 배당기일에 낼 수 있다.(민집143조2항)

2) 임차인이 임대차계약할 때 주의해야 할 사항

(1) 권한 있는 당사자와 계약을 체결한다.

① 임대인의 신분증과 등기부등본상- 당사자가 직접발급- 성명대조
신분이 의심스러울 때는 주민등록증 진위확인-인터넷 정부24

② 대리인과 임대차계약을 체결할 경우
본인의 인감증명과 위임장(인감날인), 대리인 신분증, 본인의 은행계좌-계약금 입금

③ 공유물에 관한 지분권자와 계약을 할 경우
아파트나 단독주택의 경우 부부나 상속자들의 소유로 공유물인 경우가 더러 있다.
이런 공유물에 임대차계약을 체결할 때 임차인은 조심해야 한다.
건물전부의 지분공유자와 계약을 체결하든지 적어도 공유지분 과반 이상의 지분권자와 계약을 체결해야 한다. 소수지분권자와 계약을 체결하면 경매 시 불이익을 당할 수 있으며 나머지 과반의 지분권자가 무효를 주장하여 임차인을 내보낼 수 있다.-부동산의 지분경매 참조-

(2) 등기부등본에 저당권 등 설정된 권리가 있으면 피하는 것이 좋다.〈강조〉

말소기준권리보다 후순위의 임차인의 권리는 경매 시에 임차보증금을 받든, 받지 못하든 소멸한다. 그러므로 임차보증금의 확보는 건물의 매각대금에서 선순위채권자들의 배당액을 제외하고 남은 금액을 배당받고 소멸하므로 낙찰자에게는 부담이 없으나 임차인은 보증금을 확보하기는 어려울 수 있다. 그러므로 건물 전체의 가격이 전세보증금보다 월등하게 높아 선순위로 저당된 채권액을 변제하고 남은 금액이 있더라도 요즘처럼 부동산가격이 하락하면 곤란한 문제가 생길 수 있으므로 될 수 있는 대로 최선순위로 임차권을 유지하는 것이 바람직하다.

> **add**
>
> - 임대인의 건물에 근저당권 등이 설정되어 있을 때 임차인의 보증금을 받아 설정된 금액을 변제하기로 임대인과 합의가 된 경우 이런 사항을 특약으로 약정하여 반드시 이행하도록 해야 한다. 중요한 것은 임대물건에 설정된 근저당에 대한 돈을 변제할 때 은행에 가서 돈만 갚는다고 되는 것이 아니라 등기부등본상의 채권최고금액을 말소해야 하며 일부 변경할 경우에도 반드시 등기부등본상에 기재된 금액을 변경해야 한다.

(3) 집합건물일 때 대지권에 별도등기가 되어 있는지 확인한다.

집합건물(아파트, 빌라 등)을 임차할 때나 매수할 때 등기부등본에 대해서 저당권설정 등 제한사항만 보고 대지권에 별도등기가 되어 있는지 모르고 실수를 하는 경우가 있다. 토지에 별도등기가 되어 있다면 매수할 때나 임차할 경우 토지에 설정된 권리의 실행으로 곤란한 경우가 있으며 임차인의 경우 보증금을 회수하기가 힘든 경우가 있다.

(4) 집합건물일 때 대지권의 유·무를 확인한다.

가끔 대지권이 없는 집합건물이 더러 있는데 이런 건물에 임차인이 입주와 전입을 하여 대항력을 갖추어도 법정지상권이 성립되지 못하면 땅소유자가 건물주에 대하여 건물철거 및 토지인도청구와 겸하여 임차인에 대해서는 퇴거청구가 들어오면 퇴거를 해야 하는 곤란한 문제가 생길 수 있다.

(5) 소유자의 국세, 지방세 완납증명서 요구한다. 이유는

임대차한 집에 경매가 실행되면 최선순위의 임차인의 보증금보다 먼저 배당할 특별우선채권으로는 집행비용, 필요비, 유익비, 소액임차보증금채권, 최종 3개월분의 임금채권과 최종 3년간의 퇴직금 및 재해보상금 등이 있고, 법정기일(등기부등본의 압류일자가 아님)이 빠른 조세채권 등은 선순위로 배당하고 남은 금액에 대하여 배당하게 되므로 그 최선순위임차인의 임차보증금액을 만족하지 못할 경우 잔액에 대하여 낙찰자가 인수하게 된다. 만약 말소기준권리보다 후순위의 임차인이 배당받을 경우 특별우선배당채권 때문에 임차보증금의 배당액이 적어지고 또한 한 푼도 받지 못할 수 있기 때문이다.

그러므로 이러한 특별우선배당채권 중 조세채권은 임차인의 보증금보다 먼저 배당하므로 인한 임차인들의 피해를 줄이기 위하여 정부에서는 임차인의 권리를 보강하는 법률을 개정하여 임차인의 확정일자보다 늦은 당해세 배분한도만큼은 주택임차보증금이 우선변제를 받는다는 법 개정을 하였다. 그러므로 조세채권의 미납 여부를 확인하기 위하여 세금완납증명서(국세와 지방세)가 필요한 것이다.

(6) 신탁한 집을 임대차 할 때

신탁회사와 직접계약을 체결하거나 신탁사의 동의를 받으면 할 수 있다.

신탁원부를 발급받아 임대차계약에 관한 사항이 일반적으로 수탁자에게 부여되어 있지만 기존 소유자(위탁자)에게도 부여되어 있는지 확인하고 또한 보증금의 지급에 관한 사항에 대하여 수령자가 보통 수탁자이나 혹여 다른 사항이 있는지 등을 꼼꼼히 확인하고 수탁자라면 신탁회사의 계좌로 입금해야 한다.

> **add**
>
> - **신탁회사**
>   부동산신탁회사(수탁자)는 고객(위탁자)이 재산을 맡기면 안전하고 효율적으로 관리하는 전문 기관으로 목적에 맞게 관리해 주면서 신탁보수라고 하는 수수료를 받는 서비스 기관이다. 위탁자는 수탁자에게 소유권의 이전을 하고 맡긴 부동산은 대내외적으로 수탁자에게 귀속되어 주로 부동산 개발, 매매, 임대 및 관리 등의 업무를 수행하며, 고객의 자산을 신탁 형태로 관리한다.

(7) 최선순위로 임대차계약 체결 후 가등기를 설정했다면 어떻게 될까

경매목적물의 우선변제권을 가진 최선순위임차인과 후순위가등기권자(등기부상 최선순위의 소유권이전등기청구권가등기)일 때 가등기는 소멸되지 않는다. 이에 관하여 여러 가지 긍정설과 부정설이 있다.

등기부등본상에 아무런 설정도 없고 임차인도 없는 깨끗한 집을 최선순위로 임차한다면 주택임대차보호법상 안전하게 보호를 받을 수 있다고 생각하여 안심하고 계약을 체결할 수 있다. 그러나 어떤 이유로 이와 같은 경우가 생기게 되어 임차인이 계약 만료 후 나가게 될 때 임차인이 보증금을 쉽게 환수할 수 있으면 아무 문제가 없지만, 환수가 어려울 경우 임차보증금반환소송을 통하여 확정판결을 받아 경매신청을 하게 되면 등기부상 최선순위의 가등기가 설정되어 있어서 가등기를 인수하면서까지 입찰을 할 사람이 없을 것이므로 아주 난감할 수밖에 없다. 이를 미연에 방지하기 위하여 임대차계약을 체결할 때 "가등기설정을 어떠한 이유로든 할 수 없다."라는 나름대로 벌칙조항을 약정한다든지 아니면 전세권을 설정하여 둔다면 경매가 실행된다 해도 전세권에 대한 배당요구를 하면 가등기는 소멸되므로 보증금 확보는 쉬울 것이다.

3) 주택임대차보호법에서 주택의 개념

적용범위는 주거용 건물(이하 "주택"이라 한다.)의 전부 또는 일부의 임대차에 관하여 적용한다. 그 임차주택의 일부가 주거 외의 목적으로 사용되는 경우에도 또한 같다.(주임법제2조)
주택임대차보호법상의 주택의 개념은 건축물의 용도나 형식이 아닌 실제 주택 용도로 사용하기 위하여 임대했을 때 모두 적용된다. 건축물 대장이 없는 무허가 건물, 미등기건물뿐만 아니라 불법건축물, 근린상가 등을 주택으로 사용하기 위하여 임대했을 때 모두 적용 대상이다.

(1) 미등기 또는 무허가 건물도 주임법의 적용대상?

미등기 또는 무허가 건물도 주택임대차보호법의 적용대상이 되나 임대차계약 만료로 보증금을 환수할 수 없을 때 어려운 문제가 있으므로 특별한 경우가 아니면 이런 건물은 피하는 것이 현명하다.

(2) 주거용 건물과 비주거용으로 겸용된 건물은

주택임대차보호법 제2조 소정의 주거에 해당하는지 여부는 임대차목적물의 공부상의 표시만을 기준으로 할 것이 아니라 실지용도에 따라서 정하여야 하고 또 건물의 일부가 임대차의 목적이 되어 주거용과 비주거용으로 겸용되는 경우에는 구체적인 경우에 따라 그 임대차의 목적, 전체건물과 임대차목적물의 구조와 형태 및 임차인의 임대차목적물의 이용관계 그리고 임차인이 그곳에서 일상생활을 영위하는지 여부 등을 아울러 고려하여 합목적적으로 결정하여야 한다.

건물이 공부상으로는 단층작업소 및 근린생활시설로 표시되어 있으나 실제로 주거 및 인쇄소 경영을 목적으로 또는 주거 및 슈퍼마켓 경영을 목적으로 임차하여 가족과 함께 입주하여 일상생활을 영위하고 주거용면적과 비주거용면적에 관계없이 유일한 주거용으로 사용한 경우는 주택임대차보호법상 주거용 건물로 인정한 사례다.(대법94다52522)

4) 임차인 관련 주요한 판례

(1) 주택임대차보호법에서 전입에 따른 대항력에 관한 사항

① 다가구주택에 전입할 때

임차인이 여러 가구가 살 수 있도록 건축된 다가구용 주택에 전입신고를 할 경우 지번만 정확히 기재하는 것으로 충분하고 건물 거주자의 편의상 구분 지어 놓은 호수까지 기재할 의무나 필요가 없다.(대법97다47828판결)

② 공동주택에 전입할 때

공동주택(연립주택, 다세대빌라, 아파트)에 전입할 때는 공적 장부인 건축물대장 및 등기부등본과 일치된 주소와 동·호수를 정확히 기재한다. 지번이 같더라도 동과 호수 중 하나만 달라도 대항력을 취득할 수 없다.(대법95다48421판결)

③ 신축 중에 호수가 준공 후 호수가 다른 번호로 변경될 때
신축 중 호수가 준공 후 호수가 변경될 때는 준공후의 공부상 주소로 변경하여야 한다.
현재 빌라나 연립주택을 철거하여 새로 건축물을 축조한 경우가 많다. 이럴 때 가끔 일어나는 일인데 그 전에 주민등록을 이전할 때 현관문의 표시대로 1층 201호라고 전입신고를 마쳤는데, 준공 후 그 주택이 공부상 101호로 등재된 경우 주택임대차보호법상 대항력이 없다.(대법95다177판결)

④ 처음에 다가구용 단독주택에 정확한 전입신고 후 다세대 주택으로 변경될 때
처음에 다가구용 단독주택으로 소유권 보존등기가 경료된 건물의 일부를 임차한 임차인은 이를 인도받고 임차건물의 지번을 정확히 기재하여 전입신고를 하면 주택임대차보호법 소정의 대항력을 적법하게 취득하고 나중에 다가구용 단독주택이 다세대주택으로 변경되었다는 사정만으로 이미 취득한 대항력이 상실되는 것이 아니다.(대법2006다70516판결)

⑤ 주택임차인이 임대인의 승낙을 받아 임차주택을 전대한다면
주택임차인이 임대인의 승낙을 받아 임차주택을 전대하고, 그 전차인이 주택을 인도받아 자신의 주민등록을 마친 경우, 임차인이 주택임대차보호법상 대항력을 취득하였다고 볼 것이다.(대법2005다64255판결)
임차인과의 점유매개관계에 기하여 당해 주택에 실제로 거주하는 직접점유자가 자신의 주민등록을 마친 경우에 한하여 비로소 그 임차인의 임대차가 제3자에 대하여 적법하게 대항력을 취득할 수 있다.

(2) 주택임대차 계약에 따른 우선변제권에 관한 사항
① 임대차계약을 갱신할 때는 어떻게
주택임대차계약을 갱신할 경우 최초의 임대차계약서는 법률상 중요한 의미를 갖는다. 주택이나 상가의 임대차계약에 있어서 계약갱신권청구권의 계산일도 최초 계약일부터 계산하는 등 갱신된 계약서와 최초 임대차계약서를 함께 보관해야 한다.

대항력과 우선변제권을 갖춘 주택임대차계약이 갱신된 경우, 종전 보증금의 범위 내에서 최초 임대차계약에 의한 대항력과 우선변제권이 그대로 유지된다.(대법원2010다42990판결)

② 임차보증금을 양도하는 경우
우선변제권을 가진 임차인이 임차권과 분리하여 임차보증금반환채권만을 양도받은 채권양수인은 임차주택에 대한 경매절차에서 주택임대차보호법상의 임차보증금 우선변제권자의 지위에서 배당요구를 할 수 없고, 일반 금전채권자로서의 요건을 갖추어 배당요구를 할 수 있을 뿐이다.(대법2010다10276판결)

③ 우선변제권 행사의 범위
대항요건 및 확정일자를 갖춘 임차인과 소액임차인은 임차주택과 대지가 함께 경매될 경우뿐만 아니라 임차주택과 별도로 대지만이 경매될 경우에도 대지의 환가대금에 대하여 우선변제권을 행사할 수 있고, 또한 여러 필지의 임차주택 대지 중 일부가 타인에게 양도되어 일부 대지만이 경매되는 경우도 우선변제권을 행사할 수 있다.(대법2012다45689판결)

(3) 주택임대차보호법에서 임대차 계약에 따른 소액보증금에 관한 사항
① 건물의 용도가 변경되면 소액보증금을 받을 수 있는가
소액보증금을 반환받으려면 반드시 배당요구신청을 해야 하며 점포 및 사무실로 사용되던 건물에 근저당권이 설정된 후 그 건물이 주거용 건물로 용도 변경된 경우, 이를 임차한 소액임차인이 특별한 사정이 없는 한 주택임대차보호법 제8조에 의하여 보증금 중 일정액을 근저당권자보다 우선하여 변제받을 권리가 있다.(대법2009다26879판결)

② 대지부분만 매매와 낙찰된 경우 소액보증금을 받을 수 있는가
다가구용 단독주택의 대지 및 건물에 관한 근저당권자가 그 대지 및 건물에 관한 경매를 신청하였다가 그중 건물에 대한 경매신청만을 취하함으로써 이를 제외한 대지

부분만이 낙찰되었다고 하더라도, 그 주택의 소액임차인은 그 대지에 관한 낙찰대금 중에서 소액보증금을 담보물권자보다 우선하여 변제받을 수 있다.(대법96다7595판결)

③ 미등기 주택의 경우 소액보증금을 받을 수 있는가
미등기 주택이라도 경매개시결정기입등기 전에 입주와 전입을 하고 확정일자를 받은 미등기 주택의 임차인과 소액임차인은 임차주택 대지의 환가대금에 대하여 주택임대차보호법상 우선변제권을 행사할 수 있다.(대법2004다26133판결)
그러나 건물이나 토지의 경락대금에서 우선변제를 받기 위해서는 임대차 후에라도 소유권보존등기가 된 후 경매신청의 등기가 기입이 되어야하므로 보증금 확보하기가 매우 번거롭다.

add

- 미등기부동산에 대하여 경매신청을 하면 등기에 관한 요건을 갖추어 경매법원의 촉탁에 의하여 등기공무원의 직권으로 소유권 보존등기를 하고 강제경매개시결정기입등기를 하여 경매를 진행할 수 있다.

④ 소액임차인이 우선변제금을 받을 수 없는 경우는
대지에 관한 저당권 설정 후 지상에 건물이 신축된 경우, 건물의 소액임차인에게 그 저당권 실행에 따른 대지의 환가대금에 대하여 우선변제를 받을 수 없다고 보아야 한다.(대법99다25532판결)

상가건물 임차인의 권리분석

상가건물임대차에서 임차인의 권리를 보호하기 위하여 민법에 대한 특례를 규정한 법으로 상가 임차인의 임대료와 보증금의 과도한 인상을 막기위하여 2002년 11월부터 시행되어 왔으며 주택임대차보호법에 관한 규정을 준용한다. 그러나 다른 하나의 가장 큰 특징은 주임법에서는 보증금의 한도가 적용되지 않지만 상입법에서는 지역별로 보증금의 한도가 정해져 있어서 정해진 한도가 넘으면 일부 상임법 적용이 되지 않는 사항이 있다.

1) 상가건물임대차보호법에서 적용되는 보증금의 범위

상가건물임대차보호법에서 적용되는 보증금의 범위는 대통령령으로 정하는 보증금액을 말하며 범위를 초과하는 임대차에 대하여는 원칙적으로 본법이 적용되지 아니한다. 보증금액을 정할 때에는 해당 지역의 경제 여건 및 임대차 목적물의 규모 등을 고려하여 지역별로 구분하여 규정하되, 보증금 외에 차임이 있는 경우에는 그 차임액에 은행법에 따른 은행의 대출금리 등을 고려하여 대통령령으로 정하는 비율(1분의 100)을 곱하여 환산한 금액을 포함하여 범위를 정한다.(상임법2조)

(1) 환산보증금

보증금의 범위는 환산보증금액으로 한다.
상가건물임대차의 환산보증금=보증금+(월세×100)

> **ex.8** 임차보증금이 9천만원이고 월세가 50만원이면
> 상가건물임대차 환산보증금= 9천만원+5천만원(50만×100)= 1억4천만원이 된다.

2) 상가건물임차인의 대항력(건물인도+사업자등록)

임대차는 그 등기가 없는 경우에도 임차인이 건물의 인도와 부가가치세법 제8조, 소득세법 제168조 또는 법인세법 제111조에 따른 사업자등록을 신청하면 그 다음 날부터 제3자에 대하여 효력이 생긴다.(상임법제3조)
상가건물임대차보호법의 임차인에 대한 권리는 특별한 몇 가지를 제외하고는 대체로 주택임대차보호법의 임차인의 권리에 관한 사항을 준용한다.

> **add**
>
> - 상가건물임대차보호법상 대항력을 인정받기 위하여 사업자등록이 갖추어야 할 요건
>   사업자가 사업장을 임차한 경우에는 사업자등록신청서에 임대차계약서 사본을 첨부하도록 하여, 사업자등록신청서에 첨부한 임대차계약서상의 임대차목적물 소재지가 당해 상가건물에 대한 등기부상의 표시와 불일치하는 경우에는 특별한 사정이 없는 한 그 사업자등록은 제3자에 대한 관계에서 유효한 임대차의 공시방법이 될 수 없다. 건물의 일부분을 임차한 경우 그 사업자등록이 제3자에 대한 관계에서 유효한 임대차의 공시방법이 되기 위해서는 사업자등록신청 시 그 임차 부분을 표시한 도면을 첨부하여야 한다.(대법2008다44238판결)

3) 상가건물임차인의 우선변제권(건물의인도+사업자등록+확정일자)

상가건물임차인의 우선변제권은 건물의 인도와 사업자등록신청을 하고 관할 세무서장으로부터 임대차계약서상의 확정일자를 받은 임차인은 민사집행법에 따른 경매 또는 국세징수법에 따른 공매 시 임차건물(임대인 소유의 대지를 포함한다)의 환가대금에서 후순위권리자나 그 밖의 채권자보다 우선하여 보증금을 변제받을 권리가 있다.(상임법 제5조 2항)
우선변제권에 의한 배당을 받으려면 대항요건과 세무서의 확정일자를 받고 임차인의 보증금이 해당지역의 환산보증금 범위에 해당되어야 하며 배당요구종기일까지 배당요구를 해야 한다.

(1) 상가건물 임차인의 우선변제권 존속기간

상가건물의 임차인이 임대차보증금 반환채권에 대하여 상가건물임대차보호법상 대항력 또는 우선변제권을 가지기 위해서는 상가건물의 인도와 사업자등록을 하고 확정일자를 받아야 하며 그중 사업자등록은 대항력 또는 우선변제권의 취득요건일 뿐만 아니라 존속요건이기도 하므로, 배당요구의 종기까지 존속하고 있어야 한다.(대법2005다64002판결)

> **add**
>
> - **확정일자 부여 및 임대차정보 확인**
>   세무서장은 상가건물 임차인의 확정일자를 부여하며 상가건물 소재지, 확정일자부여일, 차임 및 보증금등을 기재한 확정일자부를 작성한다.
>   입찰 전 주택임차인의 세대열람내역은 동사무소에 가서 신분증과 경매정보지를 준비하여 쉽게 열람할 수 있지만 상가건물에 대한 경매입찰예정자는 이해관계인이 아니므로 상가건물의 임차인의 현황을 확인하는 것은 어렵다.

(2) 상가건물임대차보호법에서 정한 우선변제권의 범위

상임법에서 정한 보증금의 적용 범위 내에서 우선변제권을 행사할 수 있으며 환산보증금을 초과하면 우선변제권이 없다.

ex.9 보증금적용범위(상임법시행령 제2조)

2019년 4월 2일~현재 (~금액 이하)
1. 서울특별시: 9억원
2. "수도권정비계획법"에 따른 과밀억제권역(서울특별시는 제외한다) 및 부산광역시: 6억9천만원
3. 광역시("수도권정비계획법"에 따른 과밀억제권역에 포함된 지역과 군지역, 부산광역시는 제외한다), 세종특별자치시, 파주시, 화성시, 안산시, 용인시, 김포시 및 광주시: 5억4천만원
4. 그 밖의 지역 : 3억7천만원

case.14 서울특별시 상가임차인의 배당

매각대금 500,000,000원

임차인	점유 부분	전입/확정/배당	보증금/차임	대항력	배당 유무	기타
양서연 ①	점포 101호	사업등록: 2019.05.09. 확정일자: 2019.05.09. 배당요구(O)	보증금: 750,000,000원 월 2,000,000원 환산보증금: 950,000,000원	있음	배당(X)	우선변제권 없음

임차인	점유 부분	전입/확정/배당	보증금/차임	대항력	배당 유무	기타
김은미 ③	점포 201호	사업등록: 2020.02.10. 확정일자: 2020.02.10. 배당요구(O)	보증금 100,000,000원 월 1,000,000원 환산보증금 200,000,000원	없음	배당(O)	우선변제권 있음

순서	접수	권리종류	권리자	채권 금액	비고	소멸여부
1	2005.07.01.	소유권보존	최부자		매매	
2	2019.05.27.	근저당 ②	국민은행	200,000,000원	말소기준권리	소멸
3	2020.10.10.	근저당 ④	새마을 금고	200,000,000원		소멸

위에서 임차인 ①양서연의 상가건물 임차인의 환산보증금은 950,000,000원으로 2019년 4월 2일~현재까지의 서울지역의 보증금의 범위(9억원 이하)에 해당되지 아니하여 우선변제권이 없으므로 배당을 받을 수 없으나 대항력은 있으므로 낙찰자가 인수한다. ②근저당권자 국민은행에 2억원을 배당하고 ③임차인 김은미에게 1억원을 배당하고 마지막으로 ④근저당권자 새마을 금고에 2억원을 배당한다.

case.5 부산광역시 상가임차인의 배당

매각가격: 500,000,000원

임차인	점유 부분	전입/확정/배당	보증금/차임	대항력	배당유무	기타
김사랑②	점포 301호	사업등록: 2020.03.10. 확정일자: 2020.03.10. 배당요구(O)	보증금 500,000,000원 월 2,000,000원 환산보증금 700,000,000원	있음	배당(X)	우선변제권 없음
이미순 ④	점포 401호	사업등록: 2020.11.10. 확정일자: 2020.11.10. 배당요구(O)	보증금 100,000,000원 월 500,000원 환산보증금 150,000,000원	없음	배당(O)	우선변제권 있음

순서	접수	권리종류	권리자	채권금액	비고	소멸여부
1	2005.07.01.	소유권보존	최부자		매매	
2	2020.01.07.	근저당 ①	국민은행	200,000,000원	말소기준권리	소멸
3	2020.10.10.	근저당 ③	새마을 금고	200,000,000원		소멸

위에서 ①근저당권자(국민은행)에게 2억원을 배당하고 ②상가임차인(김사랑)은 환산보증금이 7억이므로 부산광역시의 보증금 적용범위(6억9천만이하)에 해당되지 아니하여 우선변제권이 없으며 또한 말소기준권리(근저당)의 후순위에 해당하여 대항할 수 없으므로 보증금을 한 푼도 받지 못하고 소멸한다. 다음으로 ③번 근저당권자(새마을금고)에게 2억원을 배당하고 마지막으로 ④상가임차인 이미순에게 1억원을 배당한다.

(3) 상임법 적용 대상 보증금을 초과한 임차인

상임법에서 보증금의 범위는 환산보증금액으로 정하는데 보증금의 한도가 지역별 기준을 초과한 임차인에 대해서는 대항력이 인정되지 않았으나 2015.5.13. 상임법 개정 이후에 새로 임대차계약 체결하거나 기존계약을 갱신한 임차인에 대해서는 대항력을 인정한다. 그러나 우선변제권과 최우선변제권은 적용되지 않고 임차권등기명령을 신청할 수 없다.

4) 상가건물임차인의 최우선변제권(소액보증금)

임차인은 보증금 중 일정액을 다른 담보물권자보다 우선하여 변제받을 권리가 있다. 이 경우 임차인은 건물에 대한 경매신청의 등기 전에 건물의 인도와 사업자등록신청의 요건을 갖추어야 한다.(상임법제14조)
우선변제를 받을 임차인 및 보증금 중 일정액의 범위와 기준은 임대건물가액(임대인 소유의 대지 가액을 포함)의 2분의 1 범위(2013.12.31.이전은 3분의 1)에서 해당 지역의 경제 여건, 보증금 및 차임 등을 고려하여 제14조의2에 따른 상가건

물임대차위원회의 심의를 거쳐 대통령령으로 정한다.(상임법 제14조)

(1) 소액보증금의 성립요건과 배당

경매개시결정기입등기 전에 상가건물에 입주하고 사업자등록을 하여야 하며 보증금의 액수는 소액보증금적용범위 이하이어야 한다.
또한 배당종기일까지 대항력을 유지하면서 배당요구를 하여야 하며 낙찰대금에서 집행비용을 제외한 주택 가액의 2분의 1 범위 내에서 배당받게 되는데 소액보증금에 해당되는 임차인이 수인이면 각각 안분한다.

(2) 소액보증금의 한도와 판단기준

최초의 담보물건(보통 저당권) 설정일을 기준으로 그 당시의 소액보증금 한도에 따른 최우선변제금(소액보증금)을 적용한다.

ex.10 소액보증금의 범위(2018.1.26. ~ 2019.4.1.)

지역	소액보증금 한도	최우선 변제금액
서울특별시	6,500만원	2,200만원
수도권 중 과밀억제권역	5,500만원	1,900만원
광역시(인천시, 군제외) 안산시, 용인시, 김포시, 광주시	3,800만원	1,300만원
기타지역	3,000만원	1,000만원

case.15 서울특별시 상가건물 임차인의 소액보증금

임차인	점유부분	전입/확정/배당	보증금/차임	대항력	배당유무	기타
우상준	상가101호	사업등록: 2020.01.20. 확정일자: 2020.01.20. 배당요구(○)	보증금 40,000,000원 월 200,000원 **환산보증금 60,000,000원**	없음	배당순위	

순위	접수	권리종류	권리자	채권금액	비고	소멸여부
1	2017.05.09.	소유권이전	임혜정			
2	2018.05.02.	근저당	이선순	10,000,000원	말소기준	소멸
3	2020.07.02.	근저당	정미향	28,958,027원	2019카단1045	소멸

위에서 근저당권의 경매실행으로 상가임차인 우상준의 환산보증금이 6,000만원으로 입주한 날짜나 사업자등록일자가 아닌 최초 근저당설정일(2018.05.02.)을 기준으로 하여 서울특별시 소액보증금의 한도 6,500만원 이하의 범위에 해당되므로 소액보증금은 2,200만원을 배당받게 된다.

case.16 부산광역시 상가건물 임차인의 소액보증금

임차인	점유부분	전입/확정/배당	보증금/차임	대항력	배당유무	기타
나판순	상가201호	사업등록: 2020.07.20. 확정일자: 2020.07.20. 배당요구(O)	보증금 15,000,000원 월 200,000원 환산보증금 35,000,000원	없음	배당순위	

순위	접수	권리종류	권리자	채권금액	비고	소멸여부
1	2017.05.09.	소유권이전	임혜정			
2	2019.02.20.	근저당	국민은행	10,000,000원	말소기준	소멸
3	2021.07.21.	가압류	정미향	28,958,027원	2019카단1045	소멸

위에서 경매실행으로 상가임차인 나판순은 상가환산보증금 3,500만원으로 최초의 근저당설정일을 기준으로 부산광역시 소액보증금액의 한도(3,800만원 이하)의 범위에 있으므로 소액보증금은 1,300만원이다. 보증금의 한도에 벗어나면 소액보증금은 한 푼도 없다.

◎ ≪상임법 적용대상 보증금의 범위≫

• 2014.1.1.~2018.1.25.

지 역	보호대상 보증금 한도
서울특별시	4억원 한도
수도권 중 과밀억제권역	3억원 한도
광역시(인천시, 군 제외) 안산시, 용인시, 김포시, 광주시	2억 4,000만원 한도
기타지역	1억 8,000만원 한도

• 2018.1.26.~2019.4.1.

지 역	보호대상 보증금 한도
서울특별시	6억 1천 한도
과밀억제권역 및 부산광역시	5억원 한도
광역시(수도권정비계획법에 따른 과밀억제권역에 포함된 지역과 군지역, 부산광역시는 제외), 세종, 경기안산, 용인, 김포, 광주, 파주, 화성 포함	3억 9,000만원 한도
기타지역	2억 7,000만원 한도

• 2019.4.2.~

지 역	보호대상 보증금 한도
서울특별시	9억원 한도
과밀억제권역 및 부산광역시	6억 9,000만원 한도
광역시(수도권정비계획법에 따른 과밀억제권역에 포함된 지역과 군지역, 부산광역시는 제외), 세종, 경기안산, 용인, 김포, 광주, 파주, 화성 포함	5억 4,000만원 한도
기타지역	3억 7,000만원 한도

◎ ≪상임법 적용대상 소액임차보증금의 범위≫

최우선변제 대상 : 위에 표에 보호대상자에 해당되고 아래표 금액 이하인 경우

- 2014.1.1.~2018.1.25.

지역	소액보증금 한도	최우선 변제금액
서울특별시	6,500만원	2,200만원
수도권 중 과밀억제권역	5,500만원	1,900만원
광역시(인천시, 군 제외) 안산시, 용인시, 김포시, 광주시	3,800만원	1,300만원
기타지역	3,000만원	1,000만원

- 2018.1.26.~2019.4.1.

지역	소액보증금 한도	최우선 변제금액
서울특별시	6,500만원	2,200만원
수도권 중 과밀억제권역	5,500만원	1,900만원
광역시(인천시, 군 제외) 안산시, 용인시, 김포시, 광주시	3,800만원	1,300만원
기타지역	3,000만원	1,000만원

- 2019. 4. 2.~현재

지역	소액보증금 한도	최우선 변제금액
서울특별시	6,500만원	2,200만원
수도권 중 과밀억제권역	5,500만원	1,900만원
광역시(인천시, 군 제외) 안산시, 용인시, 김포시, 광주시	3,800만원	1,300만원
기타지역	3,000만원	1,000만원

5) 상가건물임대차보호법에서 상가의 개념

상가건물임대차보호법에서의 상가란 그 등기가 없는 경우에도 임차인이 건물의 인도와 부가가치세법 제8조, 소득세법 제168조 또는 법인세법 제111조에 따른 사업자등록의 대상이 되는 건물을 말하며 임대차 목적물의 주된 부분을 영업용으로 사용하는 경우를 포함한다. 다만, 제14조의2에 따른 상가건물 임대차위원회의 심의를 거쳐 대통령령으로 정하는 보증금액을 초과하는 임대차에 대하여는 그러하지 아니하다.(상임법제2조,제3조1항)

- **상임법에서 '상가건물'에 해당하는지에 관한 판단 기준**
  상가건물 임대차보호법이 적용되는 상가건물 임대차는 사업자등록 대상이 되는 건물로서 임대차 목적물인 건물을 영리를 목적으로 하는 영업용으로 사용하는 임대차를 가리킨다. 그리고 상가건물 임대차보호법이 적용되는 상가건물에 해당하는지는 공부상 표시가 아닌 건물의 현황·용도 등에 비추어 영업용으로 사용하느냐에 따라 실질적으로 판단하여야 하고, 단순히 상품의 보관·제조·가공 등 사실행위만이 이루어지는 공장·창고 등은 영업용으로 사용하는 경우라고 할 수 없으나 그곳에서 그러한 사실행위와 더불어 영리를 목적으로 하는 활동이 함께 이루어진다면 상가건물 임대차보호법 적용대상인 상가건물에 해당한다.(대법2009다40967판결)

- **상가건물의 일부를 임차하여 제품을 생산하던 중 인접한 컨테이너 박스에서 영업활동을 해 온 경우 상가건물임대차보호법이 적용되는지**
  임차인이 상가건물의 일부를 임차하여 도금작업을 하면서 임차부분에 인접한 컨테이너 박스에서 도금작업의 주문을 받고 완성된 도금제품을 고객에 인도하여 수수료를 받는 등 영업활동을 해 온 사안에서, 임차부분과 이에 인접한 컨테이너 박스는 일체로서 도금작업과 더불어 영업활동을 하는 하나의 사업장이므로 위 임차부분은 상가건물 임대차보호법이 적용되는 상가건물에 해당한다고 보아야 한다. (대법2009다40967판결)

6) 상가건물 임대차에 관한 주요 내용

(1) 계약갱신 청구권

임차인이 임대차기간이 만료되기 6개월 전부터 1개월 전까지 사이에 계약갱신을 요구할 수 있다. 그러나 다음과 같은 경우에 임대인은 계약의 갱신을 거절할 수 있다.
① 임차인이 3기의 차임액에 해당하는 금액에 이르도록 차임을 연체한 사실이 있는 경우
② 임차인이 거짓이나 그 밖의 부정한 방법으로 임차한 경우
③ 서로 합의하여 임대인이 임차인에게 상당한 보상을 제공한 경우
④ 임차인이 임대인의 동의 없이 목적 건물의 전부 또는 일부를 전대(전대)한 경우
⑤ 임차인이 임차한 건물의 전부 또는 일부를 고의나 중대한 과실로 파손한 경우
⑥ 임차한 건물의 전부 또는 일부가 멸실되어 임대차의 목적을 달성하지 못할 경우
⑦ 임대인이 다음 각 목의 어느 하나에 해당하는 사유로 목적 건물의 전부 또는 대부분을 철거하거나 재건축하기 위하여 목적 건물의 점유를 회복할 필요가 있는 경우
　㉮ 임대차계약 체결 당시 공사시기 및 소요기간 등을 포함한 철거 또는 재건축 계획을 임차인에게 구체적으로 고지하고 그 계획에 따르는 경우
　㉯ 건물이 노후·훼손 또는 일부 멸실되는 등 안전사고의 우려가 있는 경우
　㉰ 다른 법령에 따라 철거 또는 재건축이 이루어지는 경우

(2) 임대차 기간

임대차 기간을 정하지 아니하거나 기간을 1년 미만으로 정한 임대차는 그 기간을 1년으로 본다. 다만, 임차인은 1년 미만으로 정한 기간이 유효함을 주장할 수 있다.

그리고 임대차가 종료한 경우에도 임차인이 보증금을 돌려받을 때까지는 임대차 관계는 존속하는 것으로 본다.(상입법9조)

(3) 계약의 해지

임차인의 차임연체액이 3기의 차임액에 달하는 때에는 임대인은 계약을 해지할 수 있다.(상임법10조의8)

(4) 경매에 의한 임차권의 소멸

임차권은 임차건물에 대하여 민사집행법에 따른 경매가 실시된 경우에는 그 임차건물이 매각되면 소멸한다. 다만, 보증금이 전액 변제되지 아니한 대항력이 있는 임차권은 그러하지 아니하다.(상임법제8조)

임차권등기명령 제도

임차인이 대항력과 우선변제권을 유지하며 살다가 임차보증금을 받아 이사를 해야 하는데 임대인은 임대보증금을 미처 마련하지 못하고, 새로이 들어오는 임차인을 마냥 기다릴 수 없어 부득이 이사할 경우에 아무런 조치 없이 집을 옮기고 주민등록을 이전하면 대항력이 소멸되므로 대항력과 우선변제권을 유지하면서 이사를 해야 할 때 이런 제도를 이용한다.

1) 임차권등기명령 신청 요건

임대차계약이 만료되고, 또는 묵시적 계약인 경우 해지 통고한 날로부터 3개월이 지났지만 보증금을 반환받지 못한 경우에 임차주택의 소재지 관할 지방법원·지방법원지원 또는 시·군 법원에 임차권등기명령을 임차인 단독으로 신청할 수 있다.

- **임대차 등기와 구별**

  부동산임차인은 계약만료 전이라도 당사자 간 협의에 의하여 임대차 등기절차에 협력할 것을 청구할 수 있고 부동산임대차를 등기한 때에는 그때부터 제삼자에 대하여 효력이 생긴다.(민법621조)

  임대차등기명령은 임대차계약이 만료된 후에 할 수 있지만 임차등기는 모든 부동산에 대하여 입주하기 전 또는 입주 중에 당사자의 협의로 임대차 등기를 하면 제 삼자에 대한 대항력은 발생하나 우선변제권이 인정되지 아니하므로 경매에서 순위배당은 없고 임차보증금을 반환 받을 때까지 임대인이나 그 승계인에 대하여 말소를 거부할 수 있다.

2) 임차권등기명령 신청서 기재 사항

① 신청 취지 및 이유
② 임대차의 목적인 건물(임대차의 목적이 건물의 일부분인 경우에는 그 부분의 도면을 첨부)
③ 임차권등기의 원인이 된 사실(임차인이 제3조제1항에 따른 대항력을 취득하였거나 제5조제2항에 따른 우선변제권을 취득한 경우에는 그 사실)
④ 그 밖에 대법원규칙으로 정하는 사항

3) 효력

임차인은 임차권등기명령의 집행에 따른 임차권등기를 마치면 임차권등기 이전에 이미 대항력이나 우선변제권을 취득한 경우에는 그 대항력이나 우선변제권은 그대로 유지되며, 임차권등기 이후에는 임차인이 이사 가거나 주민등록을 옮기더라도 이미 취득한 대항력이나 우선변제권은 상실하지 아니한다.

또한, 임차권등기가 된 그 주택을 그 이후에 임차한 임차인은 우선변제를 받을 권리가 없다.

case.1 임차권 등기

순서	접수	권리종류	권리자	채권금액	비고	소멸여부
1	2010.03.12.	소유자	김상태			
2	2011.01.23.	근저당	양신해	40,000,000원		**소멸**
3	2012.07.17.	임차권	이미연	98,000,000원	**전입: 2010.08.12.** **확정: 2010.08.12.** 보증금98,000,000원	인수·소멸
4	2013.01.22.	가압류	구안순	40,000,000원		소멸

임차권자 이미연은 임대차계약 만료 후 보증금을 반환받지 못하자 2012.07.17.에 임차권등기를 하고 이사를 하였다. 임차권등기를 하지 않고 가족 전부 이사를 한다면 대항력이 상실되어 임차보증금을 확보하기가 어렵다. 그러므로 임차권등기를 하고 이사할 경우에는 그 당시에 취득한 대항력과 우선변제권은 그대로 유지된다.

위에서 임차권 등기가 말소기준권리인 근저당(2011.01.23.)보다 후순위라 하여 소멸되는 것이 아니다. 임차인의 대항력과 우선변제권(2010.08.13.)은 말소기준권리(근저당)보다 선순위이므로 임차인의 보증금 전액을 배당받지 못하면 낙찰자가 인수한다.

4) 임차권 등기권자의 배당

임차권등기명령에 의하여 임차권등기를 한 임차인의 임차권등기가 첫 경매개시결정기입등기 전에 등기한 채권자에 준하여 배당요구를 하지 않아도 배당을 받을 수 있다. 만약 최선순위 임차권자가 경매개시결정기입등기 후에 임차권등기를 하였다면 임차인에게 보증금이 배당되지 않으므로 낙찰자에게 임차인의 보증금은 인수될 수 있다.

- **임차권등기한 임차인이 배당요구 없이 배당을 받을 수 있는지**
  임차권등기명령에 의하여 임차권등기를 한 임차인은 우선변제권을 가지며, 위 임차권등기는 임차인으로 하여금 기왕의 대항력이나 우선변제권을 유지하도록 해 주는 담보적 기능을 주목적으로 하고 있으므로, 위 임차권등기가 "첫 경매개시결정등기 전에 등기되었고 매각으로 소멸하는 것을 가진 채권자"에 준하여, 그 임차인은 별도로 배당요구를 하지 않아도 당연히 배당받을 채권자에 속하는 것으로 보아야 한다.(대법2005다33039판결)

5) 셀프-임차권등기명령신청

① 절차
임차권등기명령 신청서제출- 법원에서 임차권등기 결정- 임차인·임대인에게 결정문 송달 및 등기소 촉탁- 등기부등본에 기입
전에는 임대인에게 송달되어야 등기를 할 수 있었으나 2023.07.19.부터는 임대인에게 임차권등기명령이 송달되기전에도 촉탁등기를 할 수 있도록 개정되었다.

② 준비서류
- 주택임차권등기명령신청서
- 건물등기부등본
- 주민등록등·초본
- 임대차계약서 사본- 확정일자 포함
- 임대차계약해지통보 소명자료-임대차계약해지통보서
- 부동산 목록 및 도면(건물 일부 임차인 경우)
- 아래 영수증 첨부
    ⓐ 등기신청수수료(부동산 1건당 3,000만원)
    ⓑ 등록세(부동산 1건당7,200원
    ⓒ 송달료(당사자 수 x3회분)
- 주택임차권등기명령신청서는 인터넷 대법원사이트에서 양식을 다운받아 준비서류를 첨부하여 법원에 제출하면 된다.

chap.6
부동산등기부등본에 공시되지 않는 권리

1. 유치권 2. 법정지상권 3. 분묘기지권

1.각 권리의 개념이해 2. 권리분석의 기법으로 수익창출 연구하기.

Chap.6
부동산등기부등본에 공시되지 않는 권리

 유치권

타인의 물건 또는 유가증권을 점유한 자는 그 물건이나 유가증권에 관하여 생긴 채권이 변제기에 있는 경우에는 변제를 받을 때까지 그 물건 또는 유가증권을 유치할 권리가 있다고 규정하고 있으므로, 유치권의 피담보채권은 그 물건에 관하여 생긴 채권이어야 한다.(대법2011다96208판결)

1) 유치권의 성립요건

유치권은 당사자의 약정에 의하지 않고 법률의 규정에 의하여 성립하는 법정담보물건이며 등기를 필요로 하지 않는다.
① 타인의 토지나 건물이 채권의 목적물이어야 하며 피담보채권은 그 토지나 건물에 관하여 직접 생긴 것으로 견련관계가 성립되어야 한다.
② 채권이 변제기에 있어야 하며 경매개시결정의 기입등기 전에 성립되어야 한다.
③ 유치권자는 목적물을 적법하게 점유하고 있어야 한다.
④ 유치권의 발생을 배제하는 특약이 없어야 한다.

2) 유치권자의 의무

① 유치권자는 선량한 관리자의 주의로 유치물을 점유하여야 한다.
② 유치권자는 채무자의 승낙 없이 유치물의 사용, 대여 또는 담보제공을 하지 못한다. 그러나 유치물의 보존에 필요한 사용은 그러하지 아니하다.
③ 유치권자가 위의 규정에 위반한 때에는 채무자는 유치권의 소멸을 청구할 수 있다.(민법제324조)

3) 유치권의 활용과 이해

유치권이란 타인의 물건 또는 유가증권을 점유한 자가 그 물건이나 유가증권에 관하여 생긴 채권이 있는 경우에 그 물건의 소유자 및 그 승계인에게 채권의 변제를 받을 수 있을 때까지 목적물의 인도를 거절할 수 있는 권리로 그 채권 전부의 변제를 받을 때까지 유치물 전부에 대하여 그 권리를 행사할 수 있다.

이러한 유치권 있는 물건을 낙찰받으면 유치권자는 낙찰자에 대하여 채권의 변제를 받을 때까지 목적물의 인도를 거절할 수 있으므로 결국에는 유치권으로 신고된 금액을 낙찰자가 인수하게 된다.

(1) 유치권의 활용

ex.1 유치권 개념

『무한건설회사는 땅을 가진 최부자와 상가건물을 짓기로 계약을 체결하고 건물을 완공하였고 변제기가 지났는데 공사대금을 지불하지 않았다..』

무한건설회사는 완공된 건물을 점유하면서 공사대금을 받을 때까지 건물의 반환을 거절할 수 있는데 이와 같은 권리를 유치권이라고 한다.

무한건설회사는 상가건물의 건설공사가 완료되어 공사대금을 받기로 한 변제기가 있었으나 돈을 받지 못하여 그때부터 계속 점유하여 유치권을 행사해 오던 중(경매개시결정기입등기 전에 변제기가 도래함) 등기부등본을 열람해 보니 2000.01.31.에 경매결정개시기입등기(압류)가 되어 있어 바로 그 다음 날 법원에 유치권 신고를 하였다.

(2) 매각물건명세서에 유치권에 관한 사항 표시

유치권 있는 경매목적물은 부동산등기부에는 표시가 되어 있지 않고 매각물건명세서의 하단 비고란에 "2000.2.1.자 무한건설회사로부터 이 부동산에 대해 공사대금 300,000,000원의 유치권 신고서가 제출되었으나, 그 성립여부는 불분명함"이라 표시되어 있다.

 ex.2 매각물건명세서에 유치권 표시

이런 유치권 있는 경매물건은 입찰가격이 많이 떨어지는 경향이 있으므로 유치권의 형성내용을 면밀히 분석하여 깨뜨리는 방법을 찾아낼 수 있다면 유치권 있는 부동산에 대한 수익성을 높이는 데 큰 도움이 될 수 있다.

4) 유치권이 있는 물건

유치권 있는 경매물건은 입찰가격이 많이 떨어지므로 그 물건에 관하여 배당을 받으려는 채권자들은 손해를 보게 되고 낙찰자는 유치권의 부담을 인수하게 된다.

진정으로 유치권을 주장하는 사람도 있지만 허위로 유치권을 신고하는 사람이 더러 있으며 유치권에 관한 채권은 대부분 부풀려서 신고를 한다. 유치권을 신고한 자들은 소유자(채무자)와 잘 알고 있는 공사업자 등 주위의 사람들이며 채무자와 모종의 거래를 통하여 해당 건물가격을 하락시켜 저렴한 가격으로 낙찰을 받으려고 하는 사람도 있다는 것이다. 또한, 허위의 유치권의 행사로 부동산을 점유하여 낙찰자와 협상을 통하여 금전적인 이익을 노리는 경우도 있다.

아무튼, 유치권 신고가 되어 있는 경매물건에 대하여 유치권을 깨뜨리기만 한다면 수익창출에 있어서 아주 매력적인 물건이라고 말할 수 있다.

5) 유치권 있는 물건에 입찰하기

일반적으로 유치권이 신고가 된 물건 70%가 허위의 유치권과 부풀린 채권으로 신고한다고 한다. 그러나 진정유치권이 증명된다면 낙찰받은 매수자는 권원에 의한 목적물의 점유로 인하여 법원에 건물인도명령결정문을 받기가 어려우며 유치권자의 유치권 포기각서를 제출하기 전에는 은행대출을 받기 어렵기 때문에 현금으로 경낙대금을 조달해야 하는 어려움이 있다.

유치권 있는 건물의 입찰가격은 많이 하락하므로 가격대비 목적물의 가치분석을 통하여 낙찰 후 유치권자가 신고한 금액을 지불해도 어느 정도 적당한 가격이라고 생각할 때 입찰에 임하는 것이 현명하지 않을까 생각한다.

그 후 유치권을 깨뜨린다면 더욱 좋은 일이고 대부분 유치권자의 신고금액은 부풀려 있기 때문에 신고한 금액은 통상적으로 감액된다고 봐야 한다.

유치권에 대하여 대략 알 수 있는 관련 서류로는 매각물건명세서, 현황조사서, 감정평가서 등이며 그리고 유치권을 행사하고 있는 현장에 가서 점유하고 있는 관계자를 만나서 사실을 확인하고 탐색하는 정도일 뿐, 유치권에 관한 중요한 사실이 첨부되어 있는 법원의 서류는 입찰예정자로서는 이해관계인이 아니기 때문에 열람할 수 없어 유치권의 성립 유무를 파악하기는 어렵다.

그렇지만 앞에서 피력한 유치권을 깰 수 있는 내용에 접근 정도가 강하다면 입찰에 응해 볼 수 있다. 하지만 유치권에 관한 세부적인 내용을 잘 모르기 때문에 쉬운 일은 아니다. 유치권 있는 물건을 낙찰받은 사람들은 대체로 유치권의 내용에 대하여 가장 잘 알고 있는 채무자 측 주변의 사람들이 일반적으로 낙찰을 받는 경우가 많다.

6) 유치권이 소멸하는 원인

① 유치권은 점유의 상실로 인하여 소멸한다.
② 유치권은 물권의 일반적 소멸사유(목적물의 멸실, 수용, 혼동, 포기)로 당연히 소멸한다.
③ 채무자는 상당한 담보를 제공하고 유치권의 소멸을 청구할 수 있다.
④ 유치권자는 채무자의 승낙 없이 유치물의 사용, 대여 또는 담보제공을 할 경우 유치권의 소멸을 청구할 수 있다.
⑤ 유치권의 피담보채권의 소멸시효에 의하여 유치권이 소멸한다.

7) 유치권 깨뜨리는 요인 찾기

유치권의 성립 부정요소, 유치권자의 의무위반 등 하나의 요소만 찾으면 유치권은 깨진다.

매수자의 입장에서 유치권을 깨뜨리기만 한다면 수익성이 매우 좋은 물건이 될 수 있지만 그 유치권이 깨질지 아닐지 과감하게 접근을 못 하는 입장이지만 면밀히 연구하면 깨뜨리는 요인을 찾을 수 있다.

(1) 피담보채권이 타인의 토지나 건물에 직접 생긴 것-견련 관계가 있어야 한다.

그 토지나 건물에 관하여 직접생긴 채권으로 견련관계가 있어야 하며 자기의 물건이 아닌 타인의 토지나 건물에 대한 채권이어야 유치권이 성립한다.

① 자기 자신의 소유인 건축 재료나 노력으로 건물을 완공할 때
수급인은 건물을 완공한 후에 공사대금을 지급 받기로 약정을 하고 수급인 자신 소유의 재료와 노력으로 건물을 완공한 경우, 그 건물에 관해서는 유치권은 성립하지 아니한다. 왜냐하면 유치권이 성립하려면 자기 물건이 아닌 타인의 토지나 건물에 관하여 생긴 채권이어야 하는데, 이 완공한 건물은 수급인 자신의 재료와 노력으로 축조된 건물의 소유자이기 때문이다.(대법91다14116판결)

② 공사중 건축자재 대금채권은
수급인은 건축자재상 대표와 건축에 필요한 건축자재(시멘트, 모래 등)를 쓰기로 계약을 하고 그 자재로 건물을 축조하였다. 그러던 중 부도가 났을 때 그 건축자재대금채권에 대한 유치권 성립에 관한 사항인데, 건축자재대금채권은 수급인과 건축자재상과의 매매계약에 따른 매매대금채권에 불과할 뿐 그 건물 자체에 관하여 직접 생긴 채권이 아니기 때문에 유치권이 성립하지 않는다.(대법2011다96208판결)

③ 임차인의 인테리어공사비용과 간판공사비용은
건물임차인이 임차한 건물에 인테리어 공사비용 등은 임차인이 영업을 위하여 지출한 시설비이므로 유익비나 필요비에 해당하지 아니하므로 유치권은 인정되지 아니한다. 그리고 건물의 옥탑, 외벽 등에 설치된 간판의 경우 건물

의 일부가 아니라 독립된 물건으로 분리가 가능하므로 특별한 사정이 없는 한 간판 설치공사 대금채권을 그 건물 자체에 관하여 생긴 채권이라고 할 수 없어 피담보채권과 물건 사이의 견련관계가 없으므로 유치권이 성립되지 않는다.(대법2011다44788판결)

(2) 채권의 변제기가 경매개시결정의 기입등기 전에 성립되어야 한다.

유치권은 목적물에 관하여 생긴 채권이 경매개시결정의 기입등기 전 공사가 완료되어 변제기에 있는 경우에 비로소 성립하고 경매개시결정의 기입등기가 마쳐져 압류의 효력이 발생한 후에 공사를 완공하여 변제기가 있는 경우에 압류의 처분금지의 효에 저촉되므로 매수인에 대한 유치권 행사를 할 수 없다.(대법2011다55214판결)

- 변제기
  채권자가 채무자에게 공사대금을 받기로 약정한 시기

(3) 유치권자는 목적물을 합법적, 계속적으로 점유하고 있어야 한다.

유치권자의 점유의 상태란 경매개시결정기입등기를 하여 압류의 효력이 발생되기 전부터 합법적, 계속적으로 점유하고 있어야 한다.

점유는 점유의 의사를 가지고 물건을 물리적·현실적으로 지배하는 것에 국한하는 것이 아니라 물건과 사람과의 시간적·공간적 관계와 본권 관계, 타인 지배의 배제 가능성 등을 고려하여 사회통념상 공사현장을 사실적인 지배관계에 속한다고 보이는 객관적 상태에 있는 것을 말하며 이러한 점유는 유치권자가 직접적으로 점유하는 경우도 있지만 "유치권 행사중"이란 플래카드를 걸고 본 건물의 출입구를 봉쇄하고 무인경비시스템 또는 용역업체의 직원을 상주케 하여 간접적으로 점유를 하는 경우도 있다.

점유하는 방법은 직접적으로 목적물을 계속해서 점유하는 사람이 있는 반면,

잠금장치만 해두고 며칠에 한 번씩 잠깐 동안 방문하는 점유자가 더러 있는데 이런 경우 점유 사실을 깨뜨리는 데 유리할 수 있으며 또한, 탐문조사 등 다양한 방법으로, 어떠한 식으로든 유치권자가 계속적으로 점유한 사실이 없다는 것을 입증하면 된다.

① 현장조사와 현황조사서, 감정평가서를 참조한다.
법원은 경매가 개시되면 집행관으로 하여금 목적부동산의 현황을 조사하여 기록한 현황조사서를 작성케 하고 감정평가기관에 의뢰하여 목적물을 평가하여 감정평가서를 만들도록 하여 이를 토대로 경매진행에 따른 매각에 필요한 준비를 한다.
유치권에 관한 사항을 분석하기 위해서는 집행관의 현황조사서 그리고 감정평가서를 면밀히 검토할 필요가 있다.
집행관은 압류 후에 2~3차례 현장을 방문하여 조사하기 때문에 여기서 조사한 점유관계조사서의 기록과 감정평사서의 기록에 첨부된 현장사진등을 종합하여 보면 유치권자의 점유사실의 유무를 판단하는 데 아주 큰 도움이 된다.
현황조사서에 유치권자의 점유 사실이 없다면 유치권자의 점유가 없거나, 경매개시결정등기(압류) 이후에 점유를 개시한 것으로 판단되며 유치권자의 점유의 주장을 반박하는 데 중요한 증거자료가 될 수 있다.(광주고법2007나663판결)

add

- **현황조사서**
  현황조사서에는 사건번호, 조사일시, 임대차정보, 사진-전경도, 부동산점유관계, 부동산현황, 임대차관계조사서등을 기록한 문서이며 사진을 보면 유치권자가 유치권 행사중이란 프랭카드가 보이며 부동산 점유관계를 보면 유치권자가 점유한 사실을 기록한다.

② 유치권 행사중이란 플래카드는 점유의 표시로 온전한 점유인가.

보통 유치권자는 목적물을 점유하고 있다는 표시로 유치권 행사중이란 플래카드를 이용한다. 유치권자가 진정으로 점유하면서 점유사실의 표시로 하는 경우도 있지만 이런 플래카드가 걸려있다 하여 목적물을 온전히 점유하고 있다고 생각해서는 안 된다.

유치권 행사중이란 플래카드만 걸려있고 목적물의 문은 개방되어 있고, 상주하고 있는 사람이 없다면 목적물을 점유하고 있다는 사실은 부정되므로 점유사실의 유무를 파악하는 데 반드시 현장을 방문하여 확인하는 것이 중요하다.

(4) 유치권자는 채무자의 승낙 없이 유치물의 사용, 대여 등을 제공을 할 경우

유치권자가 해당 건물을 제3자에게 임대한 것은 유치물의 보존에 필요한 범위를 넘은 것으로 유치권자의 선량한 관리자의 주의 의무를 위반한 것이므로 유치권의 소멸을 청구할 수 있다. 유치권자가 채무자의 승낙 없이 임대한 경우에는 소유자의 처분권한을 침해하는 것으로서 대항력을 갖춘 임차인이라 할지라도 소유자에게 대항력을 주장할 수 없다.(대법2010다94700판결)

(5) 유치권의 피담보채권의 소멸시효 완성으로 유치권의 소멸 청구

공사대금을 변제기에 대금을 받지 못해 유치권 신고를 해놓고 3년이란 기간이 지났다면 공사대금채권의 소멸시효는 3년이므로 이 기간이 지나면 소멸한다. 따라서 본 피담보채권이 소멸되었으므로 유치권의 소멸을 청구 할 수 있다.(서울고법2005나13129판결)

add

- 유치권의 행사는 채권의 소멸시효의 진행에 영향을 미치지 아니한다.(민법제326조)
  즉 유치권 자체는 소멸시효에 영향이 없지만 그에 관한 피담보채권이 시효로 소멸하면 유치권도 함께 소멸하기 때문에 채권에 대한 시효중단이 필요하다.
  시효 중단 사유로는 그 채권에 대한 청구, 승인, 압류, 가압류, 가처분 등이 있다.

> **add**
>
> - **일반채권소멸시효: 10년**   **상사채권소멸시효: 5년**
>   임금채권소멸시효: 3년   공사대금채권소멸시효: 3년

(6) 건물이 건축 중 일 때 어느 정도에서 유치권 행사가 가능 한지

건물신축공사를 도급받은 수급인이 그 건물에 관하여 생긴 공사금 채권이 있다면, 사회통념상 독립한 건물이 되지 못한 정착물을 토지에 설치한 상태에서 공사가 중단된 경우, 위 정착물은 토지의 부합물이며 공사금채권은 토지에 관한 채권이 아니므로 유치권을 행사할 수 없다. 그러나 사회통념상 독립한 건물의 외관을 갖춘 경우에는 건물에 대한 유치권을 주장할 수 있다.(대법 2007마98결정)

> **add**
>
> - 독립된 부동산으로서의 건물이라고 함은 최소한의 기둥과 지붕 그리고 주벽이 이루어지면 법률상 건물이라고 할 수 있다.(대법94다53006판결)

(7) 유치권의 발생을 배제하는 특약이 없어야 한다.

도급자와 수급자의 유치권 배제 특약의 효력은 특약의 상대방뿐 아니라 그 밖의 사람도 주장할 수 있으며 다른 법정요건이 모두 충족되더라도 유치권은 발생하지 않는다.(대법2016다234043판결)

8) 임차인과 유치권의 관계

집이나 상가를 임차할 때 임차인과 임대인 사이에 빈번하게 마찰이 일어나는 일이 유익비와 필요비이다. 필요비는 원래의 가치를 보존, 관리하는데 필요한 비용(보일러 고장 수리비 등)이나 유익비는 원래의 부동산 가치를 증가시키는

데 들어가는 비용(방이나 거실 증축 등)을 말하는 것으로 이러한 비용문제로 법정까지 가는 일이 흔히 있다. 이러한 문제를 해결하기 위하여 임대차계약 시 원상복구라는 약정을 하면 해결할 수 있는 일이다.

그러나 이런 문구를 약정할 때는 무심코 넘기다가 막상 임대차계약이 진행 중이거나 종료되었을 때 서로 갈등이 생기는 경우가 있다. 이런 약정을 할 때 원상복구의 정도가 어디까지인지, 누수가 생겼을 때 비용책임, 보일러 고장으로 인한 수리비용 등을 누가 부담할 것인지 계약 당시 세부적인 조항을 두어 마찰이 없도록 하여야 한다.

(1) 임대차 계약을 할 때 계약 만료 시에 임차인의 원상복구라는 약정을 하면

임대차관계 종료 시에 임차인이 건물을 원상으로 복구하여 임대인에게 명도키로 약정한 경우에 비용상환청구권(유익비, 필요비)이 있음을 미리 포기한다는 것을 전제로 하는 약정이라 볼 수 있으므로 이에 대한 유치권을 주장할 수 없다.(대법73다2010판결)

(2) 임차인과 약정한 권리금반환청구권은 유치권의 대상이 되는지

임대인과 임차인 사이에 건물명도시 권리금을 반환하기로 하는 약정이 있었다 하더라도 그와 같은 권리금반환청구권은 건물에 관하여 생긴 채권이라 할 수 없으므로 그와 같은 채권을 가지고 건물에 대한 유치권을 행사할 수 없다.(대법93다62119판결)

(3) 임차인의 임차보증금반환청구나 손해배상청구권은 유치권의 대상이 되는지

건물의 임대차에 있어서 임차인의 임차보증금반환청구권이나 임대인이 건물시설을 아니하기 때문에 임차인에게 건물을 임차 목적대로 사용 못 한 것을 이유로 하는 손해배상청구권은 그 건물에 관하여 생긴 채권이 아니므로 유치권의 대상이 아니다.(대법75다1305판결)

(4) 전세금 지급 후 건물의 점유가 적법한 유치권 행사로 인정되는 지(실례)

기초공사, 벽체공사, 옥상스라브공사만이 완공된 건물에 전세금을 지급하고 입주한 후 소유자와 간에 위 건물을 매수하기로 합의하여 자기 자금으로 미완성 부분을 완성한 자는 위 건물에 들인 금액 상당의 변제를 받을 때까지 위 건물의 제3취득자에 대하여 유치권을 행사할 수 있다.(대법66다2111판결)

9) 유치권에 관련 판례

(1) 최고가매수신고인이 정해진 후 매각결정기일 사이에 유치권 신고를 하면

부동산 임의경매절차에서 이미 최고가매수신고인이 정해진 후 매각결정기일까지 사이에 유치권의 신고가 있고 그 유치권의 성립이 불분명할 때 매각불허가 결정을 한다.

부동산 임의경매절차에서 매수신고인이 당해 부동산에 관하여 유치권이 존재하지 않는 것으로 알고 매수신청을 하여 이미 최고가매수신고인으로 정하여졌음에도 그 이후 매각결정기일까지 사이에 유치권의 신고가 있을 뿐만 아니라 그 유치권이 성립될 여지가 없음이 명백하지 아니한 경우, 집행법원으로서는 장차 매수신고인이 인수할 매각부동산에 관한 권리의 부담이 현저히 증가하여 민사집행법 제121조 제6호가 규정하는 이의 사유가 발생된 것으로 보아 이해관계인의 이의 또는 직권으로 매각을 허가하지 아니하는 결정을 하는 것이 상당하다.(대법2008마459결정)

(2) 저당권 설정등기나 가압류 등기가 되어 있는 부동산에 유치권 행사가 가능한지

저당권설정등기나 가압류등기 또는 체납처분압류등기가 되어 있는 부동산에 관하여 경매개시결정등기가 되기 전에 민사유치권을 취득한 사람은 매수인에게 대항할 수 있다.

민사집행법 제91조 제3항이 "지상권·지역권·전세권 및 등기된 임차권은 저당권·압류채권·가압류채권에 대항할 수 없는 경우에는 매각으로 소멸된다."고 규정하고 있는 것과는 달리, 같은 조 제5항은 "매수인은 유치권자에게 그 유치권으로 담보하는 채권을 변제할 책임이 있다."고 규정하고 있으므로, 유치권은 특별한 사정이 없는 한 그 성립시기에 관계없이 경매절차에서의 매각으로 인하여 소멸하지 않고, 그 성립시

기가 저당권 설정 후라고 하여 달리 볼 것이 아니다.(대법2010다84932판결)

(3) 유치물 보존에 도움되는 행위와 유치권자가 필요로 사용한 경우

유치물 보존에 도움되는 행위에는 유치권의 소멸을 청구할 수 없고, 유치권자가 필요로 사용할 경우에는 특별한 사정이 없는 한 차임에 상당한 이득을 반환해야 한다. 공사대금채권에 기하여 유치권을 행사하는 자가 스스로 유치물인 주택에 거주하며 유치물 보존에 도움 되는 행위에는 유치권의 소멸을 청구할 수 없고, 필요한 사용을 한 경우에는 특별한 사정이 없는 한 차임에 상당한 이득을 소유자에게 반환할 의무가 있다.(대법2009다40684판결)

(4) 다세대주택 전체의 유치권 행사는 한 세대만 점유하여 유치권 행사를 해도 되는가

다세대주택에 유치권 행사 중 한 세대를 점유하여 행사하면 다세대주택 전체에 대하여 유치권을 주장할 수 있다.

다세대주택의 창호 등의 공사를 완성한 하수급인이 공사대금채권 잔액을 변제받기 위하여 위 다세대주택 중 한 세대를 점유하여 유치권을 행사하는 경우, 그 유치권은 위 한 세대에 대하여 시행한 공사대금만이 아니라 다세대주택 전체에 대하여 시행한 공사대금채권의 잔액 전부를 피담보채권으로 하여 성립한다고 본 사례(대법2005다16942판결)

(5) 채무자의 점유침탈이 있을 경우, 점유를 회복하면 유치권도 회복하는지

채무자의 점유침탈로 점유를 상실한 이상 유치권은 소멸한다. 그러나 점유회복의 소를 제기하여 승소판결을 받아 점유를 회복하면 점유를 상실하지 않았던 것으로 되어 유치권은 회복된다.(대법2011다72189판결)

(6) 목적물 점유전에 채권이 발생한 후 점유를 취득하면 유치권이 성립하는지

목적물 점유하기 이전에 그 물건에 관련하여 발생된 채권(건축비채권)이 발생한 후 그 물건의 점유를 취득한 경우에도 유치권의 성립이 인정된다.(대법64다1977판결)

(7) 유치권자의 적극적인 공장 건물의 점유행위를 인정한 예(참고)

공장 신축공사 공사잔대금채권에 기한 공장 건물의 유치권자가 공장 건물의 소유 회사가 부도가 난 다음에 그 공장에 직원을 보내 그 정문 등에 유치권자가 공장을 유치·점유한다는 안내문을 게시하고 경비용역회사와 경비용역계약을 체결하여 용역경비원으로 하여금 주야 교대로 2인씩 그 공장에 대한 경비·수호를 하도록 하는 한편 공장의 건물 등에 자물쇠를 채우고 공장 출입구 정면에 대형 컨테이너로 가로막아 차량은 물론 사람들의 공장 출입을 통제하기 시작하고 그 공장이 경락된 다음에도 유치권자의 직원 10여 명을 보내 그 공장 주변을 경비·수호하게 하고 있었다면, 유치권자가 그 공장을 점유하고 있었다고 볼 여지가 충분하다는 이유로, 유치권자의 점유를 인정하지 아니한 원심판결을 파기한 사례.(대법95다8713판결)

(8) 유치권자의 형법상 저촉 행위

① 공사대금 채권을 허위로 부풀려 유치권의 경매를 신청한 경우 형법상 처벌

유치권에 의한 경매를 신청한 유치권자는 일반채권자와 마찬가지로 피담보채권액에 기초하여 배당을 받게 되는 결과 피담보채권인 공사대금 채권을 실제와 달리 허위로 크게 부풀려 유치권에 의한 경매를 신청할 경우 정당한 채권액에 의하여 경매를 신청한 경우보다 더 많은 배당금을 받을 수도 있으므로, 이는 법원을 기망하여 배당이라는 법원의 처분행위에 의하여 재산상 이익을 취득하려는 행위로서, 불능범에 해당한다고 볼 수 없고, 소송사기죄의 실행의 착수에 해당한다.(대법2012도9603판결)

② 유치권자의 침탈행위에 대한 형법상 기소된 사항

집행관이 집행채권자 갑 조합 소유 아파트에서 유치권을 주장하는 피고인을 상대로 부동산인도집행을 실시하자, 피고인이 이에 불만을 갖고 아파트 출입문과 잠금 장치를 훼손하며 강제로 개방하고 아파트에 들어갔다고 하여 재물손괴 및 건조물침입으로 기소된 사안에서, 피고인이 아파트에 들어갈 당시에는 이미 갑 조합이 집행관으로부터 아파트를 인도받은 후 출입문의 잠금 장치를 교체하는 등으로 그 점유가 확립된 상태여서 점유권 침해의 현장성 내지 추적가능성이 있다고 보기 어려워 점유를 실력에 의하여 탈환한 피고인의 행위가 민법상 자력구제에 해당하지 않는다고 보아

유죄를 인정한 원심판단을 수긍한 사례.(대법2017도9999판결)

③ 유치권자의 권리행사방해에 대한 형법상 기소된 사항
갑 종합건설회사가 유치권 행사를 위하여 점유하고 있던 주택에 피고인이 그 소유자인 처와 함께 출입문 용접을 해제하고 들어가 거주한 사안에서, 유치권자인 갑 회사의 권리행사를 방해하였다고 보아 형법 제323조의 권리행사방해죄의 유죄를 인정한 원심판단을 수긍한 사례.(대법2011도2368판결)

④ 경매 또는 입찰의 공정을 해한 자는 경매·입찰방해죄에 해당
경매·입찰방해죄는 유치권자가 유치권을 가지고 있지 않았음에도 유치권 신고를 했다면 경매입찰방해죄가 성립될 수 있다.(형법제315조)

 **법정지상권**

저당물의 경매로 인하여 토지와 그 지상 건물이 다른 소유자에 속한 경우에는 토지소유자는 건물소유자에 대하여 지상권을 설정한 것으로 본다. 그러나 지료는 당사자의 청구에 의하여 법원이 이를 정한다.(민법제366조)
앞에서 피력한 지상권은 당사자가 계약에 의하여 등기부등본에 기입하여 성립한 약정지상권을 말한 것이고 법정지상권은 당사자가 계약에 의하지 않고 법률의 규정(민법제366조)에 의하여 당연히 성립하는 것을 말한다.

(1) 토지만 경매로 나올 때

① 법정지상권이 성립하면

법정지상권이 성립하면 그 토지소유자는 그 지상의 건물로 인하여 사용하고 수익할 수 있는 권한에 제약을 받게 되어 땅을 소유하고 있어도 온전히 배타적으로 지배할 수 없다.

그러므로 법정지상권이 성립되어 있는 물건을 낙찰받으면 땅위의 건물을 철거할 수 없으며 사용하고 수익하는 데 많은 제약을 받으며 투자금도 장기간 묶어둘 수밖에 없다. 그러나 건물소유자(지상권자)가 사용하는 동안 지료는 받을 수 있지만 만족할 만한 수익을 올릴 수 있는 물건이 아니다.

② 법정지상권이 성립하지 않으면 - (대박칠 수 있는 물건이 될 수 있다.)

경매받은 토지가 법정지상권이 성립되지 않으면 건물이 철거될 수 있다는 사정을 잘 알고 있는 건물소유자와 협상을 통하여 저가로 건물을 매수할 수 있는 방법이 있고, 아니면 건물주에게 수익을 남기고 땅을 매도할 수 있으며, 협상이 되지 않으면 건물철거 및 토지인도청구소송을 통하여 건물을 철거할 수 있다. 그리고 건물을 점유하여 사용하는 동안 부당이득반환금(지료)을 청구할 수 있으며 이러한 지료를 연체하면 건물에 대한 가압류 후 반환금소송을 통하여 강제경매신청을 하면 토지가 없는 건축물이기 때문에 독점하여 아주 저가로 낙찰받을 수 있다.

그러므로 법정지상권이 성립하지 않는 물건을 선택하여 낙찰받는 것은 대박이 될 수 있으므로 고수익을 올리는 데 아주 매력적인 물건이라 말할 수 있다.

(2) 건물만 경매로 나올 때

반대의 입장에서 건물만이 경매에 나온 물건을 낙찰받을 때 법정지상권이 성립되지 않으면 건물을 철거해야 하며 법정지상권이 성립되어도 지상권자로서 건물을 사용, 수익할 때 토지 주인에게 지료를 지급해 주어야 한다. 이런 상황에서도 수익을 창출하여 이익이 낼 수 있다면 가능하겠지만 통상적으로 그렇지 못한 것이 대부분이고 위험부담성이 너무 크기 때문에 건물만 나온 경매물건은 특별한 경우 아니면 피하는 것이 현명하다.

1) 법정지상권 성립 요건

○ 토지에 (근)저당권이 설정될 당시에 건물이 존재하여야 한다.
○ 토지와 건물의 소유자가 동일해야 한다.
○ 경매 등으로 인하여 토지와 건물의 소유자가 달라져야 한다.

ex.1 법정지상권

(1) 토지가 경매 등으로 소유권 이전

    (갑) 🏠   (갑) 🏠
    토지(갑) ⇒(경매) 토지(을)

(2) 건물이 경매 등으로 소유권 이전

    (갑) 🏠 ⇒(경매) (을) 🏠
    토지(갑)   토지(갑)

법정지상권은 토지에 저당권 설정될 당시 건물이 존재해야 하며 토지와 건물이 동일한 소유자에서 경매실행으로 토지와 건물 소유자가 달라져야 한다. 그러므로 토지와 건물에 공동저당권이 설정되어 있다면 특별한 경우외는 법정지상권이 성립하기 어렵고, 토지와 건물 중 어느 하나가 저당권이 설정되어 경매실행으로 소유자가 달라져야 한다.

이와 같이 토지와 건물의 소유자가 달라지는 원인으로는 경매 외에 매매, 증여, 상속, 국세징수법에 의한 공매, (가)압류 등이 있는데 이처럼 소유자가 달라지는 것을 관습법상법정지상권이라 한다. 관습법상법정지상권은 법률에 규정이 없는 판례에 의하여 형성된 관습법으로 동일인의 소유이던 토지와 그 지상 건물이 매매 기타 적법한 원인행위로 인하여 각기 그 소유자를 달리하는 경우에 발생한다. 법정지상권은 법률의 규정으로 되어 있지만 어떤 의미에서는 관습법상법정지상권의 한 부분이라 생각할 수 있다.

아무튼 동일한 소유자의 토지와 건물이 경매실행으로 인하여 소유자가 각각 달라지는 것으로서 대표적인 것이 저당권 실행에 의한 임의경매가 있고 (가)압류에 의한 강제경매(관습법상법정지상권)가 있으므로 이에 대하여 설명하기로 하고 부족한 것은 판례에 의하여 형성된 것들을 보태기로 한다.

add

- **관습상법정지상권**
  동일인의 소유에 속하였던 토지와 건물이 매매, 증여, 강제경매, 국세징수법에 의한 공매 등으로 그 소유권자를 달리하게 된 경우에 그 건물을 철거한다는 특약이 없는 한 건물소유자는 그 건물의 소유를 위하여 그 부지에 관하여 관습상의 법정지상권을 취득한다.

2) 경매에서 법정지상권 성립 유·무 판단의 주안점

법정지상권의 성립 유·무에 관하여 강제경매일 때와 임의경매일 때 판단하는 방법의 차이가 있으므로 이를 나누어서 설명하고 부족한 것은 판례에서 보충하기로 한다.

(1) 강제경매일 때 법정지상권 성립 유·무

법정지상권의 성립 유·무에 관한 판단은 강제경매개시결정으로 인하여 본압류로 이행되어 경매절차가 진행된 경우에 애초 가압류의 효력이 발생한 때를 기준으로 토지와 건물의 소유자가 동일인이지 아닌지를 판단하여 동일인이면 법정지상권이 성립하며 동일인이 아니면 법정지상권이 성립하지 않는다. 또한, 강제경매를 위한 압류나 그 압류에 선행한 가압류가 있기 이전에 저당권이 설정되어 있으면 저당권설정 당시를 기준시점으로 동일인 여부를 판단한다.

- **가압류에 의한 강제경매**
  강제경매개시결정으로 압류의 효력이 발생하는 때를 기준으로 토지와 지상 건물이 동일인에게 속하였는지에 따라 관습상 법정지상권의 성립 여부를 가려야 하고, 강제경매의 목적이 된 토지 또는 그 지상 건물에 대하여 강제경매개시결정 이전에 가압류가 되어 있다가 그 가압류가 강제경매개시결정으로 인하여 본압류로 이행되어 경매절차가 진행된 경우에는 애초 가압류의 효력이 발생한 때를 기준으로 토지와 그 지상 건물이 동일인에 속하였는지에 따라 관습상 법정지상권의 성립 여부를 판단하여야 한다.(대법2010다52140판결)

case.1 가압류에 의한 강제경매 일 때

강제경매에 있어서 토지와 건물의 동일인 판단 시기는 낙찰받은 매수인이 소유권을 취득하는 매각대금의 완납 시가 아니라 그 압류의 효력이 발생하는 때를 기준으로 하여 토지와 그 지상 건물이 동일인에 속하였는지를 판단하여야 한다. 그러므로 경매의 목적이 된 부동산에 대하여 가압류가 있고 그것이 본압류로 이행되어 경매절차가 진행된 경우에는, 애초 가압류가 효력을 발생하는 때를 기준으로 토지와 그 지상 건물이 동일인에 속하였는지를 판단하여야 한다. 동일인일 경우 법정지상권이 성립하며 동일인이 아니면 법정지상권이 성립하지 않는다.
(대법2010다52140판결)

ex.2 경매물건의 현황

소 재 지	00광역시 00구 00동 000				
물건종별	대지		감 정 가	430,000,000원	
토지면적	200㎡(60.5평)		최 저 가	(100%) 430,000,000원	
건물면적	건물매각 제외		보 증 금	(10%) 43,000,000원	
매각물건	토지만 매각		소 유 자	김길수	
개시결정	2012.03.04.		채 무 자	김길수	

순서	설정일자	권리종류	권리자	채권금액	비고	소멸여부
1	2010.05.01.	소유권이전	김길수		거래가:500,000,000	
2	2010.05.30.	가압류	김수석	130,800,000원	말소기준권리	소멸
3	2011.06.07.	근저당	신한은행	100,000,000원		소멸
4	2011.10.04.	가압류	신재수	121,000,000원		소멸
5	2012.01.07.	가압류	(주)미래건설	39,600,000원		소멸
6	2012.03.04.	강제경매	김수석	청구금액:130,800,000원	2012타경1619	소멸

『매각물건명세서에 "법정지상권성립 여지있음"이라 표시되어 있고, 건물매각은 제외하고 토지만 매각한다고 되어 있다.』

강제경매이므로 가압류(2010.05.30.)의 효력발생 당시를 기준으로 토지의 소유자(김길수)와 건물소유자가 동일인인지 등기부등본을 열람하여 소유자가 동일인이면 법정지상권이 성립하고 동일인이 아니면 법정지상권이 성립하지 않는다.

법정지상권이 성립하면 지료는 받을 수 있으나 건물철거청구의 소송은 어렵고 성립하지 않으면 토지인도에 대한 건물철거청구의 소송을 할 수 있으며 건물을 사용하는 동안에는 부당이득금반환금(지료)반환 청구를 할 수 있고 지료를 연체할 경우에는 건물에 가압류를 하여 연체금반환청구소송을 통하여 확정판결정본으로 경매신청하여 토지 위의 건물을 저가로 매수할 수 있다.

case.2 가압류와 저당권이 설정된 물건이 강제경매가 실행될 때

강제경매의 목적이 된 토지 또는 그 지상 건물에 관하여 강제경매를 위한 압류나 그 압류에 선행한 가압류가 있기 이전에 저당권이 설정되어 있다가 강제경매로 저당권이 소멸한 경우, 건물 소유를 위한 관습상 법정지상권의 성립 요건인 '토지와 그 지상 건물이 동일인 소유에 속하였는지'를 판단하는 기준 시기는 저당권 설정 당시로 본다.(대법2009다62059판결)

ex.3 경매물건의 현황

소 재 지	00광역시 00구 00동 000				
물건종별	대지		감 정 가	330,000,000원	
토지면적	150㎡(45.4평)		최 저 가	(100%) 330,000,000원	
건물면적	건물매각 제외		보 증 금	(10%) 33,000,000원	
매각물건	토지만 매각		소 유 자	장만수	
개시결정	2014.05.07.		채 무 자	장만수	

순서	설정일자	권리종류	권리자	채권금액	비고	소멸여부
1	2010.05.01.	소유자	장만수		거래가:400,000,000	
2	2011.07.20.	근저당	국민은행	100,800,000원	말소기준권리	소멸
3	2011.10.07.	가압류	김순돌	90,000,000원		소멸
4	2011.12.04.	가압류	신익수	11,000,000원		소멸
5	2013.02.07.	가압류	김상수	76,600,000원		소멸
6	2014.05.07.	강제경매	김순돌	청구금액:90,000,000원	2014타경2300	소멸

저당권설정일(2011.07.20.)을 기준으로 토지등기부등본과 건축물등기부등본을 대조하여 소유자의 동일인 여부를 확인하여 동일인이면 법정지상권이 성립하고 동일인이 아니면 법정지상권이 성립하지 않는다.

(2) 임의경매 일 때 법정지상권의 성립 유·무

법정지상권 성립은 (근)저당권설정 당시 토지와 건물이 동일인 소유로서 건물이 존재하여야 하며 그 저당목적물이 경매 등으로 토지와 건물 소유자가 달라져야 한다.

토지와 건물이 동일한 소유였다가 토지만 경매되었다면 건물에 대해 법정지

상권이 성립하고 저당권 설정 당시 토지와 건물의 소유자가 동일인이 아니거나 토지에 저당권 설정 당시 그 지상에 건물이 없으면 법정지상권이 성립되지 않는다.

case.3 토지만 매각될 때

소 재 지	서울특별시 00구 00동 000		
물건종별	대지	감 정 가	730,000,000원
토지면적	202㎡(61.1평)	최 저 가	(100%) 730,000,000원
건물면적	건물매각 제외	보 증 금	(10%) 73,000,000원
매각물건	토지만 매각	소 유 자	김상조
개시결정	2012.05.07.	채 무 자	김상조

순서	설정일자	권리종류	권리자	채권금액	비고	소멸여부
1	1999.05.06.	소유자	김상조		거래가:500,000,000	
2	2010.04.07.	근저당	국민은행	55,000,000원	말소기준권리	소멸
3	2011.06.17.	근저당	국민은행	25,000,000원		소멸
4	2011.08.19.	소유권이전(증여)	손여순			소멸
5	2011.10.09.	가압류	김여순	96,600,000원		소멸
6	2012.05.07.	임의경매	국민은행	청구금액: 80,000,000원	2012타경7540	소멸

『매각물건명세서에 "법정지상권 성립 여지 있음"이라 되어 있고 토지만 매각한다.』

임의경매에서 법정지상권이 성립하려면 토지와 건물이 동일인 소유로서 2010.04.07. 토지에 근저당설정 당시 건물이 존재해야 한다. 건물이 그 당시 존재하지 않았다면 법정지상권이 성립하지 아니하므로 건물을 점유하여 사용하는 동안 부당이득반환금을 청구할 수 있으며 이러한 지료를 연체하면 건물에 대한 가압류 후 반환금소송을 통하여 강제경매신청을 하면 토지가 없는 건축물이기 때문에 독점하여 아주 저가로 낙찰받을 수 있다.

> **add**
>
> • 법정지상권에 있어서 건물의 요건
>   토지에 정착하여 최소한의 기둥과 지붕, 그리고 주벽이 이루어져 독립된 부동산 건물이어야 하며 비닐하우스나 컨테이너 등은 건물이 아니므로 일반적으로 법정지상권이 성립하지 않는다.

| 법정지상권 확인 |

① 토지만 매각될 때 법정지상권 성립여부 조사

토지에 최초의 (근)저당권설정 당시를 기준으로 그 지상에 건축물의 존재를 확인해야 하므로 건축물이 존재했으면 법정지상권이 성립하므로 건축물이 언제부터 축조되었는지 착공한 시기를 알아내는 것이 중요하고 또한, 토지와 건물의 소유자가 동일인인지 확인하는 것이 필요하다.

먼저 토지등기부등본과 건물등기부등본을 열람하여 소유자의 동일성 여부와 저당권설정 날짜를 확인하고, 건축물이 언제부터 축조되었는지 건축물대장을 열람하여 날짜를 비교한다.

건축물대장에는 허가일, 착공일, 사용승인일 등이 기록되어 있으므로 건축물이 축조된 기원을 확인할 수 있고 건축물이 축조중이어서 건축물대장이 없는 경우 관련관청에 가서 알아볼 수 있으나 해당 관청의 인터넷 홈페이지에 정보공개청구를 통해서 허가일과 착공일을 알아낼 수 있다. 근저당설정일이 앞서면 폐쇄건축물대장까지 열람하여 확인하는 것이 필요하다.

그리고 무허가 건축물의 경우에는 관계관청에 가서 무허가건축물대장을 열람하여 이행강제금의 부과 날짜와 재산세를 부과한 날짜 등을 확인할 수 있고 세금이 부과된 사람이 명확히 소유자라 할 수 없지만 소송 등에 있어서 참고자료로 활용할 수 있다. 그리고 연도별 항공지도를 살펴보아 건축물을 확인하는 것도 도움이 될 수 있다.

3) 법정지상권 관련 -판례-

(1) 저당권설정 당시 건축중, 신축, 재축, 개축, 증축하는 경우 법정지상권은

저당권 설정 당시 건물이 존재한 이상 그 이후 건물을 개축, 증축하는 경우는 물론이고 건물이 멸실되거나 철거된 후 재축, 신축하는 경우에도 법정지상권이 성립하며, 이 경우의 법정지상권의 내용인 존속기간, 범위 등은 구 건물을 기준으로 하여 그 이용에 일반적으로 필요한 범위 내로 제한된다.(대법 90다19985판결)

case.4 토지에 저당권설정 당시 그 지상에 건물이 건축 중이었던 경우 법정지상권의 성립 여부는

저당권설정 당시 (나대지　　건축) 중 ≫ 대금 납부일까지 건물의 🏠 요건 충족 여부
　　　　　　토지소유자

저당권 설정 당시 건축 중인 땅 ≫ 경매로 낙찰받아 매각대금 납부일까지 ≫ 최소한의 기둥과 지붕, 주벽이 이루어져 ≫ 독립된 건물의 요건을 갖추면 = 법정지상권 성립한다.

토지에 관한 저당권설정 당시 토지소유자가 그 지상에 건물을 축조 중이었던 경우 그것이 사회관념상 독립된 건물로 볼 수 있는 정도에 이르지 않았다 하더라도 건물의 규모, 종류가 외형상 예상할 수 있는 정도까지 건축이 진전되어 있었고, 그 후 경매절차에서 매수인이 매각대금을 다 낸 때까지 최소한의 기둥과 지붕 그리고 주벽이 이루어지는 등 독립된 부동산으로서 건물의 요건을 갖춘 경우에는 법정지상권이 성립한다.(대법2010다67159판결)

case.5 신축중인 건물의 지상층 부분이 골조공사만 진행되어 미완성 상태에서 법정지상권이 성립하는지

신축 건물이 경락대금 납부 당시 이미 지하 1층부터 지하 3층까지 기둥, 주벽 및 천장 슬라브 공사가 완료된 상태이었을 뿐만 아니라 지하 1층의 일부 점포가 일반에 분양되기까지 하였다

면, 비록 토지가 경락될 당시 신축 건물의 지상층 부분이 골조공사만 이루어진 채 벽이나 지붕 등이 설치된 바가 없다 하더라도, 지하층 부분만으로도 구분소유권의 대상이 될 수 있는 구조라는 점에서 신축 건물은 경락 당시 미완성 상태이기는 하지만 독립된 건물로서의 요건을 갖추었다고 본 사례.(대법2002다21592판결)

case.6 토지에 근저당권 설정 당시 근저당권자가 건물의 건축에 동의한 경우 법정지상권의 성립하는가

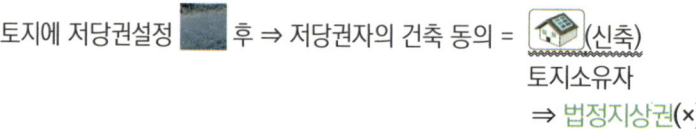

나대지에 저당권을 설정할 당시 은행이 토지소유자에 의한 건물의 건축에 동의하였다고 하였더라도 이러한 사항을 외부에 공시할 수 없어서 토지를 낙찰받는 제3자로서는 알 수 없으므로 이에 대한 법정지상권의 성립을 인정한다면 토지 소유권을 취득하려는 제3자의 법적 안정성을 해하는 등 법률관계가 매우 불명확하게 되므로 법정지상권이 성립되지 않는다.(대법2003다26051판결)

case.7 동일인 소유의 토지와 건물에 공동저당권설정 후≫ 건물 철거≫ 다른 건물이 신축된 경우, 저당물의 경매≫ 토지와 신축건물이 다른 소유자이면?

(토지·건물 공동저당)

건물(갑) ⇒ 건물철거 ⇒ 신축(갑) ≫ 경매진행
토지(갑)   토지(갑)   토지(갑)
                        ⇒법정지상권(x)

동일한 소유의 토지와 건물을 은행에 공동저당권을 설정한 후 건물을 철거하고 다른 건물을 신축할 경우에 저당권의 실행으로 토지와 신축건물이 다른 소유자에 속하더라도 그 신축건물을 위한 법정지상권을 성립되지 않는다. 이와 같은 경우에는 보통 토지의 저당권자(은행)가 신축건물에 관하여 토지의 저당권과 동일한 순위의 추가로 공동저당권을 설정한다.(98다43601판결)

(2) 토지나 건물의 공유자에 관련한 법정지상권 성립 유·무

case.8 건물부지 공유자들의 대지분할≫그 공유자중 한 사람이 대지 전부 소유로 되는 경우 법정지상권은

건물부지의 공유자들이 그 대지를 분할하여 그 건물부지를 공유자 중의 한 사람의 단독소유로 귀속된 경우에는 특별한 사정이 없는 한 그 건물 소유자는 그 건물을 위하여 관습에 의한 법정지상권을 취득한다.(대법67다1105판결)

case.9 대지소유자가 그 지상건물을 타인과 함께 공유≫대지소유자 달라질 때 법정지상권은

건물(갑+을)   건물(갑+을)
대지(갑)   경매 ⇒   대지(정)   ≫ (갑)소유 땅만 경매할 때=법정지상권(○)

대지소유자가 그 지상건물을 타인과 함께 공유하면서 그 단독소유의 대지만을 건물철거의 조건 없이 타에 매도한 경우에는 건물공유자들은 각기 건물을 위하여 대지 전부에 대하여 관습에 의한 법정지상권을 취득한다.(대법76다388판결)

case.10 지상건물을 소유하고 있는 토지공유자 중 1인≫그 토지지분만을 전매한 경우 관습상의 법정지상권은

건물(갑)   건물(갑)
토지(갑+을) ⇒ 토지(정+을)   ≫ 토지(갑) 지분만 경매= 법정지상권(×)

토지의 공유자 중의 1인이 공유토지 위에 건물을 소유하고 있다가 토지지분만을 전매함으로써 단순히 토지공유자의 1인에 대하여 관습상의 법정지상권이 성립된 것으로 볼 사유가 발생하였다고 하더라도 토지공유자의 1인으로 하여금 다른 공유자의 지분에 대하여서까지 지상권설정의 처분행위를 허용하는 셈이 되어 부당하다 할 것이므로 위와 같은 경우에 있어서는 당해 토지에 관하여 건물의 소유를 위한 관습상의 법정지상권이 성립될 수 없다.(대법86다카2188판결)

add

- 토지공유자의 한 사람이 다른 공유자의 지분 과반수의 동의를 얻어 건물을 건축한 후 토지와 건물의 소유자가 달라진 경우 토지에 관하여 관습법상의 법정지상권이 성립되는 것으로 보게 되면 이는 토지공유자의 1인으로 하여금 자신의 지분을 제외한 다른 공유자의 지분에 대하여서까지 지상권설정의 처분행위를 허용하는 셈이 되어 부당하다.(대법92다55756판결)

(3) 무허가 또는 미등기건물 일 경우에 법정지상권 성립 유·무

동일인의 소유에 속하였던 토지와 건물이 매매, 증여, 강제경매, 국세징수법에 의한 공매 등으로 그 소유권자를 달리하게 된 경우에 그 건물을 철거한다는 특약이 없는 한 건물소유자는 그 건물의 소유를 위하여 그 부지에 관하여 관습상의 법정지상권을 취득하는 것이고 그 건물은 건물로서의 요건을 갖추고 있는 이상 무허가건물이거나 미등기건물이거나를 가리지 않는다.(대법87다카2404판결)

case.11 갑의 소유(대지와 미등기건물)≫을이 매수(대지와 미등기 건물)≫대지만 경매 실행된 경우≫법정지상권 성립은

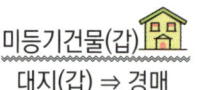

미등기건물(갑) ⇔ 미등기건물(갑) ⇔ 등기건물(갑)
대지(갑) ⇒ 경매   대지(을)   ⇒   대지(병)
           (대지와 건물이 동일인 아님) ⇒ (법정지상권 성립×)

갑의 소유인 대지와 그 지상에 신축된 미등기건물을 을이 함께 양수한 후 건물에 대하여는 미등기상태로 두고 있다가 이 중 대지에 대하여 강제경매가 실시된 결과 병이 이를 경락받아 그 소유권을 취득한 경우에는 을은 미등기인 건물을 처분할 수 있는 권리는 있을지언정 소유권은 가지고 있지 아니하므로 대지와 건물이 동일인의 소유에 속한 것이라고 볼 수 없어 법정지상권이 발생할 여지가 없다.(대법88다카2592판결)

case.12 갑의 소유(토지와 미등기 건물)≫ 을이(미등기 건물만 매수)≫ 땅만 경매실행≫ 법정지상권 성립은

미등기건물(갑) ⇒ (갑) ⇔ (을)이 미등기 건물만 매수 ⇔ 미등기건물(을)
토지(갑)　　　토지(갑)　⇒ (갑)의 토지 저당권 실행　⇒　토지(병)

※ (을)이 미등기인 (갑)의 건물을 매수해도 소유자는 (갑), 이때 토지가 (병)으로 바뀌면?
⇒ 법정지상권(o)

동일인의 소유에 속하던 토지와 지상건물 중 건물을 양수한 자가 미등기건물인 관계로 소유권이전등기를 경료하지 못하였다면 그 소유권은 여전히 양도인에게 남아있다고 할 것이고 그러는 사이에 토지 위에 설정된 저당권이 실행된 결과 토지와 건물의 소유자가 달라진 경우에는 양도인이 건물의 소유를 위한 법정지상권을 취득한다.(대법91다6658 판결)

(4) 구분소유적공유관계일 때 법정지상권 성립 유·무

case.13 구분소유적공유관계에 있는 토지 전체가 다른 사람의 소유자로 바뀌면 법정지상권은

구분소유적공유관계에 있는 토지의 공유자들이 그 토지 위에 각자 독자적으로 별개의 건물을 소유하면서 그 토지 전체에 대하여 저당권을 설정하였다가 그 저당권의 실행으로 토지와 건물의 소유자가 달라지게 된 경우 법정지상권이 성립한다.

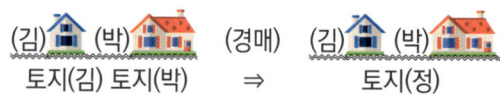

토지 전체가 저당권의 실행으로 소유자가 바뀌면 법정지상권이 성립.(대법2004다13533판결)

case.14 구분소유적공유관계의 어느 한 토지지분이 바뀌면 법정지상권은

구분소유적공유관계에 있는 토지는 공유지분관계이지만 실제로 위치와 범위가 정해져 있어 일반적으로 1필지 각 지분의 토지와 지상건물을 동일인 소유로 보면 된다.

구분소유적관계에 있는 토지공유자(김)과 (박)에서 토지공유자(김)의 저당권실행으로 (정)으로 소유권이 바뀌면 건물소유자(김)은 법정지상권을 취득한다. 앞에서 말한 일반적인 지분공유자이면 법정지상권이 성립하지 않는 것과는 다르다.

토지(김)의 토지지분이 경매로 (정)으로 바뀌면≫ 법정지상권이 성립.(대법89다카24094판결)

원고와 피고가 1필지의 대지를 구분 소유 적으로 공유하고 피고가 자기 몫의 대지 위에 건물을 신축하여 점유하던 중 위 대지의 피고지분만을 원고가 경락 취득한 경우 피고의 관습상의 법정지상권 취득한다.(대법89다카24094판결)

- **구분소유적공유관계**
  보통 주택에서 볼 수 있는데 1필지의 땅을 공유하면서 분필하지 않고, 위치와 면적을 특정하여 토지의 면적부분의 비율만큼의 공유지분등기를 하여 다른 구분소유자의 방해를 받지 않고 배타적으로 사용하는 공유관계를 말한다.
  이렇게 공유의 지분으로 되어 있지만 실제로는 위치와 범위가 지정되어 있어 그 부분만을 취득한 구분소유적공유관계는 공유자 모두가 공유물을 사용, 수익할 수 있는 일반적인 지분공유관계와 구별한다. 그러므로 경매에서는 일반적인 공유지분관계에서 적용되는 공유자우선매수신청권이 인정되지 않는다.

(5) 소멸되지 않는 구분지상권

지하 또는 지상의 공간은 상하의 범위를 정하여 건물 기타 공작물을 소유하기 위한 지상권의 목적으로 할 수 있다. 이 경우 설정행위로써 지상권의 행사를 위하여 토지의 사용을 제한할 수 있다.(민법제289조의2)

구분지상권의 경우에는 존속기간이 영구라고 할지라도 대지의 소유권을 전면적으로 제한하지 아니한다는 점 등에 비추어 보면, 지상권의 존속기간을 영구로 약정하는 것도 허용된다.(대법99다66410판결)

> **add**
>
> - 지하철, 철탑 및 고압전선, 송유관 등에서 흔히 찾아볼 수 있으며 이러한 지상권은 순위에 관계없이 쉽게 소멸되지 않는다.
>
>   타인 소유의 일정범위의 지하 또는 지상공간의 상하의 범위를 정하여 건물 기타 공작물을 소유하는 것을 구분지상권이라 하는데 그 권리가 미치는 범위를 정하여 등기할 수 있다.
>
>   이러한 구분지상권 설정으로 인하여 불리한 것이 많으나 아파트에서 곧바로 지하철과 상가로 연결되어 사용하기 편리한 통로가 되는 경우도 있으므로 무조건 불리한 것만은 아니다.

case.15 구분지상권

순서	설정일자	권리종류	권리자	채권금액	비고	소멸여부
1	1987.07.15.	소유권이전	강경구			
2	2010.06.17.	근저당	국민은행	1,214,000,000원	말소기준등기	소멸
3	2011.10.01.	근저당	국민은행	100,000,000원		소멸
4	2018.05.18.	구분지상권	한국전력공사		범위: 토지의 서남쪽 송전선이 통과하는 531㎡ 표면의 상공 25미터에서 68미터까지의 공중공간/ 존속기간: 전기공작물이 존속하는 기간까지/ 지료: 총 지료 금27,417,850원	인수

4) 법정지상권이 성립하지 않을 때 대항력을 갖춘 임차인의 퇴거 청구

낙찰받은 물건이 법정지상권이 성립되지 않는다면 건물철거 및 토지인도청구를 하는 경우에는 대항력을 갖춘 임차인뿐만 아니라 전세권자 및 유치권자 등의 퇴출을 청구할 수 있다.

그러나 건물에 대항력을 갖춘 임차인 등에게 퇴거를 청구할 수 있다고는 하나 만약 그 건물에 임차권등기나 그 전주인과 전세권등기를 한 경우에는 대항력 있는 임차보증금이나, 전세보증금을 일부라도 부담해야 하는 경우가 있을 수 있지 않나 생각된다.

> **add**
> - 토지소유자가 건물소유자에 대하여 당해 건물의 철거 및 그 대지의 인도를 청구할 수 있는 상황에서 건물임차권의 대항력을 가진 임차인이라도 토지소유자는 자신의 소유권에 기한 방해배제로서 건물점유자에 대하여 건물로부터의 퇴출을 청구할 수 있다.(대법2010다43801판결)

5) 매각물건명세서의 법정지상권 표시

법정지상권은 법률의 규정에 의한 물권변동으로 발생하는 권리이며 당사자의 특약에 의하여도 그 발생을 배제할 수 없으며 등기를 하지 않아도 성립하는 물권이다.

법정지상권이 성립될 수 있는 물건이 있으면 매각물건명세서의 "매각에 따라 설정된 것으로 보는 지상권의 개요"란이나 "비고란"에 "법정지상권 성립여지 있음"이라고 기재되어 나온다.

ex.4 물건매각명세서(법정지상권 성립 여부 불분명 표시)

매각물건명세서

사건	20 .799 부동산강제경매	매각물건번호	1	작성일자	20 29	담당법관(사법보좌관)	주
부동산 및 감정평가액 최저매각가격의 표시	별지기재와 같음	최선순위 설정	2018.08.01.가압류			배당요구종기	20)5.24

부동산의 점유자와 점유의 권원, 점유할 수 있는 기간, 차임 또는 보증금에 관한 관계인의 진술 및 임차인이 있는 경우 배당요구 여부와 그 일자, 전입신고일자 또는 사업자등록신청일자와 확정일자의 유무와 그 일자

점유자 성명	점유부분	정보출처 구분	점유의 권원	임대차기간 (점유기간)	보증금	차임	전입신고 일자, 사업자등록 신청일자	확정일자	배당 요구여부 (배당요구일자)
	( )		임차인						

〈비고〉
○:권리신고를 하지 않아 임차관계가 불분명함
○ :20 3.04.자 동 :세무서의 상가건물임대차현황서에 근거하여 기재함

※ 최선순위 설정일자보다 대항요건을 먼저 갖춘 주택·상가건물 임차인의 임차보증금은 매수인에게 인수되는 경우가 발생 할 수 있고, 대항력과 우선변제권이 있는 주택·상가건물 임차인이 배당요구를 하였으나 보증금 전액에 관하여 배당을 받지 아니한 경우에는 배당받지 못한 잔액이 매수인에게 인수되게 됨을 주의하시기 바랍니다.

등기된 부동산에 관한 권리 또는 가처분으로 매각으로 그 효력이 소멸되지 아니하는 것

매각에 따라 설정된 것으로 보는 지상권의 개요

비고란
1.제시외 건물은 매각에서 제외, 최저매각가격은 제시외 건물로 대지가 소유권 행사를 제한 받는 점을 반영한 금액임
2.제시외 **건물에 대하여 법정지상권 성립 여부는 불분명**

6) 법정지상권이 성립될 요인은 어떤 것들이 있는지 살펴보자

(1) 경매로 인한 법정지상권

저당물의 경매로 인하여 토지와 그 지상 건물이 다른 소유자에 속한 경우에는 토지소유자는 건물소유자에 대하여 지상권을 설정한 것으로 본다. 그러나 지료는 당사자의 청구에 의하여 법원이 이를 정한다.(민법제366조)

(2) 담보가등기에 의한 법정지상권

토지와 그 위의 건물이 동일한 소유자에게 속하는 경우 저당물의 경매나 담보권실행 또는 담보가등기에 따른 본등기가 행하여져 토지와 지상건물이 다른 소유자에 속하게 된 경우에는 법정지상권이 성립한다.

- **담보권 실행에 관한 법정지상권**
  토지와 그 지상건물을 함께 소유한 사람이 건물의 일부에 관하여 공사대금채권의 담보를 위한 가등기를 경료하였다가 그 대물변제조로 위 건물부분의 소유권을 양도받은 경우 달리 특별한 사정이 없는 한 양수인은 위 건물부분의 점유사용에 필요한 범위 내에서 양도인 소유의 위 대지에 대하여 법정지상권을 취득한다.(대법91다45363판결)

(3) 입목에 관한 법정지상권

입목의 경매나 그 밖의 사유로 토지와 그 입목이 각각 다른 소유자에게 속하게 되는 경우에는 토지소유자는 입목소유자에 대하여 지상권을 설정한 것으로 본다.(입목법제6조)

- **입목**
  "입목"이란 토지에 부착된 수목의 집단으로서 그 소유자가 이 법에 따라 소유권보존의 입목 등기를 한 것을 말하며 이러한 입목은 독립된 부동산으로 취급되어 입목의 소유자는 토지와 분리하여 입목을 양도하거나 저당권의 목적으로 할 수 있다.

(4) 건물의 전세권과 법정지상권

대지와 건물이 동일한 소유자에 속한 경우에 건물에 전세권을 설정한 때에는 그 대지소유권의 특별승계인은 전세권설정자에 대하여 지상권을 설정한 것으로 본다. 이때 건물소유자는 법정지상권을 취득하게 된다.(민법제305조)

- **전세권설정자에 대한 법정지상권**
  사기 씨는 주택(대지와 건물)을 소유하고 있었는데 똑순이에게 건물에 대한 전세권등기를 해주었고 그 후 어떤 이유로 대지에 대하여만 멍청 씨에게 매도하였다.
  이러한 경우에 대지를 매수한 멍청 씨는 사기 씨에게 법정지상권을 취득하게 한 것이며 멍청씨의 대지의 사용권은 제한을 받는다.

7) 경매로 법정지상권 있는 토지를 구입하면 지료를 청구할 수 있는가

경매로 법정지상권 있는 토지를 구입했다면 지상건물소유자에 대하여 지료를 청구할 수 있다. 지료는 당사자 간의 협의에 의하여 정하는 것이 원칙이지만 협의가 되지 않으면 법원에 지료청구소송을 제기하여 법원의 결정으로 정한다.

협의나 법원의 결정으로 지료가 정하여지면 그 지료에 관한 약정은 등기하여야 제3자에게 대항할 수 있다.

법원에 의한 지료결정은 시중금리 수준을 참작하여 목적부동산의 감정가액의 비율로 결정하게 되는데 정하여진 것은 없으나 일반적으로 토지의 가치에 따라 년 단위로 약 5%~7% 정도이며, 농지와 임야는 그 보다 못한 지료결정이 되지 않나 생각된다.

add

- **법정지상권이 있는 건물의 사용인은 대지사용에 대한 이득 반환**
  법정지상권이 있는 건물의 양수인으로서 장차 법정지상권을 취득할 지위에 있어 대지소유자의 건물철거나 대지인도 청구를 거부할 수 있는 지위에 있는 자라고 할지라도, 그 대지의 점거사용으로 얻은 실질적 이득은 이로 인하여 대지소유자에게 손해를 끼치는 한에 있어서는 부당이득으로서 이를 대지소유자에게 반환할 의무가 있다.(대법94다61144판결)

(1) 법원의 지료 평가

법원은 법정지상권자가 지급할 지료를 정함에 있어서 법정지상권설정 당시의 제반사정을 참작하여야 하나, 법정지상권이 설정된 건물이 건립되어 있음으로 인하여 토지의 소유권이 제한을 받는 사정은 이를 참작하여 평가하여서는 안 된다. 즉 나대지 상태에서 판단하여야 한다.(대법88다카18504판결)

(2) 지상권의 지료에 대한 약정(유상)의 등기는 반드시 필요하다

지료에 관하여 지료액 또는 그 지급시기 등의 약정은 이를 등기하여야만 그 뒤에 토지소유권 또는 지상권을 양수한 사람 등 제3자에게 대항할 수 있고, 지료에 관하여 유산약정의 등기가 되지 않은 경우에는 무상의 지상권으로서 지료지급을 구할 수 없으며 지료증액청구권도 발생할 수 없다.(대법99다24874판결,99다24874판결)

(3) 지료증감 청구권도 가능하다

지료가 토지에 관한 조세 기타 부담의 증감이나 지가의 변동으로 인하여 상당하지 아니하게 된 때에는 당사자는 그 증감을 청구할 수 있다.(민법제286조)

8) 지상권설정자의 지상권소멸청구와 지상물매수청구권 행사

(1) 지상권 소멸청구권

지상권자가 2년 이상의 지료를 지급하지 아니한 때에는 지상권설정자는 지상권의 소멸을 청구할 수 있다.(민법제287조)
관습상의 법정지상권도 2년분 이상의 지료를 연체할 경우 지상권소멸청구의 의사표시에 의하여 소멸한다.

> *add*
> - 법정지상권이 성립되고 지료액수가 판결에 의하여 정해진 경우 지상권자가 판결확정 후 지료의 청구를 받고도 책임 있는 사유로 상당한 기간 동안 지료의 지급을 지체한 때에는 지체된 지료가 판결확정의 전후에 걸쳐 2년분 이상일 경우에도 토지소유자는 민법 제287조에 의하여 지상권의 소멸을 청구할 수 있다.(대법92다44749판결)

(2) 지상물 매수청구권

지상권이 소멸한 때에는 지상권자는 건물 기타 공작물이나 수목을 수거하여 토지를 원상에 회복하여야 하며 지상권설정자가 상당한 가액을 제공하여 그

공작물이나 수목의 매수를 청구한 때에는 지상권자는 정당한 이유 없이 이를 거절하지 못한다.(민법제285조)

지상권설정자의 지상물매수청구권은 형성권이므로 행사하면 즉시 효력이 발생하며 간접강행규정이므로 지상권자는 이에 응하여야 하며 그 매수가액은 매수청구권 당시의 시가 상당액으로 한다.

(3) 지상권자의 계약갱신청구권과 지상물매수청구권 행사

지상권이 소멸(지상권 존속기간 만료)한 경우에 건물 기타 공작물이나 수목이 현존한 때에는 지상권자는 계약의 갱신을 청구할 수 있고, 지상권설정자가 계약의 갱신을 원하지 아니하는 때에는 지상권자는 상당한 가액으로 전항의 공작물이나 수목의 매수를 청구할 수 있다.(민법제283조)

지상권자의 계약갱신청구권의 행사는 지상권의 존속기간 만료되기 전 지체 없이 갱신계약을 체결하여야 하며 소멸한 경우에는 지상물매수청구권도 소멸한다.

add

- 지상물매수청구권은 지상권이 존속기간의 만료로 인하여 소멸하는 때에 지상권자에게 갱신청구권이 있어 그 갱신청구를 하였으나 지상권설정자가 계약갱신을 원하지 아니할 경우 행사할 수 있는 권리이므로, 지상권자의 지료연체를 이유로 토지소유자가 그 지상권소멸청구를 하여 이에 터잡아 지상권이 소멸된 경우에는 매수청구권이 인정되지 않는다.(대법93다10781판결)
- 지상권은 토지 위 건물이 없어지거나 멸실된 경우에도 지상권은 유효하게 존속하기 때문에 주어진 기간 내에서는 신축하여 사용할 수 있으며 법정지상권의 건물을 양수한 자는 건물의 전소유자를 대위하여 지상권갱신청구권을 행사할 수 있다.(대법94다39925판결)

9) 지상권은 양도할 수 있고 임대할 수 있다

지상권자는 타인에게 그 권리를 양도하거나 그 권리의 존속기간 내에서 그 토지를 임대할 수 있다.(민법제282조)

(1) 법정지상권이 성립된 건물을 경매낙찰로 취득하면

법정지상권을 취득한 자로부터 경매에 의하여 건물의 소유권을 이전 받은 경락인은 당연히 그 법정지상권을 취득한다.

건물소유를 위하여 법정지상권을 취득한 자로부터 경매에 의하여 그 건물의 소유권을 이전받은 경락인은 경락 후 건물을 철거한다는 등의 매각조건하에서 경매되는 경우 등 특별한 사정이 없는 한 건물의 경락취득과 함께 위 지상권도 당연히 취득한다.(대법84다카1578,1579판결)

10) 법정지상권의 내용과 범위

(1) 법정지상권 등기의 유무

관습상의 법정지상권은 관습법에 의한 부동산에 관한 물권의 취득이므로 등기를 필요로 하지 아니하고 지상권 취득의 효력이 발생하는 것이며 이 관습상 지상권은 물권으로서의 효력에 의하여 이를 취득할 당시의 토지소유자나 이로부터 소유권을 전득한 제3자에게 대하여도 등기 없이 위 지상권을 주장할 수 있다.(대법83다카2245판결)

관습상의 법정지상권도 등기하지 않으면 이를 타에 처분할 수 없으므로 이를 양수한 자도 법정지상권의 등기를 마쳐야만 그 지상권을 주장할 수 있다.

(2) 법정지상권의 범위

건물소유자의 관습에 의한 법정지상권은 특별한 사정이 없는 한 그 건물을 사용하는데 일반적으로 필요한 범위라고 인정되는 범위 내의 대지에 한하여 인정되고 또한, 그 건물의 기지만에 한하는 것이 아니며 지상건물이 창고인 경우에는 그 본래의 용도인 창고로서 사용하는 데 일반적으로 필요한 그 둘레의 기지에 미친다.(대법77다921판결)

(3) 지상권을 배제하는 특약의 효력은

민법 제366조는 가치권과 이용권의 조절을 위한 공익상의 이유로 지상권의 설정을 강제하는 것이므로 저당권설정 당사자 간의 특약으로 저당목적물인 토지에 대하여 법정지상권을 배제하는 약정을 하더라도 그 특약은 효력이 없다.(대법1988.10.25. 판결)

(4) 법정지상권을 포기

대지상의 건물만을 매수하여 관습상의 법정지상권이 성립하였으나 건물 소유자가 토지 소유자와 사이에 건물의 소유를 목적으로 하는 토지 임대차계약을 체결한 경우 법정지상권을 포기하였다고 본다.

add

- **법정지상권 포기**
  동일인 소유의 토지와 그 토지상에 건립되어 있는 건물 중 어느 하나만이 타에 처분되어 토지와 건물의 소유자를 각 달리하게 된 경우에는 관습상의 법정지상권이 성립한다고 할 것이나, 건물 소유자가 토지 소유자와 사이에 건물의 소유를 목적으로 하는 토지 임대차계약을 체결한 경우에는 관습상의 법정지상권을 포기한 것으로 봄이 상당하다.(대법92다3984판결)

 **분묘의 처리**

1) 낙찰자의 분묘 처리는 어떻게 할까

경매로 나온 토지 중에는 분묘가 설치되어 있는 토지가 더러 있다. 분묘로 인하여 지가가 하락하고 행위에 대한 제한을 받아 유용하게 사용하지 못하는 경우가 많다. 경매인들이 생각하는 주안점은 분묘를 이장하여 없애는 방법인데 법정지상권과 유사한 강력한 효력이 있으므로 그렇게 쉬운 일이 아니다.

분묘가 설치되어 있는 토지의 낙찰자는 연고 있는 분묘의 주인을 찾아 협상을 통하여 이장을 설득하는 방법, 무연고 분묘처리 방법으로 행정절차를 통하여 다른 곳으로 이장을 하는 방법, 분묘기지권(법정지상권유사)의 소멸청구에 관한 방법이 있다.

(1) 연고자를 찾아 협상하여 처리

장사법시행일(2001.01.13) 이후에 설치한 분묘에 대해서는 분묘기지권의 시효취득을 허용하지 아니하므로 정상적으로 신고하고 쓴 묘지인지 알아보고 연고 있는 묘지라면 묘지대장에 그 사실을 기록한 묘적부를 시·군·구청에 가서 열람하여 연고자를 찾는 방법이 있다. 그리고 묘지와 가까운 마을의 이장님이나 나이 많으신 터줏대감을 수소문하여 묘지 주인을 찾아내는 방법이 있으며, 또한 깨끗하게 정돈된 묘지는 관리하는 자손들이 있으므로 묘지 근처에 연락처를 기재한 표지판을 설치해 놓은 것도 하나의 방법이라 하겠다.

(2) 승낙없이 설치한 분묘의 행정적 처리

토지 소유자의 승낙 없이 해당 토지에 설치한 분묘와 묘지 설치자 또는 연고자의 승낙 없이 해당 묘지에 설치한 분묘 처리는 다음과 같다.(장사법제27조)

① 위 해당하는 분묘에 대하여 토지 소유자, 묘지 설치자 또는 연고자는 그 분묘를 관할하는 시장 등의 허가를 받아 분묘에 매장된 시신 또는 유골을 개장할 수 있다.

② 토지 소유자, 묘지 설치자 또는 연고자는 미리 3개월 이상의 기간을 정하여 그 뜻을 해당 분묘의 설치자 또는 연고자에게 알려야 한다. 다만, 해당 분묘의 연고자를 알 수 없으면 그 뜻을 공고하여야 하며, 공고기간 종료 후에도 분묘의 연고자를 알 수 없는 경우에는 화장한 후에 유골을 일정 기간 봉안하였다가 처리하여야 하고, 이 사실을 관할 시장 등에게 신고하여야 한다.

③ 위 어느 하나에 해당하는 분묘의 연고자는 해당 토지 소유자, 묘지 설치자 또는 연고자에게 토지 사용권이나 그 밖에 분묘의 보존을 위한 권리를 주장할 수 없다.

④ 토지 소유자 또는 자연장지 조성자의 승낙 없이 다른 사람 소유의 토지 또는 자연장지에 자연장을 한 자 또는 그 연고자는 당해 토지 소유자 또는 자연장지 조성자에 대하여 토지사용권이나 그 밖에 자연장의 보존을 위한 권리를 주장할 수 없다.

(3) 무연분묘의 행정적 처리절차

① 현장답사 및 사진촬영

현지답사하여 분묘를 확인하여 연고자 없는 분묘라 추정되면 동네에 사는 이장님이나 어른들께 수소문하여 연고자를 찾아보고 연고자가 없다면 묘지에 연고자를 찾는다는 표지판을 세우고 사진촬영을 한다.

⟨1⟩ 기존분묘사진촬영(표지판과 함께)
⟨2⟩ 분묘배치도와 약도
⟨3⟩ 분묘의 연고자를 알지 못하는 사유
⟨4⟩ 묘지 또는 토지가 개장 허가신청인의 소유임을 증명하는 서류(부동산등기부등본)
⟨5⟩ 해당 토지 등의 사용에 관하여 해당 분묘 연고자의 권리가 없음을 증명하는 서류
⟨6⟩ 분묘개장 공고문(안)

위 서류를 갖추어 무연분묘개장허가를 관할관청에 신청한다.(장사법시행규칙18조)

② 개장공고와 해당관청에 신고

개장허가증을 발부받아 ≫ 무연분묘개장공고 ≫ 개장신고서와 신문에 개장 공고를 했다는 신문개장공고문을 제출≫ 개장신고필증을 교부받아 ≫ 개장을 한다.

개장할 때 매장된 시신이나 유골을 화장하면 화장증명서와 납골당에 안치하면 납골증명서를 교부받아 해당 관청에 사진(개장 전, 개장과정, 납골당 안치된 사진) 함께 신고하면 끝난다.

- **무연분묘개장 공고**

  무연분묘에 매장된 시신이나 유골을 화장하여 봉안하려는 경우에는 묘지 또는 묘지의 위치 및 장소, 개장 사유, 개장 후 안치 장소 및 기간, 연락처, 열람 등 개장에 필요한 사항을 공고하여야 한다.
  공고는 무연분묘에 매장된 시신이나 유골을 화장하여 봉안하기 2개월 전에 중앙일간신문을 포함한 둘 이상의 일간신문에 공고하는 방법과 관할 시·도 또는 시·군·구 인터넷 홈페이지와 하나 이상의 일간신문에 공고하는 방법 중 어느 하나의 방법을 택하여 2회 이상 하되, 두 번째 공고는 첫 번째 공고일부터 40일이 지난 후에 다시 하여야 한다.(장사법시행규칙19조)

③ 분묘개장 후 납골당 보관

매장된 시신이나 유골을 화장하여 일정한 기간 동안 납골당에 안치하고 봉안의 기간(10년)이 끝났을 때에는 일정한 장소에 집단으로 매장하거나 자연장하여야 한다.

2) 분묘기지권(법정지상권유사) 성립, 취득, 소멸, 지료등 종합

(1) 타인 소유 토지에 분묘를 승낙 없이 설치한 경우 시효취득

타인 소유의 토지에 소유자의 승낙 없이 분묘를 설치한 경우에는 20년간 평온, 공연하게 그 분묘의 기지를 점유함으로써 분묘기지권을 시효로 취득한다.(대법94다37912판결)

> **add**
>
> - **평온한 점유 및 공연한 점유의 의미**
>   평온한 점유란 점유자가 점유를 취득 또는 보유하는 데 있어 법률상 용인될 수 없는 강포행위를 쓰지 않는 점유이고, 공연한 점유란 은비의 점유가 아닌 점유를 말한다.(대법96다14036판결)

① 분묘기지권 시효취득 제한

장사법 시행일(2001.01.13.) 후에 토지소유자의 승낙 없이 설치한 분묘에 대해서는 분묘기지권의 시효취득을 주장할 수 없다. 장사법 시행일 이전부터 지속되어온 분묘기지권은 유효하다. 2000.01.12. 법률 제6158호로 전부 개정된「장사 등에 관한 법률」에 따르면, 그 시행일인 2001.01.13. 후에 토지 소유자의 승낙 없이 설치한 분묘의 연고자는 토지 소유자 등에게 토지 사용권이나 그 밖에 분묘의 보존을 위한 권리를 주장할 수 없다. 따라서 장사법 시행일 후에 토지 소유자의 승낙 없이 설치한 분묘에 대해서는 분묘기지권의 시효취득을 주장할 수 없게 되었다. 그러나 장사법 시행일 이전에 설치한 분묘에 관해서는 분묘기지권의 시효취득이 오랜 기간 지속되어온 관행 또는 관습으로서 여전히 법적 규범으로 유지되고 있다는 것이 판례이다.(대법 2018다264420판결)

(2) 타인의 토지에 승낙을 얻어 분묘를 설치한 경우

토지 소유자가 분묘소유자에 대하여 분묘의 설치를 승낙한 때에는 그 분묘의 기지에 대하여 분묘소유자를 위한 지상권 유사의 물권(분묘기지권)을 설정한 것으로 보아야 하므로, 이러한 경우 그 토지소유자는 분묘의 수호·관리에 필요한, 상당한 범위 내에서는 분묘기지가 된 토지 부분에 대한 소유권의 행사가 제한될 수밖에 없다.(대법99다14006판결)

(3) 자기토지에 분묘를 설치한 후 별도의 특약 없이 토지를 양도한 경우

자기소유 토지에 분묘를 설치하고 이를 타에 양도한 경우에는 그 분묘가 평장되어 외부에서 인식할 수 없는 경우를 제외하고는 당사자 간에 특별한 의사표시가 없으면 판 사람은 분묘소유를 위하여 산 사람이 토지에 대하여 지상권 유사의 물권을 취득한다.(대법67다1920판결)

(4) 분묘기지권의 범위

분묘기지권은 분묘의 기지 자체(봉분의 기저 부분)뿐만 아니라 그 분묘의 수호 및 제사에 필요한 범위 내에서 분묘의 기지 주위의 공지를 포함한 지역에까지 미치는 것이고 그 확실한 범위는 각 구체적인 경우에 개별적으로 정하여야 할 것인바, 사성(사성, 무덤 뒤를 반달형으로 둘러쌓은 둔덕)이 조성되어 있다 하여 반드시 그 사성 부분을 포함한 지역에까지 분묘기지권이 미치는 것은 아니다.(대법95다29086,29093판결)

> **add**
>
> - 기존의 분묘기지권이 미치는 범위 내에서 부부 합장을 위한 쌍분 형태의 분묘설치 가능한가
>   분묘기지권은 분묘를 수호하고 봉제사하는 목적을 달성하는 데 필요한 범위 내에서 타인의 토지를 사용할 수 있는 권리를 의미하는 것으로서, 분묘기지권에는 그 효력이 미치는 지역의 범위 내라고 할지라도 기존의 분묘 외에 새로운 분묘를 신설할 권능은 포함되지 아니하는 것이므로, 부부 중 일방이 먼저 사망하여 이미 그 분묘가 설치되고 그 분묘기지권이 미치는 범위 내에서 그 후에 사망한 다른 일방의 합장을 위하여 쌍분(쌍분) 형태의 분묘를 설치하는 것도 허용되지 않는다.(대법95다29086,29093판결)

(5) 분묘기지권(분묘수호를 위한 유사지상권)의 존속기간은

분묘수호를 위한 유사지상권(분묘기지권)의 존속기간에 관하여는 민법의 지상권에 관한 규정에 따를 것이 아니라, 당사자 사이에 약정이 있는 등 특별한 사정이 있으면 그에 따를 것이며, 그런 사정이 없는 경우에는 권리자가 분묘의 수호와 봉사를 계속하는 한 그 분묘가 존속하고 있는 동안은 분묘기지권은 존속한다고 해석함이 상당하다.(대법81다1220판결)

(6) 관습상 분묘기지권은 등기 없이 취득이 가능한지

타인 소유의 토지에 소유자의 승낙 없이 분묘를 설치한 경우에는 20년간 평온, 공연하게 그 분묘의 기지를 점유하면 지상권 유사의 관습상의 물권인 분묘기지권을 시효로 취득한다. 이러한 분묘기지권은 봉분 등 외부에서 분묘의 존재를 인식할 수 있는 형태를 갖추고 있는 경우에 한하여 인정되고, 평장되어 있거나 암장되어 있어 객관적으로 인식할 수 있는 외형 갖추고 있지 아니한 경우에는 인정되지 않으므로, 이러한 특성상 분묘기지권은 등기 없이 취득한다.(대법96다14036판결)

(7) 분묘기지권자의 지료지급 의무가 있는지

지상권에 있어서 지료의 지급은 그 요소가 아니어서 지료에 관한 약정이 없는 이상 지료의 지급을 구할 수 없었으나 대법원 판례가 바뀌어 분묘기지권

자는 토지소유자에게 지료를 지급할 의무가 있다고 판결하였다.

지료는 당사자 간의 협의에 의하여 정하는 것이 원칙이지만 협의가 되지 않으면 법원에 지료청구소송을 제기하여 법원의 결정으로 정한다.

법원에 의한 지료결정은 시중금리 수준을 참작하여 목적부동산의 감정가액 또는 시세의 비율로 결정하게 되는데 묘지는 보통 농지나 임야에 있으므로 보통 약 1.5% 정도로 결정한다.

add

- 장사법 시행일 이전에 타인의 토지에 분묘를 설치한 다음 20년간 평온·공연하게 분묘의 기지를 점유함으로써 분묘기지권을 시효로 취득한 경우에, 분묘기지권자는 토지 소유자에게 분묘기지에 관한 지료를 지급할 의무가 있다.(대법2018다264420판결)
- 자기 소유 토지에 분묘를 설치한 사람이 그 토지를 양도하면서 분묘를 이장하겠다는 특약을 하지 않음으로써 분묘기지권을 취득한 경우, 특별한 사정이 없는 한 분묘기지권자는 분묘기지권이 성립한 때부터 토지 소유자에게 그 분묘의 기지에 대한 토지사용의 대가로서 지료를 지급할 의무가 있다.(대법2017다271834판결)

(8) 지료지급 2년분 이상 지체되는 경우 분묘기지권의 소멸을 청구할 수 있다

토지의 소유권이 경매 등으로 타인에게 이전되면서 협의로 지료가 정하여질 때, 또는 판결에 따라 분묘기지권에 관한 지료의 액수가 정해졌음에도 판결확정 후 책임 있는 사유로 상당한 기간 동안 지료의 지급을 지체하여 지체된 지료가 판결확정 전후에 걸쳐 2년분 이상이 되는 경우에는 분묘기지권자에 대하여 분묘기지권의 소멸을 청구할 수 있다.(대법2015다206850판결)

3) 분묘 등의 점유 면적(장사법제18조)

① 공설묘지, 가족묘지, 종중·문중묘지 또는 법인묘지 안의 분묘 1기 및 그 분묘의 상석(상석)·비석등 시설물을 설치하는 구역의 면적은 10제곱미터(합장하는 경우에는 15제곱미터)를 초과하여서는 아니 된다.

② 개인묘지는 30제곱미터를 초과하여서는 아니 된다.

③ 봉안시설 중 봉안묘의 높이는 70센티미터, 봉안묘의 1기당 면적은 2제곱미터를 초과하여서는 아니 된다.

④ 분묘, 봉안묘 또는 봉안탑 1기당 설치할 수 있는 상석·비석 등 시설물의 종류 및 크기 등에 관한 사항은 대통령령으로 정한다.

4) 분묘에 관한 판례

(1) 묘의 봉분과 묘비의 표식이 없는 분묘 - 현재 제사 숭경, 종교적 의례의 대상인 묘를 발굴하면 형사처벌?

묘의 봉분이 없어지고 평토화 가까이 되어 있고 묘비 등 표식이 없어 그 묘 있음을 확인할 수 없는 분묘라 하여도 현재 제사 숭경하고 종교적 의례의 대상으로 하는 자가 있다면 분묘발굴죄의 객체에 해당한다.(대법76도2828판결)

(2) 제사 숭경, 종교적 의례 대상의 묘

분묘발굴죄의 객체인 분묘는 사람의 사체, 유골, 유발 등을 매장하여 제사나 예배 또는 기념의 대상으로 하는 장소를 말하는 것이고, 사체나 유골이 토괴화하였을 때에도 분묘인 것이며, 그 사자가 누구인지 불명하다고 할지라도 현재 제사 숭경하고 종교적 예의의 대상으로 되어 있고 이를 수호봉사하는 자가 있으면 여기에 해당한다고 할 것이다.(대법89도2061판결)

chap. 7
특수한 권리와 물건

1. 대지권미등기 2. 토지별도등기 3. 제시외 물건 4. 위반건축물

Chap.7
특수한 권리와 물건

 대지권

집합건물에서 구분소유자가 전유부분(건물부분)을 소유하기 위해 건물이 소재하는 대지에 대하여 가지는 권리를 말하며 구분소유자는 그가 가지는 전유부분과 분리하여 대지사용권을 처분할 수 없다. 다만, 규약으로써 달리 정한 경우에는 그러하지 아니하다.(집소관법 제20조)

① 구분건물의 대지사용권이 주어져 있고 전유부분 및 공용부분과 분리처분이 가능한 규약이나 공정증서가 없는 때에는 전유부분과 종속적 일체불가분성이 인정되어 전유부분에 대한 경매개시결정과 압류의 효력이 대지사용권에도 미친다.(대법97마814결정)

② 대지권이 없는 건물 소유자는 토지소유자에게 건물철거를 당할 수 있으며 불법점유로 인한 임료상당의 부당이득금을 지불해야 하며 건물 소유자나 대항력을 갖춘 임차인이라도 퇴거청구에 대항할 수 없다.

③ 대지권이 없는 아파트 소유자는 아파트 부지를 불법점유를 하는 것이고 그 불법점유로 인한 부당이득을 얻고 있으며 지료는 토지에 대한 임료 상당의 부당이득금을 토지소유자에게 지불해야 하며 그 금액의 산정은 건물이 소

재함으로써 토지의 사용권이 제한을 받는 사정이 아닌 나대지 상태로 한다.(대법91다40177판결)

④ 집합건물 대지의 소유자가 대지사용권 없이 전유부분을 소유하는 구분소유자에 대하여 전유부분의 철거를 구할 수 있고 일부 전유부분만을 철거하는 것이 사실상 불가능하다는 사정이 철거 청구를 기각할 사유에 해당하지 않는다.(대법2017다204247판결)

⑤ 건물이 그 존립을 위한 토지사용권을 갖추지 못하여 토지소유자가 건물소유자에 대하여 당해 건물의 철거 및 그 대지의 인도를 청구할 수 있는 상황에서 건물소유자가 아닌 사람이 건물을 점유하고 있는 경우, 자신의 소유권에 기한 방해배제로서 건물점유자에 대하여 건물로부터의 퇴출을 청구할 수 있고 그 건물점유자가 전세권자, 대항력 있는 임차인인 경우에도 토지소유자에 대하여 대항할 수 있는 토지사용권이라고 할 수는 없으므로 퇴거청구에 대항할 수 없다.(대법2010다43801판결)

1) 대지권 미등기

대지권미등기는 건물에 대한 대지지분이 없거나 대지지분은 있는데 등기가 되어 있지 않는 경우를 말한다. 집합건물등기부상의 표제부에 "대지권 표시"가 누락되어 있는 것을 말하며 보통 미등기건물에 대한 경매에서 대지권이 있다면 그 대지지분에 대한 평가액이 감정가에 포함되어 경매가 진행된다.
대지권의 미등기 원인으로는 저당권이 설정된 토지 위에 건축물을 축조한 경우 대금 지급이 미루어진 상태에서 저당권 실행으로 경매가 된 경우와 행정절차의 지연과 오류로 대지권은 있으나 대지권등기가 늦어진 경우, 집합건물에 대한 최초 수분양자의 잔금 미납으로 대지권이 있으나 등기를 하지 않는 경우, 또한 토지소유자와 건물소유자가 다른 경우에 협상이 결렬되면 대지권

미등기의 원인이 될 수 있다.

(1) 대지권미등기 건물에 대한 경매신청이 있는 경우 집행법원의 처리

집행법원은 대지권등기 없는 집합건물에 대한 경매신청이 있는 경우에는 저당권설정자가 설정 당시에 대지권을 취득하고 있는 경우와 대지권 취득자로부터 최초로 분양받은 수분양자인 경우에는 감정평가액에 대지권 평가액을 포함시켜 최저매각가격을 정한다.

대지권 미등기건물은 매각물건명세서의 비고란에 "대지권미등기, 대지권유무는 알 수 없음"이라 표시하며 감정인의 사실조회에 의한 회신을 기재하기도 한다.

(2) 매각물건명세서의 비고란에 대지권 미등기 표시

 ex.1 대지권 미등기 표시

비고란
1. 대지권미등기
2. 일괄매각
3. 본건은 ○○주공5단지아파트재건축정비사업 진행 중으로 20○○. ○. ○. 조합설립인가 되었으며, 현재 건축심의 진행 중이고, 채무자 겸 소유자 윤석남은 조합원으로 등록되어 있음(강남구 사실조회회신 결과 참조)

 add

- **구분건물의 경매신청서에 대지사용권에 대한 아무런 표시가 없는 경우, 집행법원의 처리**
  구분건물에 대한 경매에 있어서 비록 경매신청서에 대지사용권에 대한 아무런 표시가 없는 경우에도 집행법원으로서는 대지사용권이 있는지, 그 전유부분 및 공용부분과 분리처분이 가능한 규약이나 공정증서가 있는지 등에 관하여 집달관에게 현황조사명령을 하는 때에 이를 조사하도록 지시하는 한편, 그 스스로도 관련자를 심문하는 등의 가능한 방법으로 필요한 자료를 수집하여야 하고, 그 결과 전유부분과 불가분적인 일체로서 경매의 대상이 되어야 할 대지사용권의 존재가 밝혀진 때에는 이를 경매목적물의 일부로서 경매 평가에 포함시켜 최저입찰가격을 정하여야 할 뿐만 아니라, 입찰기일의 공고와 입찰물건명세서의 작성에 있어서도 그 존재를 표시하여야 할 것이나, 그렇지 않고 대지사용권이 존재하지 아니하거나 존재하더라도 규약이나 공정증서로써 전유부분에 대한 처분상의 일체성이 배제되어 있는 경우에는 특별한 사정이 없는 한 전유부분 및 공용부분에 대하여만 경매절차를 진행하여야 한다.(대법97마814결정)

(3) 대지 지분권은 있으나 대지권 등기가 없는 건물을 낙찰받을 경우

대지권미등기인 집합건물에 있어서는 토지등기부를 열람하여 대지지분권이 있는지 없는지 살펴보아 지분권이 있고 평가가 되어 감정평가가액에 포함되어 있다면 낙찰받아도 문제가 없다. 전유부분의 소유자가 대지권을 저당권설정 전부터 취득하고 있었다면 대지권을 경매목적물에 포함시켜 감정가액을 정한다. 그리고 대지권 등기가 되어 있지 않더라도 대지권은 분리처분이 가능한 규약으로 정해져 있는 경우가 아니면 전유부분에 종된 권리로서 당연히 경매목적물에 포함된다.

> **add**
>
> - **구분건물의 전유부분에만 설정된 저당권의 효력 범위**
>   구분건물의 전유부분만에 관하여 설정된 저당권의 효력은 대지사용권의 분리처분이 가능하도록 규약으로 정하는 등의 특별한 사정이 없는 한 그 전유부분의 소유자가 사후에라도 대지사용권을 취득함으로써 전유부분과 대지권이 동일 소유자의 소유에 속하게 되었다면, 그 대지사용권에까지 미치고 여기의 대지사용권에는 지상권 등 용익권 이외에 대지소유권도 포함된다.(대법94다12722판결)

(4) 대지 지분권이 없는 건물을 낙찰받을 경우

대지권이 없는 건물이 경매로 나올 때 토지를 제외한 건물 부분만이 감정평가되어 매각되므로 건물을 낙찰받은 사람은 토지소유자로부터 건물철거를 당하게 되어 소유권을 잃을 수 있으며, 건물(전유부분)을 사용하면 지료를 지불해야 하고 지료가 연체되면 경매처분을 당하기 때문에 특별한 경우가 아니면 입찰하지 않는 것이 좋다.

 ex.2 매각물건명세서의 비고란에 건물만 매각 표시

비고란
건물만의 매각이고, 최저매각가격은 건물만의 평가임

주1 : 매각목적물에서 제외되는 미등기건물 등이 있을 경우에는 그 취지를 명확히 기재한다.

(5) 분양대금이 미납된 대지권 미등기 건물을 낙찰받을 경우

집합건물의 분양자가 수분양자에게 대지지분의 소유권이전등기나 대지권변경등기를 지적정리 후에 해 주기로 하고 전유부분의 소유권이전등기만을 마쳐 준 상태에서 전유부분에 대한 경매절차가 진행되어 제3자가 이를 경락받은 경우, 수분양자가 분양대금을 완납하지 않았더라도 경락인이 대지사용권은 취득한다. 그러나 경락인은 분양자와 수분양자를 상대로 대지지분의 소유권이전등기절차 이행 등을 청구할 수 있지만 분양대금을 지급하여야 한다.

> **add**
>
> - 경락인은 대지사용권 취득의 효과로서 분양자와 수분양자를 상대로 분양자로부터 수분양자를 거쳐 순차로 대지지분에 관한 소유권이전등기절차를 마쳐줄 것을 구하거나 분양자를 상대로 대지권변경등기절차를 마쳐줄 것을 구할 수 있고, 분양자는 이에 대하여 수분양자의 분양대금 미지급을 이유로 한 동시이행항변을 할 수 있을 뿐이다.(대법2004다58611판결)

(6) 대지권의 시효 취득도 가능

20년간 소유의 의사로 평온, 공연하게 집합건물을 구분소유한 사람은 등기함으로써 대지의 소유권을 취득할 수 있다.

> **add**
>
> - 1동의 건물의 구분소유자들은 전유부분을 구분소유하면서 공용부분을 공유하므로 특별한 사정이 없는 한 건물의 대지 전체를 공동으로 점유한다. 이는 집합건물의 대지에 관한 점유취득시효에서 말하는 '점유'에도 적용되므로, 20년간 소유의 의사로 평온, 공연하게 집합건물을 구분소유한 사람은 등기함으로써 대지의 소유권을 취득할 수 있다. 이와 같이 점유취득시효가 완성된 경우에 집합건물의 구분소유자들이 취득하는 대지의 소유권은 전유부분을 소유하기 위한 대지사용권에 해당한다.(대법2012다72469판결)

 **토지별도등기**

토지별도등기는 단독주택의 경우 토지와 건물의 등기부등본이 따로 되어 있어서 문제될 것은 없으나 주로 집합건물에서 문제가 되는데 등기부등본의 대지권표시란에 "토지 별도등기 있음"이라 표시가 되어 있으면 토지등기부등본을 열람하여 낙찰받아도 특별한 문제가 없는 것인지 그 내용을 확인하여 대처하는 것이 무엇보다 필요하다. 이를 간과하고 소유권이전을 했다면 토지에 별도로 설정된 권리로 곤란한 문제가 생길 수 있다.

토지별도등기의 내용으로는 토지에 설정된 변제하지 못한 저당권, (구분)지상권, 가압류, 가등기 등이 토지등기부등본에 남아 있는데 낙찰받음으로 인하여 말소되는 것이 있고 인수되는 것이 있다.

1) "토지 별도등기 있음"이란 표시

물건명세서의 비고란에 "토지 별도등기 있음"이란 표시가 있고 집합건물 등기부등본의 대지권표시란에도 "별도 등기있음"이라 표시되어 있다.

 ex.1 매각물건명세서에 토지 별도등기 표시

비고란
토지 별도등기 있음.

주1 : 매각목적물에서 제외되는 미등기건물 등이 있을 경우에는 그 취지를 명확히 기재한다.

ex.2 집합건물 등기부등본의 별도등기 표시

	(대지권의 목적인 토지의 표시)			
표시번호	소 재 지 번	지 목	면 적	등기원인 및 기타사항
1 (전 1)	1. 충청북도 제천시 ㅇㅇ	대	865.9㎡	1986년9월12일
2 (전 2)				1 토지만에 관하여 별도등기있음 1986년9월12일
				부동산등기법 제177조의 6 제1항의 규정에 의하여 1번 내지 2번 등기를 2000년 10월 17일 전산이기

경매절차에서 토지별도등기권자가 배당요구를 하지 않음으로 인하여 매각물건명세서의 특별매각조건에 "토지 별도등기 인수"라 표기되어 있다면 낙찰자가 인수해야 하므로 입찰을 고민해야 한다.

2) 별도등기에 관한 권리가 소멸되는 것은

① 토지별도등기권자가 배당요구를 했으면 소멸되므로 대법원경매사이트의 물건상세조회의 문건송달내역을 열람해 보면 배당요구서의 제출사항을 알 수 있다.
② 토지별도등기권자와 건물에 등기된 권리자가 동일한 경우에는 통상 말소된다.
③ 토지 위의 설정된 권리가 소멸되었지만 등기부등본에 남아있는 경우는 말소된다.

3) 별도등기에 관한 권리가 인수되는 것은

물건매각명세서의 특별매각조건에 토지별도등기에 관한 권리를 인수한다는 표시가 있을 때는 인수하는 권리를 고려하여 입찰해야 하지만 일반적으로 지하철, 철탑 및 고압전선, 송유관 등 이러한 구분지상권은 순위에 관계없이 대체로 말소되지 않고 인수한다.

제시외 물건(건물)

제시외 건물은 저당권 설정 당시 목록에서 제외된 물건이나 경매신청채권자가 경매절차에서 빠뜨린 물건을 말한다.

제시외 건물은 보통 미등기 건물이거나 무허가 부속건물, 화장실, 창고, 컨테이너, 축사, 세탁실, 다용도실 등으로 제시 외 물건 중 부합물과 종물은 경매 목적물에 당연히 포함되는 물건이 있는 반면 미등기 건물, 무허가건물 등 포함되지 않는 물건이 있을 수 있다.

제시외 건물(물건)이 평가되어 감정평가액에 포함 여부를 잘 살펴 누락되어 있는 건물에 대해서는 철거할 수 있는 물건인지, 채무자와 합의하여 매수할 수 있는 물건인지, 법정지상권이 성립할 수 있는 물건인지 등을 잘 살펴서 입찰하여야 하며 제시외 건물이 평가되어 감정가액에 포함되어 있고, 매각물건명세서의 비고란에 제시외 건물 포함이라고 명기되어 있다면 아무런 문제가 없다.

ex.1 제시외 물건 예시

목록		지번	용도/구조/면적/ 토지이용계획		㎡당 단가 (공시지가)	감정가	비고
제시외 건물	1	○○로24번길 00 [00동 1207-25 내제조표34882호] 벽체이용 조적조 스레트지붕 등	단층	창고	3.5㎡	20,000	7,000,000	**매각포함**
	2		단층	보일러실	40㎡	100,000	40,000,000	**매각포함** * 옥상소재
	3		**단층**	**주택**	60㎡	**무허가축축물**		**제외**
		제시외건물중 단층주택 제외				소계 47,000,000원		

제시외 건물 1번, 2번은 감정평가 되어 매각가격에 포함되어 있으므로 아무

런 하자가 없으나 단층주택(3번)이 매각에서 제외되어 있으므로 입찰 전 법정지상권에 관한 문제들을 살펴 해결책이 있을 때 입찰에 임하는 것이 현명하다.

1) 저당권이 실행(경매)될 때 목적물에 부합되는 물건

저당권으로 인한 경매실행이 될 때 그에 대한 효력은 저당부동산에 부합된 물건과 종물에 미친다. 그러나 법률에 특별한 규정 또는 설정행위에 다른 약정이 있으면 그러하지 아니하다.(민법제358조)

저당부동산 물건(경매목적물)에 부합된 증축한 건물이나 지상에 식재한 수목(입목에 관한 법률에 의하여 등기된 입목과 명인방법을 갖춘 수목 제외) 그리고 창고, 정원수, 정원석, 석등, 교량, 도랑, 돌담, 도로의 포장, 등이 있는데 이런 경매부동산에 부가된 부합물과 종물 그리고 경매목적부동산으로부터 수취한 과실은 저당권 실행(경매)에 어떤 영향을 미치는지 알아보자.

(1) 토지를 경매로 낙찰받으면 토지와 함께 부합되는 물건

① 토지 위에 수목이 있는 경우를 생각해 볼 수 있는데 타인의 토지 위에 권원 없이 식재한 수목의 소유권은 토지소유자에게 귀속하고 권원에 의하여 식재한 경우에는 그 소유권이 식재한 자에게 있다.(대법98마1817결정) 즉, 토지 위의 수목은 입목에 관한 법률에 의하여 등기된 입목과 명인방법을 갖춘 수목, 그리고 권원에 의한 제3자가 심은 수목이 아니면 모두 낙찰자의 것이라고 생각하면 된다.

② 정원수나 정원석 등은 일반적으로 부합되어 매각되는 물건이다. 하지만 정말 값비싼 물건이라 생각될 때는 감정가액에 평가되어 포함되어 있는지 살펴보고 무허가 건축물일 경우 법정지상권의 문제도 함께 고려해야 한다.

③ 주유소의 지하 유류저장탱크처럼 토지로부터 분리하는 데 과다한 비용이 들고 이를 분리하여 발굴할 경우 그 경제적 가치가 현저히 감소할 것이 분명하면 토지에 부합한다.(대법94다6345판결) 그러나 부동산에 건축공사를 시행할 경우에 이를 활용할 수 있는 지하 굴착공사에 의한 콘크리트 구조물은 객관적으로 부동산의 가액을 현저히 증가시키는 것이므로 토지의 부합물로 평가함에 있어서는 고려대상이 된다는 판례도 있으니 상황을 잘 판단하여 입찰하도록 한다.(대법93마719결정)

④ 공유수면의 빈지에 파일을 박고 대석과 콘크리트 등으로 옹벽을 쌓고 토사 등을 다져 넣어 축조한 공작물이 사실상 매립지와 같은 형태를 가지게 된 경우 토지의 구성부분으로서의 일부가 되어 독립한 소유권의 객체가 될 수 없으므로 그 토지에 부합된다.(대법93다53801판결)

> *add*
>
> - **명인방법**
>   입목을 매수한 매수자가 입목의 껍질을 벗기거나 페인트로 소유자의 이름을 기재하여 걸어두거나 귤 밭에 새끼줄을 두르고 푯말을 세워 귤을 매수하였음을 공시하는 방법이다.
>   수목의 집단이나 미분리의 과실 등에 관한 물권변동에 있어서 관습법 또는 판례법에 의하여 인정되어 있는 특수한 공시방법이며 수목이나 미분리과실등의 소유권양도에 인정되지만 저당권과 같은 담보물권의 설정 등에는 이용할 수 없다.

(2) 건물을 경매로 낙찰받으면 건물과 함께 부합되는 물건

기존건물의 필요에 의하여 보관장소로 사용되고 있는 방과 창고, 본채의 경제적 효용을 보조하기 위하여 계속적으로 사용에 이용한 변소, 목욕탕, 임차인이 설치한 벽과 천정에 부착한 석재 등은 종물로 보아 본 건물에 부합한다.
그리고 기존건물을 증축 또는 개축되는 부분이 독립된 구분소유권의 객체로 거래될 수 없는 것일 때는 기존건물에 부합한다.

① 건물에 부합한 물건

건물의 증축부분이 기존건물에 부합하여 기존건물과 분리해서는 별개의 독립된 물건으로서 효용을 갖지 못하는 이상 경락인은 증축부분의 건물을 포함하여 소유권을 취득하지만 본 건물에 부합된 증축부분과 별개의 이용상, 구조상 독립한 권리 객체성을 취득하게 된 때에는 독립하여 거래의 대상이 될 수 있으므로 부합되지 아니한다.(대법92다26772판결)

(3) 종물은 주물(경매목적물)에 부합된다

물건의 소유자가 그 물건의 상용에 공하기 위하여 자기 소유인 다른 물건을 이에 부속하게 한 때에는 그 부속물은 종물이다. 종물은 주물의 처분에 따른다.(민법제100조)

압류나 저당권의 효력은 종물에 미치므로 종물도 평가대상이며 경매목적물에 당연히 포함된다. 종물은 주물의 그 자체의 경제적 효용을 다하는 것으로 이바지하는 관계이면 주물 소유자의 물건이다. 그러나 주물 소유자의 상용에 공여되고 있더라도 주물 그 자체의 효용과 직접 관계가 없는 물건은 종물이 아니므로 경매목적물에 포함되지 아니한다.

① 백화점 건물의 지하 2층 기계실에 설치된 전화교환설비와 그리고 주유소의 주유기는 계속해서 주유소 건물 자체의 경제적 효용을 다할 때까지 작용을 하고 있으므로 주유소 건물의 상용에 공하기 위하여 부속시킨 종물이라고 보았다.(대법92다43142판결)

② 종물이 본체에서 떨어져 축조되어 있지만 낡은 가재도구 등의 보관장소로 사용되고 있는 방과 연탄창고 및 공동변소는 본채의 종물이라고 보았다.(대법91다2779판결)

(4) 과실은 경매목적물에 부합하는가

과실에는 과수의 열매, 곡물 등의 천연과실과 물건의 사용대가로 받는 지료나 임대료 등 법정과실이 있는데 이는 물건으로부터 생기는 경제적인 수익을 말한다.

천연과실과 법정과실은 압류나 저당권의 효력에 미치지 않으나 경매개시결정등기(압류) 후에는 저당권의 효력이 과실에도 미친다.

토지 위의 미분리 천연과실에 있어서는 원물로 분리할 수 있을 때는 수취할 권리자에 속하게 된다. 그러므로 토지에서 분리하기 전 성숙기 1월 이내에 수확할 수 있는 과실은 부동산경매와 성격이 다른 유체동산에 관한 경매대상이 될 수 있다.

① 저당부동산을 압류(경매신청)한 후에는 차임채권에 대한 회수가 가능한지

저당권의 효력은 저당부동산에 대한 압류가 있은 후에 저당권설정자가 그 부동산으로부터 수취한 과실 또는 수취할 수 있는 과실에 미치므로 저당권자는 경매절차와는 별개로 차임채권(법정과실)에 대한 청구를 할 수 있다.

경매물건의 위반건축물

건축물에 대한 위반사항은 건축물대장 우측상단에 표시, 매각물건명세서의 비고란에 기록되어 있으며 위반건축물의 입찰가격은 대체로 많이 떨어지므로 현장답사와 행정기관의 이행강제금의 내력을 자세히 살펴보고 경매목적물가격 및 원상복구하는 데 필요한 비용 등을 비교 계산하여 위반건축물의 치유가 비교적 간단하고, 비교계산하여 이득이 있다면 입찰해 보는 것을 고려해볼 수 있다.

1) 위반건축물의 표시

ex.1 위반건축물의 표시

일반건축물대장(갑)		위반건축물
고유번호 2676122-23415	명칭	호수/가구수 0호/0가구/1세대
비고란		
9-10층 근린생활시설을 주택으로 무단 용도변경한 위반건축물로 집합건축물대장 표제부에 등재되어 있음		

주1 : 매각물건에서 제외되는 미등기건물 등이 있을 경우에는 그 취지를 명확히 기재한다.

위반건축물에 대해서는 영업이나 그 밖의 행위의 허가·면허·인가·등록 등을 하지 못하도록 제한할 수 있으며 낙찰받은 후에 은행대출이 어려울 수 있다. 잔금지불 후 소유자가 바뀌면 해당관청은 새로운 소유자에게 원상복구에 대한 상당한 이행기한을 정하여 시정조치를 하고 그 이후에 이행강제금을 부과하므로 시정조치기간에 가벼운 불법건축물에 대해서는 원상복구하면 된다.

주의할 것은 3층인 다가구주택 위 옥상에 불법건축물이 있다면 건축법상 옥탑면적이 해당건축물의 1/8 이상이면 층수에 포함된다는 것에는 다툼이 없으나 그 이하 면적이라도 전기, 도시가스 등을 설치하여 독립적인 주택으로서 사용목적을 가질 때 층수에 포함시켜 4층으로 보아 세금을 추징하는 일도 있으니 조심하도록 한다.

3층 이하 다가구주택은 1가구로서 양도 시 비과세를 받을 수 있으나 층수가 4층이면 다세대의 다주택으로 많은 세금을 내야 하는 경우도 있다.

add

- 다가구주택
  단독주택으로 소유자는 1인
  바닥면적의 합계 660㎡ 이하, 3개 층 이하, 19세대 이하
- 다세대주택
  공동주택으로 각 호실마다 구분등기 가능
  바닥면적의 합계 660㎡ 이하, 4개 층 이하.

2) 위반건축물에 대해선 이행강제금 부과

허가권자는 제79조 제1항에 따라 시정명령을 받은 후 시정기간 내에 시정명령을 이행하지 아니한 건축주에 대하여는 그 시정명령의 이행에 필요한 상당한 이행기한을 정하여 그 기한까지 시정명령을 이행하지 아니하면 다음 각 호의 이행강제금을 부과한다. 다만, 연면적(공동주택의 경우에는 세대 면적을 기준으로 한다)이 60제곱미터 이하인 주거용 건축물과 제2호 중 주거용 건축물로서 대통령령으로 정하는 경우에는 다음 각 호의 어느 하나에 해당하는 금액의 2분의 1의 범위에서 해당 지방자치단체의 조례로 정하는 금액을 부과한다.

chap.8
입찰의 준비와 하자에 대한 치유

1. 매각과 매수신청
2. 입찰할 때 준비 서류와 주의점
3. 경매진행 절차에서 발생한 하자의 치유

Chap.8
입찰의 준비와 하자에 대한 치유

 매각기일(입찰기일)

매각기일은 법원이 매각부동산에 대한 매각을 실시하는 입찰기일을 말하며 현황조사, 최저매각가격결정 등 선행절차가 끝나고 경매절차에 대한 취소할 사유가 없는 경우 직권으로 매각기일을 정하여 공고한다. 매각기일의 공고는 매각기일의 2주전까지 하여야 하고 법원 게시판에 게시, 관보·공보 또는 신문게재, 전자통신매체를 이용한 공고 중 어느 하나의 방법으로 한다. 또한 매각기일의 지정은 연월일 시각을 특정하여 지정하여야 하며 매각결정기일은 매각기일로부터 1주일 이내로 정하여야 한다.

 add

- 이해관계인의 권리신고가 매각기일의 공고 및 다른 이해관계인들에 대한 통지절차가 완료되기 전에 행해졌다면, 경매법원이 그 이해관계인에 대한 통지가 이루어지지 아니한 채 매각기일의 경매절차를 속행하여 낙찰이 이루어지게 한 것은 낙찰허가결정에 대한 적법한 항고사유가 된다.(대법95마320경정)

1) 새매각과 재매각

(1) 새 매각을 실시하여야 할 사항

새 매각은 기일에 매각을 실시하였으나 매수인이 결정되지 않아 다시 기일을 지정하여 실시하는 경매를 말한다.
허가할 매수가격의 신고가 없이 매각기일이 최종적으로 마감된 때에는 제91조제1항의 규정에 어긋나지 아니하는 한도에서 법원은 최저매각가격을 상당히 낮추고 새 매각기일을 정하여야 한다. 그 기일에 허가할 매수가격의 신고가 없는 때에도 또한 같다.(민집제119조)

① 매각기일에 매수신청인이 없거나, 최고가매수신고인에 대하여 매각을 불허하거나, 매각허가결정이 상고심에서 취소된 경우
② 매수가격 신고 후에 천재지변, 그 밖에 부득이한 사유로 부동산이 현저히 훼손되는 경우
③ 중대한 권리관계의 변동으로 최고가매수신고인이나 매수인의 신청에 의한 매각불허가결정을 하는 경우
④ 매각허가결정을 취소한 경우

(2) 재매각을 실시하여야 할 사항

매수인이 대금지급기한 또는 제142조 제4항(매수신청인의 보증으로 금전 외의 것이 제공된 경우)에 다시 정한 기한까지 그 의무를 완전히 이행하지 아니하였고 차순위매수신고인이 없는 때에는 법원은 직권으로 부동산의 재매각을 명하여야 한다.(민집138조1항)
낙찰받은 매각물건에 대한 매각허가를 결정한 후에 매수인이 매각대금을 납부하지 않거나 차순위매수신고인이 없을 때, 그리고 차순위매수신고인이 있지만 매각대금지급의무를 이행하지 않을 때 실시하는 매각을 말한다.

① 재매각 절차에서 매수신청 보증금을 반환 받을 수 있는지
매각결정 후 매수인이 매각대금을 납부하지 아니하여 재매각절차에 들어간 때에는 전의 매수인은 보증금을 돌려받지 못하며 그 사건에 관하여 매수신청도 할 수 없다.

재매각절차에서는 전의 매수인은 매수신청을 할 수 없으며 매수신청의 보증을 돌려 줄 것을 요구하지 못한다.(민집제138조4항)

 매수신청(입찰)

입찰예정자들은 관심 있는 물건을 검색하여 거기에 따른 권리분석과 물건에 대한 가치 분석 등을 마치면 법원에서 실시하는 매각기일에 나가 입찰을 한다. 입찰할 때 준비물과 입찰표 등을 자세히 알아본다.

1) 매수신청(입찰)하는 방법과 준비물

부동산 매각종류로는 호가경매, 기일입찰, 기간입찰 등이 있으나 주로 기일입찰방식을 택하고 있다.

(1) 개인이 입찰할 때 준비물

① 본인이 입찰할 때
신분증, 도장, 입찰보증금, 입찰표 ※ 개인사업자인 경우는 사업자등록증

② 본인을 대리하여 대리인이 입찰할 때
대리인 신분증 및 도장, 본인의 인감증명서 및 위임장(본인의 인감도장 날인), 입찰보증금, 입찰표 ※ 개인사업자인 경우는 사업자등록증

(2) 법인이 입찰할 때 준비물

① 대표이사 본인이 입찰할 때
대표이사 신분증 및 도장, 법인(상업)등기부등본, 입찰보증금, 입찰표

② 법인을 대리하여 대리인이 입찰할 때
대리인 신분증 및 도장, 법인등기부등본, 법인인감증명서 및 위임장(법인인감 날인), 입찰보증금, 입찰표

(3) 법정대리인이 입찰할 때 준비물

법정대리인 신분증 및 도장, 법정대리인임을 증명하는 서류(주민등록등본, 가족관계증명서 등), 입찰보증금, 입찰표

(4) 공동입찰을 할 때 준비물

여러 사람이 공유 또는 합유를 목적으로 공동하여 입찰신청을 할 수 있으나 입찰표에 각자의 지분을 분명하게 표시하여야 한다.(민집규62조)

① 공동입찰자 모두 참석할 때
각자의 신분증 및 도장, 공동입찰신고서 및 공동입찰자목록, 매수신청보증금, 입찰표.

② 공동입찰자중 불참자가 있을 때
참석자 신분증 및 도장, 공동입찰신고서 및 공동입찰자목록, 불참자의 인감증명서 및 위임장(불참자 인감날인), 매수신청보증금, 입찰표.

(5) 입찰표 및 입찰에 필요한 서식 작성

(※ 서식은 경매법정에 비치)

ex.1 기일입찰표 및 위임장

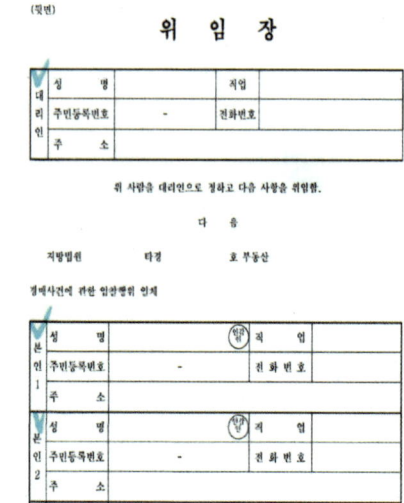

① 입찰기일란에 당일날짜를 적고, 사건번호를 정확하게 적는다.

② 물건번호란에는 하나의 사건번호에 여러 개의 물건이 있을 경우 특정하기 위한 번호이므로 낙찰받고자 하는 물건의 번호를 적는다. 하나의 사건번호에 하나의 물건이면 안 적어도 되지만 집행관은 보통 1번을 적으라 한다.

③ 입찰자의 본인란에는 정확하게 기입하되 주소란에는 반드시 주민등록지의 주소를 적는다. 공동입찰의 경우는 "별지 공동입찰자목록기재와 같음"이라 적는다.

④ 입찰표 기입에서 가장 주의할 사항은 입찰가격을 적는 일인데 입찰인이 매우 숙고한 가격을 적는 것으로 가격을 정확히 적는다고 하여 겹쳐서 두 번 쓴다든지, 불분명하게 수정한 흔적이 있다면 무효가 되므로 기입을 잘못했으면 새 용지의 입찰표를 달라 하여 새로 적어야 한다.

⑤ 위임장은 대리인의 인적사항을 적고 사건번호 그리고 본인란에 본인의 인적사항 및 인감도장을 날인한다.

🏠 **ex.2** 공동입찰신고서와 공동입찰자목록

① 입찰표의 기본사항을 정확하게 적고 본인 성명란에 "별지 공동입찰목록 기재와 같음"이라 적고, 공동입찰신고서에는 신청인 ○○○ 외 ○명을 기재하고 공동입찰자목록에는 성명, 주소, 주민번호, 전화번호와 반드시 지분을 명기한다.

② 기입 후에는 입찰표와 공동입찰신고서를 겹쳐 공동입찰자 전원이 간인을 하도록 한다. 공동입찰자 전원이 참석하여 입찰해도 되고 그 중 한 사람이 전원을 대표하여 대리입찰도 가능하다. 대리입찰의 경우에는 불참자의 인감도장이 날인된 위임장과 인감증명서를 첨부하여 제출한다.

(6) 입찰할 때 준비와 주의 사항은

① 신분증 준비

주민등록증, 운전면허증, 여권.

② 입찰보증금 준비

일반적으로 최저매각가격의 10%이며 재매각일 경우 최저매각가격의 20~30%인데 현금 아닌 은행 자기앞수표 1장으로 준비하면 편리하고 금액을 정확하게 1원 단위까지 준비하고 1원이라도 모자라면 무효가 된다.

③ 매수신청보증금봉투
반드시 정확한 보증금액을 봉투에 넣고 사건번호, 물건번호, 제출자의 이름을 적고 날인을 한다.

④ 입찰 대봉투
입찰표와 준비한 서류(위임장, 인감증명서, 법인등기부등본, 공동입찰신고서, 공동입찰자목록)와 입찰보증금봉투를 함께 넣어 집행관에게 제출한다.

2) 공유자우선매수신청이란

부동산에 대한 공유물건에 대하여 공유지분의 매각으로 인해 기존의 공유자에게 그 공유지분을 매수할 기회를 주어 경제적으로 물건을 활용하자는 취지인데 최고가매수신청인이 있으면 같은 가격으로 우선하여 매수할 수 있는 제도이다.

> **add**
>
> - 공유자는 매각기일까지 집행법원이 정하는 금액과 방법에 맞는 보증을 집행관에게 제공하고 최고매수신고가격과 같은 가격으로 채무자의 지분을 우선매수 하겠다는 신고를 할 수 있다.(민집140조1항)

(1) 매각기일 전에 신청 할 수 있는지

공유자는 매각기일 전에 매수신청의 보증을 제공하고 최고매수신고가격과 같은 가격으로 채무자의 지분을 우선매수하겠다는 신고를 할 수 있고 매각기일 종결의 고지 전까지 보증을 제공해야만 우선매수권행사의 효력이 발생한다.

(2) 매각기일 당일 경매법정에서 신청할 수 있는지

공유자는 매각기일 당일에 경매법정에 참석하여 최고가매수신고자가 있으면 먼저 우선매수권을 행사하여 집행관이 매각기일을 종결한다는 고지를 하기 전까지 최고가매수신고인과 동일한 가격으로 매수할 것을 신고하고 즉시 보증을 제공하여 우선매수권의 행사를 할 수 있다.

> **add**
>
> - 실전에서는 매각기일 전에 미리 공유자우선매수신청을 한 경우도 있지만 그렇지 않고 경매당일에 입찰보증금과 신분증, 도장을 준비하여 경매법정에 참석해서 그 물건을 개찰하기를 기다렸다가 그 공유물건의 지분매각에 대한 개찰을 할 때, 집행관은 "공유자우선매수신청을 하시겠습니까?"라고 한다. 그 때 "네." 하고 나가서 즉시 우선매수신청권 행사를 하는 동시에 보증을 제공하면 완료되고 입찰자가 없으면 그 다음 회차에 입찰자가 있을 경우를 대비하여 보증금을 항상 준비하여 경매법정에 참석하는 것이 바람직하다.

3) 차순위매수신고란

최고가매수신고인 외의 매수신고인은 매각기일을 마칠 때까지 집행관에게 최고가매수신고인이 대금지급기한까지 그 의무를 이행하지 아니하면 자기의 매수신고에 대하여 매각을 허가하여 달라는 취지의 신고할 수 있다.
차순위매수신고는 그 신고액이 최고가매수신고액에서 그 보증금을 뺀 금액을 넘는 때에만 할 수 있다.(민집제114조)

(1) 차순위매수신고인의 자격과 허가 요건은

차순위매수신고인 자격은 자기의 매수신고금액에 입찰보증금을 더해서 최고가매수신고금액보다 많을 때 신청이 가능하다.
그리고 최고가매수인이 대금을 지급하지 않을 때 차순위매수신고인에게 허가결정을 하고, 그 사건의 낙찰이 불허된 경우에는 매각허가결정을 하지 않고 새 매각을 실시한다. 차순위매수신고를 하게 되면 입찰보증금은 최고가매수신고인이 낙찰대금을 납부하기 전까지 반환받을 수 없다.

> **add**
>
> - **차순위매수신고 자격**
>   경매물건의 최저가가 10억원 일 때 입찰보증금은 1억원(최저가의 10%이면)이다.
>   최고가매수신고인(낙찰자) 신고금액이 12억원이라면 차순위매수신고자가 될 수 있는 자는 자기의 매수신고금액+입찰보증금이 최고가매수신고인의 금액보다 클 때 차순위매수인 자격이 있으므로 입찰가는 11억원부터 12억원 사이이어야 한다.
> - **최고가매수신고인에 대한 매각이 불허된 경우 차순위매수신고인에 대한 매각허가결정은**
>   부동산에 대한 강제경매절차에서 최고가매수신고인에 대한 매각이 불허된 경우에는 차순위매수신고인이 있다고 하더라도 그에 대하여 매각허가결정을 하여서는 안 되고, 새로 매각을 실시하여야 한다.
>   (대법2010마1793결정)

4) 입찰자의 입찰이 무효가 되는 경우는

① 입찰표의 금액을 수정한 경우
② 매수신청보증금이 보증금봉투에 넣지 않는 경우와 부족한 경우
③ 자격증명서면을 제출하지 않는 경우
④ 한 장의 입찰표에 여러 개의 사건번호나 물건번호를 기재한 경우
⑤ 하나의 사건번호에 여러 물건이 있을 때 물건번호를 기재하지 않을 때
⑥ 채무자, 매각절차에 관여한 집행관, 매각부동산을 평가한 감정인 또는 매각절차에서 전의 매수인이 응찰한 경우
⑦ 입찰가격이 최저매각가격 미만인 경우 (민법, 송민, 민집규)

> **add**
>
> - **매수신청(입찰)에 제한을 두고 있다.**
>   채무자, 매각절차에 관여한 집행관, 매각부동산을 평가한 감정인 등은 매수신청에 제한을 두고 있어 자기 스스로 매수인이 될 수 없다. 또한, 채무자는 대리인을 내세워 매수신고를 하면 매각불허가사유가 된다. 그러나 임의 경매에서 물상보증인, 경매신청 채권자의 대리인, 담보권자는 매수신청인이 될 수 있다.

5) 낙찰 후 경락허가결정이 확정된 후 처리

매수인은 경락허가결정 확정 후에 법원이 정한 기한까지 매각대금을 지급하여야 한다.(민집142조2항)

대금지급기한은 매각허가결정이 확정된 날부터 보통 1월 안의 날로 정하여 납부하나 경매계에 따라서는 융통성을 두고 있으며 대금을 납부하려면 법원 경매계에서 납부명령서를 받아 법원이 취급하는 은행에 납부한다. 잔금을 납부하고 본인이나 법무사나, 변호사를 통하여 등기촉탁이전을 한다. 경매는 등기를 하지 않아도 잔금을 납부하면 즉시 소유권을 취득한다.

(1) 채무자가 채무변제로 인한 이의신청을 할 때

부동산 강제경매에 있어서 소유권 취득시기는 경락허가결정의 확정과 동시이므로 경락허가결정이 확정된 후에는 경매절차완료 전의 채무변제사실이 있었다 하여도 그 변제를 사유로 경매개시결정에 대한 이의를 할 수 없고 경락인의 지위는 확정된다.(대법65마1182결정)

(2) 목적물의 일부가 멸실되었을 경우 경락대금의 감액청구가 가능한지

경락허가결정이 확정되었는데 그 경락대금 지급기일이 지정되기 전에 그 경락목적물에 대한 소유자 내지 채무자 또는 그 경락인의 책임으로 돌릴 수 없는 사유로 말미암아 그 경락목적물의 일부가 멸실되었고, 그 경락인이 나머지 부분이라도 매수할 의사가 있어서 경매법원에 대하여 그 경락대금의 감액신청을 하여 왔을 때에는 경매법원으로서는 민법상의 쌍무계약에 있어서의 위험부담 내지 하자담보 책임의 이론을 적용하여 그 감액결정을 허용하는 것이 상당하다.(대법78마248결정)

(3) 경매신청권자가 경매를 취하할 때는

경매신청이 취하되면 압류의 효력은 소멸된다. 그러나 매수신고가 있은 뒤 경매신청을 취하하는 경우에는 최고가매수신고인 또는 매수인과 제114조의 차순위매수신고인의 동의를 받아야 그 효력이 생긴다.(민집제93조)

(4) 매각허가 결정 후 매수인은 경매기록 열람과 복사를 신청할 수 있는지

매각기일공고 전에는 이해관계인(민집90조,268조) 또는 민소법 제162조1항에 해당하는 자(당사자와 이해관계를 소명한 제3자) 한하여 열람을 허용한다.(송민)

그 외에
① 매수신고인(매각허부결정 후에는 최고가 매수신고인, 차순위매수신고인 및 매수인)
② 민법, 상법, 그밖에 법률에 의하여 우선변제청구권이 있는 배당요구권자
③ 대항요건을 구비하지 못한 임차인으로서 현황조사보고서에 표시되어 있는 사람
④ 건물을 매각하는 경우 그 대지 소유자, 대지를 매각하는 경우 그 지상건물의 소유자
⑤ 가압류채권자, 가처분채권자

add
- 입찰예정자는 경매기록을 열람 및 복사할 수 없으나 낙찰인은 할 수 있으므로 잔금납부 전에는 반드시 열람하여 권리변동의 유무를 확인한 후에 잔금을 납부하도록 한다.

(5) 낙찰 후 매수인은 잔금을 늦어도 언제까지 납부해야 하는지

낙찰 후 7일간은 경매부동산에 대한 매각허가결정기간이며 다시 7일간은 매각허·불허가에 대한 항고를 할 수 있는 기간이며 이 기일이 지나면 매각허가 결정이 확정되어 대금납부통지서가 낙찰자에게 송달되며 경매법원에 따라 약간의 차이는 있을 수 있지만 낙찰 후 대금납부기간은 1달 남짓 된다고 생각되며 매수인이 여러 가지 사정으로 잔금납부기일까지 잔금을 마련하지 못하는 경우 늦어도 재매각기일의 3일 전까지 납부할 대금과 그 대금에 대한 지연

이자와 절차비용을 지급한 때에는 매수인은 매각목적물의 권리를 취득하게 된다. 이 경우 차순위매수신고인이 매각허가결정을 받았던 때에는 위 대금을 먼저 지급한 매수인이 권리를 취득한다.

6) 건물인도명령 신청

법원은 매수인이 대금을 낸 뒤 6월 이내에 신청하면 채무자·소유자 또는 부동산 점유자에 대하여 부동산을 매수인에게 인도하도록 명할 수 있다. 다만, 점유자가 매수인에게 대항할 수 있는 권원에 의하여 점유하고 있는 것으로 인정되는 경우에는 그러하지 아니하다.(민집제136조)

경매에서 낙찰받은 매수인이 대금을 다 납부한 후 6월 이내에 채무자, 소유자 또는 그 밖의 부동산 점유자에 대하여 부동산을 인도하도록 법원에 청구를 할 수 있다.
매각대금납부 후 6개월 이내에 신청하여야 하고 6월이 지난 이후에는 명도소송(소송기간이 길다)을 거쳐야 하므로 번거롭다. 그리고 경락잔금납부시 이전촉탁을 할 때 건물인도명령신청을 같이 하면 유익하다.

(1) 인도명령 당사자

인도명령을 신청할 수 있는 자는 매수인과 매수인의 상속인 등 일반승계인에 한한다. 매각대금을 모두 지급한 매수인에게 부여된 인도명령신청권은 목적 부동산을 제3자에게 양도하였다 하더라도 그 권리는 상실하지 아니하는 고유의 권리이다.

(2) 인도명령의 상대방

인도명령의 상대방은 경매목적물의 소유자나 채무자 이외에도 경락허가결정 후의 일반승계인, 경매개시결정에 인한 압류의 효력발생 후의 특정승계인 및 불법점유자를 포함한다.(대법73마734결정)

경매개시결정 당시의 소유자와 표시된 채무자와 그 일반승계인이 포함되며 공동상속인의 경우 개별적으로 인도명령대상자가 된다.

단, 경매목적물에 대한 대항력을 갖춘 임차인, 진정유치권자, 법정지상권자, 말소기준권리보다 선순위의 용익권자, 목적물을 점유한 가등기권자 등의 소멸하지 않는 권리자 등의 점유에 대해서는 건물인도명령결정문을 받을 수 없는 경우가 있다.

(3) 부동산 인도명령의 집행력이 미치는 인적 범위

부동산의 인도명령의 상대방이 채무자인 경우에 그 인도명령의 집행력은 당해 채무자는 물론 채무자와 한 세대를 구성하며 독립된 생계를 영위하지 아니하는 가족과 같이 그 채무자와 동일시되는 자에게도 미친다.(대법제96다30786판결)

(4) 부 동산인도명령신청을 인용하는 결정에 대한 불복 방법

부동산인도명령신청을 허용하는 결정에 대하여는 민사소송법 제504조 및 제517조에 의하여 이의나 즉시항고를 할 수 있는 불복의 길이 있으므로 위 결정은 민사소송법 제420조에 의한 특별항고의 대상이 될 수 없다.(대법제85그87결정)

---

add

- **일체의 권리를 주장하지 않겠다는 내용의 확인서를 작성하여 준 경우 건물인도명령결정문은**
  채무자가 동생 소유의 아파트에 관하여 근저당권을 설정하고 대출을 받으면서 채권자에게 자신은 임차인이 아니고 위 아파트에 관하여 일체의 권리를 주장하지 않겠다는 내용의 확인서를 작성하여 준 경우, 그 후 대항력을 갖춘 임차인임을 내세워 이를 낙찰받은 채권자의 인도명령을 다투는 것은 금반언 및 신의칙에 위배되어 허용되지 않는다고 본 사례(대법99마4307결정)

※ 가옥명도확인서-집행관 사무실 비치

(5) 건물 인도 시 목적물의 관리비는 누가 부담하는가

입찰하기 전 경매목적물에 밀린 관리비가 얼마인지 반드시 체크해야 하며 관리사무소에 전화, 또는 방문하여 문의하면 밀린 기간과 금액을 바로 알 수 있다.

관리비는 일반적으로 집합건물에서 말하는 아파트관리비, 상가관리비를 말하는 것으로 그중에 공용부분에 관한 관리비와 전용부분의 관리비로 나누어 볼 수 있고 공용부분의 관리비로는 목적물의 공유자로서 유지, 관리하기 위해 소요되는 비용 즉, 공용부분에 대하여 사용하는 전기료, 승강기유지비, 건물수선유지비, 청소비, 관리사무소운영비 등을 말하고 전유부분의 관리비로는 전 소유자가 직접 사용, 소비하는 것으로 전기료, 수도료, 난방비, 가스비 등이 있다.

① 공용부분에 관한 관리비 부담
구분건물 소유자의 특별승계인(경매낙찰자)은 전 입주자의 체납관리비 중 공용부분에 관하여는 이를 승계하여야 한다고 봄이 타당하다.(2001다8677판결)

> **add**
>
> - **집합건물의 어느 부분이 공용부분인지 여부를 결정하는 기준**
>   집합건물에 있어서 수개의 전유부분으로 통하는 복도, 계단 기타 구조상 구분소유자의 전원 또는 그 일부의 공용에 제공되는 건물부분은 공용부분으로서 구분소유권의 목적이 되지 않으며, 건물의 어느 부분이 구분소유자의 전원 또는 일부의 공용에 제공되는지의 여부는 소유자들 간에 특단의 합의가 없는 한 그 건물의 구조에 따른 객관적인 용도에 의하여 결정되어야 할 것이다.(대법94다9269판결)

② 경매목적물의 관리비가 많이 밀린 경우는
건물에 거주하는 점유자가 아무도 없는 상태로 오랫동안 빈집으로 비어있는 건물은 밀린 관리비가 아주 많은 경우가 있다.
이런 경우에는 밀린 기간이 오래되어 3년이 넘었다면 이 부분에 대한 관리비는 민법상 소멸시효의 완성으로 소멸하였으므로 그 이후 부분의 관리비만 지불하면 된다. 그러나 그 관리비에 대한 판결문을 받았다면 10년이란 소멸시효가 연장되며 또한, 가압류 등을 해놓아 시효가 정지되는 경우가 있으니 등기부등본을 잘 확인하고 관리사무소에 자세하게 물어보는 것이 필요하다.

그리고 경매목적물에 소유자 또는 임차인이 살고 있는 경우라면 일반적으로 오랫동안 관리비가 밀려 있지 않는 경우이므로 명도할 때는 이사비(관행적으로)를 줘야 하는 경우가 있으므로 관리비를 이사비에 포함하여 협상을 하면 더 좋은 결과를 가져올 때가 있다.

7) 점유자의 퇴거 방법

낙찰받은 물건을 이전촉탁할 때 특별한 경우 외는 건물인도명령신청서를 같이 제출하여 결정문을 받도록 한다. 부동산을 인도 받을 때 점유자는 통상적으로 이사비를 달라고 한다. 이사비 지급에 대해서는 될 수 있는 대로 점유자와 협의를 통하여 결정하는 것이 바람직하다. 보통 처음에는 이사비를 많이 요구하여 당황할 경우도 있지만 인내를 가지고 접근하면 적당한 선에서 마무리 된다. 인도받을 목적물에 점유하고 있는 배당받을 임차인이나 그 밖의 점유자에게는 낙찰자의 인감증명서와 가옥을 인도했다는 가옥명도 확인서를 배당기일에 제출하도록 하여 배당을 하기 때문에 쉽게 합의가 가능 하다.

그러나 협상이 되지 않아 점유자가 퇴거하지 아니하면 이전촉탁할 때 신청한 건물인도명령결정문으로 집행관실에 강제집행절차를 진행하면 집행관이 현장에 나가 건물을 비워달라는 계고장을 집행한다. 현관문이 잠겨 있으면 강제로 개문하여 거실이나 방에 점유자가 쉽게 볼 수 있도록 시일을 정하여 집을 비워달라는 내용과 불이행시에 강제집행하겠다는 계고장을 붙여둔다. 그때 점유자와 협상을 하면 쉽게 이루어 질 수 있다.

경매진행 절차에서 발생한 하자의 치유

매각허가에 대한 이의는 이해관계인이 민사집행법 제121조 이의 사유에 대하여 매각을 허가해서는 아니 된다는 소송법상의 진술을 말하고 이의에 대한 재판은 이의신청이 정당하다고 인정한 때에는 매각을 허가하지 아니한다.(민집 121조1항)

1) 매각불허가 신청

법원은 이의신청이 정당하다고 인정한 때에는 매각을 허가하지 아니한다. 제121조에 규정한 사유가 있는 때에는 직권으로 매각을 허가하지 아니한다. 다만, 같은 조 제2호 또는 제3호의 경우에는 능력 또는 자격의 흠이 제거되지 아니한 때에 한한다.(민집제123조)

(1) 불허가 결정

① 매각허가에 대한 이의가 정당하다고 인정할 때
② 민사집행법 제121조에 열거된 이의사유가 있다고 인정되는 때에는 직권으로 불허한다.
③ 여러 개의 부동산을 매각하는 경우에 한 개의 부동산의 매각대금으로 모든 채권자의 채권액과 강제집행비용을 변제하기에 충분하면 다른 부동산의 매각을 허가하지 아니한다.(민집제124조)

(2) 불허가 신청 기간

매각불허가신청은 매각기일(입찰) 후 매각허가결정이 나기 전 보통 7일 안에 신청하여야 하며 매각허가결정 후 잔금납부 전까지는 매각허가결정의 취소신청을 할 수 있다.

(3) 낙찰 후 매각결정기일까지 사이에 유치권의 신고가 있는 경우

부동산 임의경매절차에서 이미 최고가매수신고인이 정해진 후 매각결정기일까지 사이에 유치권의 신고가 있고 그 유치권이 성립될 여지가 없음이 명백하지 아니한 경우라도 집행법원은 매각불허가 결정을 하여야 한다.(대법2008마459결정)

(4) 최고가매수신고인이 착오로 높은 입찰가격을 기재하였을 때 불허가 사유인지

민사집행법에 의한 부동산 경매절차에서 최고가매수신고인이 착오로 본래 기재하려고 한 입찰가격보다 높은 가격을 기재하였다는 사유로 매각을 불허할 수 없다.(대법2009마2259결정)

> **add**
> - 경매매각기일의 경매법정에서 종종 볼 수 있는 일인데 가령 입찰표에 5천 6백만원을 적는다는 것을 잘못으로 0 하나를 더 붙여 5억 6천만원을 쓰는 실수를 한 입찰자를 더러 볼 수 있다. 이런 경우에 구제받을 수 없어서 보증금을 포기할 수밖에 없는 경우가 있다.

2) 매각허가 결정의 취소 신청

천재지변, 그 밖에 자기가 책임을 질 수 없는 사유로 부동산이 현저하게 훼손된 사실뿐 아니라 부동산에 관한 중대한 권리관계가 변동된 사실이 매각허가 결정의 확정 뒤에 밝혀진 경우(민집제127조) 등이 이의신청사유이다.

(1) 매각허가 취소신청 기간

법원이 매각결정후 매수인은 잔금을 낼 때까지 매각허가결정의 취소신청을 할 수 있으며 또한 이러한 경우에 대해서는 즉시항고를 할 수 있다.

(2) 매각허가 취소신청의 사례

① 매수가격 신고(낙찰) 후 부동산이 훼손된 경우

매수가격의 신고 후에 천재·지변 기타 자기가 책임을 질 수 없는 사유로 인하여 부동산이 훼손된 때에는 최고가매수인은 매각허가결정 전이면 불허가신청이 가능하며 그 후 경락인이 대금을 납부할 때까지 경락허가결정의 취소신청을 할 수 있다. 다만, 부동산의 훼손이 경미한 때에는 그러하지 아니하다.

> add
>
> - 부동산에 물리적 훼손이 없는 경우라도 부동산의 교환가치가 감손된 때에는 위 규정이 유추적용된다 할 것이고, 또한 부동산의 훼손이 매수가격의 신고 전에 있었던 경우라도 그 훼손 및 이를 간과한 것이 자기가 책임을 질 수 없는 사유로 인한 것인 때에도 위 규정이 유추적용된다.(대법2001마2652결정)

② 매각허가에 대한 이의신청사유(민집 제121조 제6호)에서 '부동산에 관한 중대한 권리관계의 변동'이 있을 때

『선순위 근저당권등이 존재할 때 ⇒ 후순위의 가처분 또는 가등기, 대항력 있는 임차권 등이 소멸하는 것으로 판단 ⇒ 입찰하여 매각허가결정 받은 후 ⇒ 대위변제 등, 어떤 원인으로 저당권이 소멸하면 ≫ 선순위가처분, 선순위가등기, 대항력 있는 임차인으로 변경 ⇒ 낙찰자는 선수위 권리를 인수하게 된다.

이러한 경우 "중대한 권리관계변동"에 해당되어 이의신청사유가 된다. 또한, 입찰할 때 유치권 신고가 없었는데 유치권이 존재하는 사실이 새로 밝혀지는 경우도 마찬가지이다.』

- **부동산에 관한 중대한 권리관계의 변동**
  부동산에 물리적 훼손이 없는 경우라도 선순위 근저당권의 존재로 후순위 가처분, 가등기, 대항력 있는 임차권 등이 소멸한다고 믿고 낙찰을 받았으나 그 이후 대위변제등 어떠한 이유로 선순위 근저당권의 소멸로 인한 순위 상승으로 가처분, 가등기, 임차인의 대항력이 존속하는 것으로 변경되거나 또는 부동산에 관하여 경매 진행과정에서 유치권이 존재하는 사실이 새로 밝혀지는 경우로 매수인이 소유권을 하는데 심히 장애가 되어 매각부동산의 부담이 현저히 증가하여 매수인이 인수할 권리가 중대하게 변동되는 경우를 말한다.

ⓐ 중대한 권리관계 변동에 대한 구제방법

최선순위 근저당권의 존재로 후순위 임차권이 소멸하는 것으로 알고 부동산을 낙찰받을 경우 근저당이 소멸되어 대항력이 존재할 때, 이런 사실을 잔금납부 전에 알았다면 이의신청을 하여 간단하게 처리할 수 있다.

- ▷ 매각허가결정 확정 전에 알았다면 – 매각불허가 신청 및 항고
  ▷ 매각허가결정확정 후 잔금납부 전 – 매각허가결정취소 신청
  ▷ 대금납부 후 배당기일 전 – 납부한 매각대금 반환 청구 및 계약해제

배당 이후에는 배당받은 채권자를 상대로 부당이득반환청구의 소를 제기하여 반환받을 수 있다. 하지만 배당된 채권자들에게 대금을 받아내기란 쉬운 일이 아니다. 만약 배당받은 채권자가 은행이나 공공기관이라면 큰 문제가 없겠지만 사인인 경우에는 문제가 될 수도 있다. 그러므로 매각결정 후 잔금을 납부하기 전에 매수자는 법원 경매계에 가서 경매기록열람과 등기부등본을 발급받아 수시로 점검하여 보아야 한다.

ⓑ 매각대금지급 후 목적물의 권리를 취득하지 못하게 된 경우

경매절차가 끝난 후에는 매도인의 담보책임에 관한 민법(민법제578조)을 적용하여 채무자 또는 채권자를 상대로 담보책임을 물을 수 있다. 그러나 경락대금 배당이 실시되기 전이라면 제96조(부동산의 멸실 등으로 인한 경매취소)를 유추적

용하여 경매에 의한 매매계약을 해제하고 납부한 매각대금반환을 청구할 수 있다.(대법2016그172결정)

> **add**
>
> - **경매와 매도인의 담보책임(제578조)**
>   ① 경매의 경우에는 경락인은 전8조의 규정에 의하여 채무자에게 계약의 해제 또는 대금감액의 청구를 할 수 있다.
>   ② 전항의 경우에 채무자가 자력이 없는 때에는 경락인은 대금의 배당을 받은 채권자에 대하여 그 대금전부나 일부의 반환을 청구할 수 있다.
>   ③ 전2항의 경우에 채무자가 물건 또는 권리의 흠결을 알고 고지하지 아니하거나 채권자가 이를 알고 경매를 청구한 때에는 경락인은 그 흠결을 안 채무자나 채권자에 대하여 손해배상을 청구할 수 있다.

3) 매각허가 여부에 대한 불복-즉시항고

매각허가여부의 결정에 대한 불복방법으로는 즉시항고를 할 수 있으며 원결정을 고지 받은 날부터 1주 이내에 항고장을 원심법원에 제출하여야 하고 항고이유를 적지 아니한 때에는 항고장을 제출한 날부터 10일 이내에 항고이유서를 원심법원에 제출하여야 한다.

(1) 항고사유

① 이해관계인은 매각허가여부의 결정에 따라 손해를 볼 경우에만 그 결정에 대하여 즉시항고를 할 수 있다.
② 매각허가에 정당한 이유가 없거나 결정에 적은 것 외의 조건으로 허가하여야 한다고 주장하는 매수인 또는 매각허가를 주장하는 매수신고인도 즉시항고를 할 수 있다.
③ 위의 사항의 경우에 매각허가를 주장하는 매수신고인은 그 신청한 가격에 대하여 구속을 받는다.(민집제129조)

(2) 항고에 대한 보증의 제공

매각허가결정에 대하여 항고를 하고자 하는 사람은 보증으로 매각대금의 10분의 1에 해당하는 금전 또는 법원이 인정한 유가증권을 공탁하여야 한다.(민집제130조)

(3) 항고가 기각(각하)된 경우 보증금의 처리

채무자 및 소유자가 한 항고가 기각된 경우에는 제공한 보증금은 돌려받을 수 없고 그 외 항고인의 보증금은 항고를 한 날부터 항고기각결정이 확정된 날까지 매각대금에 대한 이자는 항고인이 부담한다.

배당받지 못한 보증금과 이자는 배당할 금액에 포함되고 항고가 기각되더라도 경매신청이 취하되거나 매각절차가 취소된 때에는 보증금을 반환 받을 수 있다.

(4) 항고가 인용된 경우 보증금의 처리

항고가 인용된 경우에는 거기에 대한 확정증명을 제출하여 보증금을 회수 할 수 있다.

4) 경매개시결정에 대한 이의신청 사유

강제경매개시결정에 대하여 매각절차의 이해관계인은 매각대금이 모두 지급될 때까지 법원에 경매개시결정에 대한 이의신청을 할 수 있고 신청에 관한 재판에 대하여 즉시항고를 할 수 있다.(민집제86조)

임의경매 절차의 개시결정에 대한 이의신청 사유로 강제경매개시결정에 대한 규정이 준용되고 절차상의 하자뿐만 아니라 실체상의 하자도 이의 사유로 주장할 수 있고 또한 담보권이 없다는 것 또는 소멸되었다는 것을 주장할 수 있다.(민집제265조)

이의신청권자는 매각절차의 이해관계인이다.

> **add**
>
> - **경매절차의 이해관계인(민집제90조)**
>   경매절차의 이해관계인은 다음 각 호의 사람으로 한다.
>   1. 압류채권자와 집행력 있는 정본에 의하여 배당을 요구한 채권자
>   2. 채무자 및 소유자
>   3. 등기부에 기입된 부동산 위의 권리자
>   4. 부동산 위의 권리자로서 그 권리를 증명한 사람

(1) 경매개시결정에 대한 이의신청 시기는 언제까지 가능한지

이해관계인은 매각대금이 모두 지급될 때까지 법원에 경매개시결정에 대한 이의신청을 할 수 있다.(민집제86조)

이해관계인은 경락허가결정이 확정된 후이거나 한번 신청하였던 개시결정에 대한 이의를 기각한 결정이 확정된 후라 하더라도 경락인이 경락대금을 완납할 때까지는 피담보채무와 집행비용을 변제하고 그 경매개시결정에 대하여 이의를 신청할 수 있다.(대법85마169결정)

5) 매각허가에 대한 이의신청 사유

① 강제집행을 허가할 수 없거나 집행을 계속 진행할 수 없을 때
② 최고가매수신고인이 부동산을 매수할 능력이나 자격이 없는 때
③ 부동산을 매수할 자격이 없는 사람이 최고가매수신고인을 내세워 매수신고를 한 때
④ 최고가매수신고인, 그 대리인 또는 최고가매수신고인을 내세워 매수신고를 한 사람이 제108조 각호 가운데 어느 하나에 해당되는 때
⑤ 최저매각가격의 결정, 일괄매각의 결정 또는 매각물건명세서의 작성에 중대한 흠이 있는 때

⑥ 천재지변, 그 밖에 자기가 책임을 질 수 없는 사유로 부동산이 현저하게 훼손된 사실 또는 부동산에 관한 중대한 권리관계가 변동된 사실이 경매절차의 진행 중에 밝혀진 때
⑦ 경매절차에 그 밖의 중대한 잘못이 있는 때(민집제121조)

> **add**
>
> - **구체적 사유**
>   가. 경매신청이 취하된 것을 간과하고 진행 후 발견된 경우, 이해관계인에 대한 매각기일 미송달, 채무자에 대한 경매개시결정문 미송달 등을 들 수 있다.
>   나. 채무자, 재매각에 있어서 전 낙찰자, 목적부동산을 평가한 감정인, 매각절차에 관여한 집행관이 낙찰인이 되는 경우, 농취증을 받지 아니한 낙찰인
>   다. 다른 사람의 매수신청을 방해한 자, 부당하게 다른 사람과 담합한 자, 민사집행절차에 대한 유죄판결을 받고 일정기간 지나지 않는 자.
>   라. 최저매각가격의 내용과 결정·절차 등에 중대한 오류, 매각물건명세서의 기재사항의 중대한 오류, 경매목적부동산의 일부누락 및 오차가 큰 면적오기. 감정평가 작성의 중대한 하자. 선순위 임차인의 주민등록 기재 누락, 최선순위 설정일자 착오 기입 등
>   마. 재해로 인한 목적물건의 훼손, 낙찰 후 유치권이 신고된 경우, 대위변제로 인한 권리변동의 경우 등

(1) 경매절차에 관한 이의신청 사례

① 이해관계인에 대한 경매기일의 통지 없이 경매절차를 속행한 경우

이해관계인에 대한 경매입찰기일의 통지 없이는 그 경매절차를 속행할 수 없다. 이를 무시한 채 경매절차를 속행한 경우에는 경락허가에 대한 이의사유와 경락허가결정에 대한 항고 이유로 된다.

> **add**
>
> - 이해관계인에 대한 입찰기일의 통지 누락이 민사소송법 제633조 제1호의 경락 이의사유인 '집행을 속행할 수 없는 때'에 해당하여 특별한 사유가 없는 한 그와 같은 기일 통지 없이는 강제집행을 적법하게 속행할 수 없을 것이고 이러한 기일 통지의 누락은 경락에 대한 이의사유가 된다.(대법95마1053결정)

② 경매개시결정을 채무자에게 송달 없이 진행한 경매절차에서 대금납부의 효력

경매법원이 이중경매 신청에 기한 경매개시결정을 하면서 그 결정을 채무자에게 송

달함이 없이 경매절차를 진행하여 경매대금을 납부한 것은 경매절차를 속행할 수 없는 상태에서의 대금납부로서 부적법하여 대금납부의 효력은 없다.(대법95마147결정)

③ 경매대상물건이 감정평가에서 누락된 경우
일부 경매대상 물건이 감정평가에서 누락된 경우 감정인의 총평가액과 누락부분의 가액, 후순위 근저당권자의 배당가능성 등을 고려하여 그 누락부분이 낙찰을 허가하지 아니하여야 할 정도로 중대한 것인 경우에만 최저경매가격의 결정에 중대한 하자가 있는 것으로 판단될 수 있다.(대법2000마3530결정)

④ 부동산표시를 실제와 다르게 한 입찰기일공고는 적법한 공고가 되는지
낙찰기일을 공고함에 있어서 부동산표시가 실제와 다른 점이 있더라도 낙찰 부동산의 동일성을 식별하는 데 지장이 없을 정도라면 모르거니와 이해관계인에게 목적물을 오인하게 하거나 평가를 그르치게 할 정도라면 그와 같은 입찰기일의 공고는 적법한 공고가 되지 못한다.(대법99마4157결정)

⑤ 경매절차에서 근린생활시설인 업무시설로 잘못 적용하여 가격평가를 했다면
부동산의 경매절차에서 근린생활시설인 매각목적물을 업무시설로 잘못 적용하여 가격평가를 하였다는 사유가 민사집행법 제127조 제1항에 의한 매각허가결정의 취소사유가 되지 않는다.(대법2005마643결정)

⑥ 목적부동산의 실제 면적의 오차가 현저히 큰 입찰기일공고
실제 면적이 1,507㎡인 부동산을 15.7㎡로 잘못 표시한 경우에 입찰기일의 공고는 부적법하므로 이의 신청을 할 수 있다. 면적의 오차가 현저히 큼으로 부적법하다.(대법99마4157결정)

⑦ 임의경매에서 저당권의 유효 여부가 경락개시결정에 대한 이의사유 인지
임의경매에 있어서는 이른바 채무명의에 기한 강제경매의 경우와는 달리, 경매의 기본이 되는 저당권이 유효하게 성립된 여부가 경매개시결정에 대한 이의는 물론이요, 경락허가결정에 대한 항고사유도 될 수 있다.(대법79마203결정)

chap.9
배당

1. 배당요구종기 2. 배당받을 채권자
3. 배당순위 4. 채권과 물권 배당연습

Chap.9
배당

낙찰자가 납부한 매각대금으로부터 집행비용 및 각 채권자의 채권을 충분히 만족시키는 경우 남은 잔액은 채무자에게 교부하고 매각대금으로부터 채권자들의 채권을 만족시키기에 충분하지 못할 경우 민법, 상법, 그 밖의 법률에 의한 우선순위에 따라 안분비례의 방법으로 매각대금을 배당한다.

1) 배당요구의 종기 결정 및 공고와 고지

(1) 배당요구의 종기 결정

경매개시결정에 따른 압류의 효력이 생긴 때(그 경매개시결정전에 다른 경매개시결정이 있는 경우를 제외)에는 집행법원은 절차에 필요한 기간을 감안하여 배당요구를 할 수 있는 종기를 첫 매각기일 이전으로 정한다.(민집제84조)
배당요구의 종기결정은 경매개시결정에 따른 압류의 효력이 생긴 때부터 1주일 이내에 하여야 한다.

(2) 배당요구의 공고 및 고지와 철회

배당요구의 종기가 정하여진 때에는 법원은 경매개시결정을 한 취지 및 배당요구의 종기를 공고하고, 민집제91조제4항 단서의 전세권자 및 법원에 알려진 민집제88조 제1항의 채권자에게 이를 고지하여야 한다.

배당요구종기를 결정하면 공고와 고지를 하고 채권자 등에게 채권계산서를 신고하도록 최고한다. 배당요구가 반드시 필요한 채권자는 배당요구종기일 내에 배당요구를 해야만 배당받을 수 있으며 배당요구종기 이후에는 채권자 등의 이해관계에 영향을 미치는 경우가 있기 때문에 특별한 사정이 없는 한 배당요구 사실의 변경이 불가하며 철회도 하지 못한다.

> **add**
>
> - **민집91조 4항**
>   지상권·지역권·전세권 및 등기된 임차권은 저당권·압류채권·가압류채권에 대항할 수 없는 경우에는 매각으로 소멸하지만 대항할 수 있는 지상권·지역권·전세권 및 등기된 임차권은 매수인이 인수한다. 다만, 그중 전세권의 경우에는 전세권자가 제88조에 따라 배당요구를 하면 매각으로 소멸된다.
> - **민집제88조 1항**
>   집행력 있는 정본을 가진 채권자, 경매개시결정이 등기된 뒤에 가압류를 한 채권자, 민법·상법, 그 밖의 법률에 의하여 우선변제청구권이 있는 채권자는 배당요구를 할 수 있다.

(3) 채권자가 배당요구 종기까지 배당요구를 하지 아니한 경우

집행력 있는 정본을 가진 채권자, 경매개시결정이 등기된 뒤에 가압류를 한 채권자, 민법·상법, 그 밖의 법률에 의하여 우선변제청구권이 있는 채권자는 배당요구의 종기까지 배당요구를 한 경우에 한하여 비로소 배당을 받을 수 있다.

> **add**
>
> - 적법한 배당요구를 하지 아니한 경우에는 실체법상 우선변제청구권이 있는 채권자라 하더라도 매각대금으로부터 배당을 받을 수 없으며, 배당요구의 종기까지 배당요구한 채권자라 할지라도 채권의 일부 금액만을 배당요구한 경우 배당요구의 종기 이후에는 배당요구하지 아니한 채권을 추가하거나 확장할 수 없다.(대법2008다65242판결)

(4) 배당요구의 철회 제한

경매절차에서 배당요구를 한 채권자는 이를 자유롭게 철회할 수 있으나, 배당요구에 따라 매수인이 인수하여야 할 부담이 바뀌는 경우에는 배당요구의 종기가 지난 뒤에 이를 철회하지 못한다.(민사집행법 제88조 제2항)

> **add**
>
> - 위와 같이 배당요구철회를 일정한 경우에 제한한 법의 취지는, 주택임대차보호법에 정한 소액임차인 등 경매부동산의 매수인에게 대항할 수 있는 배당요구채권자가 함부로 배당요구를 철회하게 되면 당초 매각대금에서 보증금 등을 회수하리라고 예상하였을 매수인으로서는 경락대금 외에 보증금 등의 인수라는 예기치 못한 부담을 떠안게 되는바, 이러한 위험을 방지하여 매수인을 보호하고자 하는 것이다.(서울서부지방법원2006가단87708판결)

2) 배당받을 채권자는 누구인지

(1) 채권계산서 제출의 최고

첫 경매개시결정등기 전에 등기된 가압류채권자, 저당권·전세권, 그 밖의 우선변제청구권으로서 첫 경매개시결정등기 전에 등기되었고 매각으로 소멸하는 것을 가진 채권자 및 조세, 그 밖의 공과금을 주관하는 공공기관에 대하여 채권의 유무, 그 원인 및 액수(원금·이자·비용, 그 밖의 부대채권을 포함한다)를 배당요구의 종기까지 법원에 신고하도록 최고하여야 한다.(민집제84조4항)

(2) 배당받을 채권자의 범위

① 배당요구의 종기까지 경매신청을 한 압류채권자
② 배당요구의 종기까지 배당요구를 한 채권자
③ 첫 경매개시결정등기 전에 등기된 가압류채권자
④ 저당권·전세권, 그 밖의 우선변제청구권으로서 첫 경매개시결정등기 전에 등기되었고 매각으로 소멸하는 것을 가진 채권자(민집제148조)

(3) 배당요구 없이 배당에 참가할 수 있는 자

① 이중경매신청인
② 첫 경매개시결정등기 전에 등기된 가압류채권자
③ 첫 경매개시결정등기 전에 등기된 우선변제권자

경매개시결정기입등기 전에 등기된 가압류채권자, 저당권, 전세권 등 매각으로 당연히 소멸하는 권리에 대하여 별도의 배당요구가 없더라도 배당요구 한 것과 같은 효력이 있으므로 순위에 따라 배당받을 수 있다. 그러나 법원의 최고에 대한 신고를 하지 않는 때에는 등기부등본 및 집행기록에 있는 서류와 증빙에 따라 계산하여 배당한다.

- 근저당권자의 피담보채권액을 경락기일 후에 확장하여 배당받을 수 있는지
  담보권의 실행을 위한 경매절차에서 경매신청채권자에 우선하는 근저당권자가 경락기일 전에 피담보채권액을 기재한 채권계산서를 제출하였다고 하더라도 그 후 배당표가 작성될 때까지 피담보채권액을 보정하는 채권계산서를 등기부상 기재된 채권최고액의 범위 내에서 다시 제출할 수 있다.(대법98다21946판결)

(4) 배당요구가 반드시 필요한 채권자

① 집행력 있는 정본을 가진 채권자
② 첫 경매개시결정등기 후에 가압류한 채권자
③ 민법, 상법, 그 밖의 법률에 의하여 우선변제청구권이 있는 채권자(우선변제권자로서 등기 안 된 임차권자의 임대차보증금, 임금채권, 사용인의 우선변제권)
④ 조세 기타 공과금채권 (민집제88조제1항)

- 배당요구가 반드시 필요한 채권자는 배당요구를 해야만 배당을 받을 수 있다.
  배당요구가 필요한 채권자는 경락기일까지 배당요구를 한 경우에 한하여 비로소 배당을 받을 수 있고, 적법한 배당요구를 하지 아니한 경우에는 비록 실체법상 우선변제청구권이 있다 하더라도 경락대금으로부터 배당을 받을 수는 없을 것이다.

그러나 민사소송법 제605조 제1항에서 규정하는 배당요구가 필요한 배당요구채권자는, 압류의 효력 발생 전에 등기한 가압류채권자, 경락으로 인하여 소멸하는 저당권자 및 전세권자로서 압류의 효력발생 전에 등기한 자 등 당연히 배당을 받을 수 있는 채권자이다.
그러나 배당요구채권자가 적법한 배당요구를 하지 아니하여 그를 배당에서 제외하는 것으로 배당표가 작성·확정되고 그 확정된 배당표에 따라 배당이 실시되었다면 그가 적법한 배당요구를 한 경우에 배당받을 수 있었던 금액 상당의 금원이 후순위채권자에게 배당되었다고 하여 이를 법률상 원인이 없는 것이라고 할 수 없다.(대법98다12379판결)

- **주임법의 임대차보증금반환채권이 배당요구가 필요한 채권에 해당하는지**
  주택임대차보호법에 의하여 우선변제청구권이 인정되는 임대차보증금반환채권은 현행법상 배당요구가 필요한 배당요구채권에 해당한다.(대법98다12379판결)

- **국세체납에 의한 세액의 자료가 경락기일까지 제출되지 아니한 경우**
  국세체납처분의 절차로서 압류등기가 되어 있는 경우에는 교부청구를 한 효력이 있는 것으로 보아야 할 것이나, 이 경우에도 경락기일까지 체납된 국세의 세액을 계산할 수 있는 증빙서류를 제출하지 아니한 때에는 경매법원으로서는 당해 압류등기촉탁서에 의한 체납세액을 조사하여 배당할 수 있을 뿐이고, 경락기일 이후 배당할 때까지의 사이에 비로소 교부청구된 세액은 그 국세가 실체법상 다른 채권에 우선하는 것인지의 여부와 관계없이 배당할 수 없다.(대법93다19276판결)

3) 배당순위 및 기일의 통지

매수인이 매각대금을 지급하면 법원은 배당에 관한 진술 및 배당을 실시할 기일을 정하고 이해관계인과 배당을 요구한 채권자에게 이를 통지하여야 한다. 다만, 채무자가 외국에 있거나 있는 곳이 분명하지 아니한 때에는 통지하지 아니한다.(민집제146조)
매수인이 매각대금을 지급하면 3일 안에 배당기일을 지정하고 배당기일통지는 배당을 받을 수 있는 채권자와 채무자에게 늦어도 배당기일 3일 전에 도달될 수 있도록 하여야 한다.

(1) 배당순위

배당은 일반적으로 목적물의 매각대금으로 모든 채권자들을 만족시키기에는 부족하다. 그러므로 민법, 상법, 그 밖의 법률에 의하여 일반채권보다 우선변제를 받을 수 있도록 규정되어 있는 채권이 있으면 우선적으로 배당하여야 하며 이에 따른 배당순위를 정하여 배당표를 작성하고 배당에 참가할 채권자가 일반채권자이면 선후에 관계없이 동등한 비율로 안분배당을 한다.

① 제1순위 ⇒ 집행비용
강제집행에 필요한 비용은 채무자의 부담으로 하고 그 집행에 의하여 우선적으로 변상을 받는다.(민집53조)
경매신청채권자가 강제집행의 신청과 준비, 집행절차의 진행을 위해 지출한 비용으로서 감정평가수수료, 집행관 집행수수료, 제반 서류발급 비용 등을 위하여 법원에 예납한 금액 중 실제로 사용된 금액이다.

② 제2순위 ⇒ 필요비와 유익비
저당물의 제삼취득자가 그 부동산의 보존, 개량을 위하여 필요비 또는 유익비를 지출한 때에는 목적부동산 저당물의 경매대가에서 2순위로 배당받을 수 있다.(민법제367호)
여기서 제삼취득자는 저당목적부동산에 대한 전세권자, 지상권자, 대항력 있는 임차권자 등이 매각대금으로부터 상환받기 위하여 필요비와 유익비에 대한 증명한 서류를 배당요구종기까지 청구하여 변제받을 수 있다.
그러나 경매절차에서 배당요구를 하지 아니하여 상환받지 못한 경우도 그 권리는 상실하는 게 아니고 그 비용을 받을 때까지 유치권을 행사할 수 있고 이 경우 매수인은 유치권자에게 그 유치권으로 담보하는 채권을 변제할 책임이 있다.(민집제91조5항)

add

- **필요비**
  원래의 가치를 보존, 유지하는 데 들어가는 비용을 말하며 예를 들면, 보일러 고장 수리, 지붕누수 수리, 고장 난 상수도 수리 등을 들 수 있다.점유자가 점유물을 반환할 때에는 회복자에 대하여 점유물을 보존하기 위하여 지출한 금액 기타 필요비의 상환을 청구할 수 있다.(민법제203조1항)

> **• 유익비**
> 원래 부동산의 가치를 증가시키는 데 들어가는 비용을 말하며 예를 들면, 새로운 수도시설 설치, 방이나 거실 증축 등을 들 수 있다. 점유자가 유실물을 개량하기 위하여 지출 기타 유익비에 관하여 그 가액의 증가가 현존하는 경우에 한하여 회복자의 선택에 좇아 그 지출금액이나 증가액의 상환을 청구할 수 있다.(민법제203조2항)

③ 제3순위
소액임차보증금채권, 최종 3개월분의 임금과 최종 3년간의 퇴직금 및 재해보상금이 3순위로서 서로 경합하는 경우에는 동등한 순위의 채권으로 보아 안분배당한다.

④ 제4순위 ⇒ 당해세
집행의 목적물에 대하여 부과된 국세및 지방세와 가산세 등이다.
당해 목적부동산에 관하여 부과된 국세의 세목중 상속세, 증여세, 종합부동산세 등과 지방세의 재산세, 자동차세, 종합토지세 등이 당해세이며 취득세는 당해세가 아니다.

add
> **• 주택임차보증금에 대한 국세우선의 원칙배제**
> 국세이며, 임차인의 확정일자보다 늦은 국세와 지방세인 당해세는 임차보증금보다 후순위로 배당받는다.

⑤ 제5순위
저당권, 전세권의 설정일자, 확정일자를 갖춘 주택임차인과 상가건물임차인, 임차권등기 된 주택 또는 상가건물의 임차보증금반환 채권(임차권등기 전 대항요건과 확정일자를 모두 갖춘 때 순위가 인정됨) 등이 일자 순으로 제5순위로 배당된다.
(※ 이후 배당순위는 생략함)

(2) 배당표 확정

집행법원이 작성한 배당표 원안을 출석한 이해관계인과 배당을 요구한 채권자에게 보여 주기 위하여 배당기일의 3일 전에 배당표 원안을 작성하여 법원에 비치하여야 한다. 법원은 출석한 이해관계인과 배당을 요구한 채권자를 심문하여 의견을 듣고 증거를 조사하여 정정하여 배당표를 확정한다.(민집149조)

① 배당표에 대한 이의
기일에 출석한 채무자 및 채권자는 배당표의 작성, 채권자의 채권 또는 순위에 대하여 이의할 수 있고 또한 자기의 이해에 관계되는 범위 안에서는 다른 채권자를 상대로 그의 채권 또는 그 채권의 순위에 대하여 이의할 수 있다
그리고 배당표원안이 비치된 이후 배당기일이 끝날 때까지 채권자의 채권 또는 그 채권의 순위에 대하여 서면으로 이의할 수 있다.(민집151조)

(3) 배당 이의의 소 -사유-

① 집행력 있는 집행권원의 정본을 가지지 아니한 채권자(가압류채권자를 제외한다)에 대하여 이의한 채무자와 다른 채권자에 대하여 이의한 채권자는 배당이의의 소를 제기하여야 한다.
② 집행력 있는 집행권원의 정본을 가진 채권자에 대하여 이의한 채무자는 청구이의의 소를 제기하여야 한다.
③ 이의한 채권자나 채무자가 배당기일부터 1주 이내에 집행법원에 대하여 제1항의 소를 제기한 사실을 증명하는 서류를 제출하지 아니한 때 또는 제2항의 소를 제기한 사실을 증명하는 서류와 그 소에 관한 집행정지재판의 정본을 제출하지 아니한 때에는 이의가 취하된 것으로 본다.(민집제154조)

(4) 적법하지 못한 배당을 했을 때

① 배당절차에서 적법한 배당을 받아야 하는 것이 원칙인데 배당을 받아야 할 채권자가 배당을 받지 못하고 배당을 받지 못할 자가 배당을 받은 경우에

배당을 받지 못한 자이면서 배당을 받았던 자를 상대로 부당이득반환청구권을 갖는다.

> **add**
>
> - 확정된 배당표에 의하여 배당을 실시하는 것은 실체법상의 권리를 확정하는 것이 아니므로, 배당을 받아야 할 채권자가 배당을 받지 못하고 배당을 받지 못할 자가 배당을 받은 경우에는 배당을 받지 못한 채권자로서는 배당에 관하여 이의를 한 여부에 관계없이 배당을 받지 못할 자이면서도 배당을 받았던 자를 상대로 부당이득반환청구권을 갖는다 할 것이고, 배당을 받지 못한 그 채권자가 일반채권자라고 하여 달리 볼 것은 아니다.(대법99다26948판결)

② 실체법상 우선변제권이 있는 채권자가 적법한 배당요구를 하지 아니하여 배당에서 제외된 경우 배당받은 후순위 채권자를 상대로 부당이득반환을 청구할 수 없다.

채권자를 상대로 부당이득반환을 청구할 수 있는 채권자는 배당받을 채권자의 범위에 해당한다.

> **add**
>
> - 민사소송법 제605조 제1항에서 규정하는 배당요구가 필요한 배당요구채권자는, 압류의 효력발생 전에 등기한 가압류채권자, 경락으로 인하여 소멸하는 저당권자 및 전세권자로서 압류의 효력발생 전에 등기한 자 등 당연히 배당을 받을 수 있는 채권자의 경우와는 달리, 경락기일까지 배당요구를 한 경우에 한하여 비로소 배당을 받을 수 있고, 적법한 배당요구를 하지 아니한 경우에는 비록 실체법상 우선변제청구권이 있다 하더라도 경락대금으로부터 배당을 받을 수는 없을 것이므로, 이러한 배당요구채권자가 적법한 배당요구를 하지 아니하여 그를 배당에서 제외하는 것으로 배당표가 작성·확정되고 그 확정된 배당표에 따라 배당이 실시되었다면 그가 적법한 배당요구를 한 경우에 배당받을 수 있었던 금액 상당의 금원이 후순위채권자에게 배당되었다고 하여 이를 법률상 원인이 없는 것이라고 할 수 없다.(대법98다12379판결)

4) 배당 연습

배당에 있어서 채권과 채권끼리 경합될 때 대등한 관계로서 우선순위가 없으므로 채권자 평등의 원칙이 적용되어 비율에 따른 안분배당을 한다. 물권과 물권이 경합될 때 시간적 순위에 따라 순위배당을 하며 선순위 물권은 언제나 후순위보다 우선한다. 채권과 물권이 경합될 때 채권이 물권보다 선순위이면 안분배당을 한다.

(1) 채권과 물권의 배당

ex.1 채권끼리(안분배당)

가압류권자(갑), (을), (병)의 모두는 채권이므로 안분배당한다.
㉮ 매각대금 1억원
1. 가압류(갑)   권리금액 1억6천만원   설정일자 2010.10.15.
2. 가압류(을)   권리금액 2억원   설정일자 2010.12.10.
3. 가압류(병)   권리금액 4천만원   설정일자 2015.10.10.
가압류 금액 합=4억
갑의 배당금액 1억×(1억6천/4억)   =4천만원
을의 배당금액 1억×(2억/4억)   =5천만원
병의 배당금액 1억×(4천/4억)   =1천만원

ex.2 물권끼리

저당권과 전세권은 우선변제권이 있으므로 선순위 채권금액을 만족할 때까지 배당한다.
㉮ 매각대금 1억원
1. 근저당(갑)   권리금액 5천만원   설정일자 2010.10.15.
2. 전세권(을)   권리금액 4천만원   설정일자 2010.12.10.
3. 근저당(병)   권리금액 2천만원   설정일자 2015.10.10.
갑의 배당금액 = 5천만원: 1억원에서 5천만원 배당
을의 배당금액 = 4천만원: 남은 5천만원에서 4천만원 배당
병의 배당금액 = 1천만원: (마지막으로 남은 금액 1천만원 배당받고 1천만원은 받지 못함)

ex.3 물권과 채권이 혼합된 경우

㉮ 매각대금 1억원
1. 근저당(갑)   권리금액 1억원   설정일자 2010.10.15.
2. 가압류(을)   권리금액 2억원   설정일자 2010.12.10.

갑의 배당금액   1억원
을의 배당금액   0원

근저당은 우선변제권이 있으므로 갑의 채권금액 1억원을 만족시키고 남은 것이 있으면 을이 배당을 받는다.

㉯ 매각대금 1억원
1. 가압류(갑)   권리금액 6천만원   설정일자 2010.10.15.
2. 근저당(을)   권리금액 1억4천만원   설정일자 2010.12.15.

가압류는 채권이므로 물권인 저당권에 우선할 수 없고 우선변제권이 없으므로 선순위 가압류와 후순위 저당권의 배당은 동순위로 안분배당한다.

갑의 배당금액   1억×(6천/2억) = 3천만원
을의 배당금액   1억×(1억4천/2억) =7천만원

㉰ 매각대금 1억원
(채권+물권+채권)
1. 가압류(갑)   권리금액 4천만원   설정일자 2010.10.10.
2. 근저당(을)   권리금액 4천만원   설정일자 2010.11.15.
3. 가압류(병)   권리금액 1억2천만원   설정일자 2015.10.10.

1순위 (갑)의 가압류권자는 후순위 근저당, 가압류와 비율에 따른 안분배당을 한 다음 흡수배당을 한다. 2순위 (을)은 물권이므로 (을)이 배당액을 만족한 후 마지막으로 3순위 (병)에게 배당을 한다.

○ 안분배당
갑의 배당금액 = 2천만원
을의 배당금액 = 2천만원
병의 배당금액 = 6천만원

○ 흡수배당(최종)
갑의 배당금액 = 2천만원
을의 배당금액 = 4천만원(을의 배당금액을 만족할 때까지 병의 배당금액에서 흡수한다.)
병의 배당금액 = 4천만원

(2) 공동저당의 배당

공동저당은 동일한 채권을 담보하기 위하여 여러 개의 부동산 위에 (근)저당권을 설정하는 것을 말하며 여러 개의 부동산 위에 설정된 공동저당권자는 저당권의 불가분성(민법제370조)에 의하여 저당된 목적물에 대하여 어느 것으로부터도 채권의 전부나 일부를 우선변제를 받을 수 있다. 그러나 후순위 저당권자나, 물상보증인에게 공평하지 못한 결과가 있을 수 있으므로 여기에 대하여 후순위 저당권자가 공동저당권자의 다른 부동산의 저당권을 대위할 수 있는 규정을 두고 있다.

① 동시배당
동일한 채권의 담보로 수개의 부동산에 저당권을 설정한 경우에 그 부동산의 경매대가를 동시에 배당하는 때에는 각 부동산의 경매대가에 비례하여 그 채권의 분담을 정한다.(민법제368조1항) 각 부동산의 경매대가의 비율로 피담보채권의 부담을 안분할당하여 그 할당된 부담액에 한해서 각 우선변제받고 초과하는 부분은 후순위 저당권자에게 배당한다.

> **add**
>
> - **경매대가**
>   매각대금액에서 당해 부동산의 경매비용과 선순위 채권을 공제한 금액
>   동일한 채권의 담보로 수개의 부동산에 저당권을 설정한 경우에 그 부동산의 경매대가를 동시에 배당하는 때에는 각 부동산의 경매대가에 비례하여 그 채권의 분담을 정한다.(민법제368조)

ex.4 공동저당권자(갑) 채권액 1억

(갑)은행은 채무자 (을)의 부동산 A, B, C에 대하여 채권액 1억원에 대하여 선순위로 각각 1억원씩을 설정하였다. 위 부동산에 대한 경매실행의 결과 경매대가는 A부동산 1억원, B부동산 6천만원. C부동산 4천만원일 때

부동산	경매대가	순위1 (공동저당 채권액)	순위2
A	100,000,000원	(갑) 100,000,000원	(무) 10,000,000원
B	60,000,000원	(갑) 100,000,000원	(병) 20,000,000원
C	40,000,000원	(갑) 100,000,000원	(정) 10,000,000원

A부동산 1억원×(1억/2억)=5,000만원
B부동산 1억원×(6천만/2억)=3,000만원
C부동산 1억원×(4천만/2억)=2,000만원

(갑)은 A부동산에 대하여 5,000만원을 그리고 B부동산에 대하여 3,000만원, C부동산에 대하여 2,000만원을 각각 안분할당하여 배당받고 할당부담액을 초과하는 부분은 후순위근저당권자의 변제에 배당한다.

다세대 원룸이나 집합건물의 상가에 각각 공동저당을 하여 경매가 진행될 때 물건번호가 수개씩 나오는 경우가 있다. 바로 이런 물건을 배당하려면 동시배당이 이루어져야 하므로 마지막의 물건까지 매각되어야 배당을 실행한다.

② 이시배당

저당부동산 중 일부의 경매대가를 먼저 배당하는 경우에는 그 대가에서 그 채권 전부의 변제를 받을 수 있다. 이 경우에 그 경매한 부동산의 차순위저당권자는 선순위저당권자가 동시배당을 했더라면 받을 수 있는 채권액을 받지 못하므로 인한 공동저당권자의 다른 부동산의 경매대가에서 변제를 받을 수 있는 금액의 한도에서 선순위자를 대위하여 저당권을 행사할 수 있다.(민법제368조2항)
공동저당권을 설정한 여러 개의 부동산 일부만이 매각되어 그 경매대가에서 선순위공동저당권자는 채권금액을 변제받을 수 있으나 그 부동산의 차순위

저당권자가 배당받지 못한 채권액에 대하여 다른 부동산의 경매대가에서 변제받을 수 있는 금액의 한도 내에서 선순위자를 대위하여 저당권을 행사할 수 있다.

ex.5 이시배당

위에서 A부동산의 경매대가는 1억원이므로 채권액 1억원에 대하여 선순위(갑)에게 배당하면 A의 부동산 후순위인(무)에게 한 푼도 배당할 것이 없으므로 (무)는 B의 부동산 선순위의 저당권자 A를 대위하여 배당받지 못한 채권을 배당받을 수 있다. 그러나 물상보증인일 경우에는 배당받을 수 없다.

공동저당의 목적인 채무자 소유의 부동산과 물상보증인 소유의 부동산 중 채무자 소유의 부동산에 대하여 먼저 경매가 이루어져 그 경매대금의 교부에 의하여 1번 공동저당권자가 변제를 받더라도, 채무자 소유의 부동산에 대한 후순위저당권자는 민법 제368조 제2항 후단에 의하여 1번 공동저당권자를 대위하여 물상보증인 소유의 부동산에 대하여 저당권을 행사할 수 없다.(대법95마500결정)

(3) 저당권보다 우선변제권을 갖춘 선순위의 임차인의 배당은

ex.6 매각대금 1억원

1. 임차인(을)   보증금 4천만원 (입주+전입) 2010.10.10. 확정일자 2010.10.10.
2. 근저당(갑)   권리금액 1억원   설정일자 2010.10.20.
선순위 임차인은 우선변제권이 있으므로 먼저 임차보증금 4천만원을 배당하고 나머지 6천만원을 근저당권자에게 배당한다.

(4) 저당권보다 후순위의 임차인의 배당

ex.7 매각대금 1억원

1. 근저당(갑)   권리금액 5천만원   설정일자 2010.10.10.
2. 임차인(을)   보증금 7천만원 (입주+전입) 2010.10.30. 확정일자 2010.10.30.
먼저 근저당권자는 우선변제권이 있으므로 5천만원을 만족할 때까지 배당받고 나머지 임차인에게 5천만원을 배당한다.

(5) 가압류보다 후순위의 임차인의 배당

가압류보다 우선변제권을 갖춘 후순위 임차권은 소멸하며 배당에 있어서는 채권액의 비율에 따라 안분배당한다.

ex.8 매각대금 1억원

1. 가압류(갑) 권리금액 6천만원   설정일자 2010.10.10.
2. 임차인(을) 보증금   9천만원 (입주+전입) 2010.10.20. 확정일자 2010.10.20.

갑의 배당금액 1억×(6천/1억5천) = 4천만원
을의 배당금액 1억×(9천/1억5천) = 6천만원

(6) 임차인이 이사한 날과 근저당권 설정일이 같은 날일 때 배당

임차인이 주택에 입주하고 전입과 확정일자를 받은 날과 저당권 설정일이 같은 날이면 저당권자가 임차인보다 선순위이므로 먼저 배당을 받는다. 왜냐면 대항력 발생일은 입주하고 전입 신고한 다음 날이기 때문에 저당권보다 후순위이다.

ex.9 매각대금 5천만원

1. 임차인 (갑) 보증금   5천만원   2020. 7. 7. - 전입+입주+확정일자
2. 근저당 (을) 권리금액 3천만원   2020. 7. 7. - 설정일

임차인(갑)의 대항력 발생일은 2020. 7. 8.이고 확정일자를 받았으므로 우선변제권권 효력 발생일은 2020. 7. 8.이다. 근저당의 효력발생일은 당일(2020.07.07.)이므로 근저당이 선순위이다.
먼저 근저당권자에게 3천만원을 배당하고 임차인에게 남은 2천만원을 배당하면 임차인의 보증금 5천만원에서 3천만원은 배당받지 못하지만 낙찰자에게 대항할 수 있다.
※ 위의 (3)~(6)-소액보증금 배당 제외

(7) 임차인의 우선변제권의 효력발생일과 근저당권설정일이 같은 날일 때 배당

등기부등본에 공시된 저당권은 순위번호와 접수번호를 알 수 있지만 임차인의 우선변제권의 효력이 발생한 날의 시각을 공시할 수 없으므로 저당권 설정일과 임차인의 우선변제권 발생일이 같은 날이면 저당권자와 임차인의 배당은 서로 동순위로서 안분배당한다.

chap. 10
공유물의 지분경매와 공매

1. 지분 낙찰자가 할 수 있는 행위
2. 지분경매에서 주의할 사항
3. 공유물분할소송으로 경매신청

Chap.10
공유물의 지분경매와 공매

 공유물의 지분경매와 공매

하나의 토지나 건물의 물건을 2인 이상의 여러 사람이 공동으로 소유한 공유물건에서 그중 일부의 지분이 경매나 공매를 통하여 매각되는 것을 말한다. 그 일부의 지분을 취득하는 낙찰자는 상대방 공유자의 지분을 매수하거나, 취득한 지분을 상대방 공유지분권자에게 팔거나 하여 이득을 챙기는 방법과 협의가 되지 않을 때 공유물분할을 위한 소송을 통해 경매를 실행하여 수익을 낼 수 있는 방법이다.

공유물의 지분을 가진 소유자는 사용·수익하는 데 많은 제약을 받으므로 매매하기도 어려우며 은행대출을 받기도 힘들다. 더욱이 지분이 경매로 나오면 낙찰받기를 꺼려하여 입찰가격이 많이 떨어진다. 그러므로 지분을 경매나 공매로 낮은 가격으로 낙찰받아 그 지분에 속한 공유물의 전체를 하나의 물건으로 매각하면 매수자는 사용, 수익을 하는 데 제약이 없으므로 높은 가격을 받을 수 있다. 이렇게 매각한 금액을 공유자의 각 지분의 비율로 분할하는 방법인데 보통 소액으로 투자하여 많은 수익을 올릴 수 있는 방법이다.

1) 공유물의 지분을 취득한 지분권자가 할 수 있는 사항

(1) 모든 공유자의 동의가 필요한 사항

공유물을 매각하여 처분하거나 형태를 변경하는 행위는 다른 공유자 동의 없이 할 수 없다.(민법제264조)

(2) 과반수(1/2 초과) 이상 공유 지분을 취득한 낙찰자가 할 수 있는 행위

공유자 사이에 공유물을 사용·수익할 구체적인 방법을 정하는 것은 공유물의 관리에 관한 사항으로서 공유자 지분의 과반수로써 결정하여야 할 것이고, 과반수 지분의 공유자는 다른 공유자와 사이에 미리 공유물의 관리방법에 관한 협의가 없었다 하더라도 공유물의 관리에 관한 사항을 단독으로 결정할 수 있으므로, 과반수 지분의 공유자가 그 공유물의 특정 부분을 배타적으로 사용·수익하기로 정하는 것은 공유물의 관리방법으로서 적법하다.

> **add**
>
> 공유자가 공유물을 타인에게 임대하는 행위 및 그 임대차계약을 해지하는 행위는 공유물의 관리행위에 해당하므로 민법 제265조 본문에 의하여 공유자의 지분의 과반수로써 결정하여야 한다.(대법2016다245562판결)

① 단독으로 관리행위를 할 수 있다.

공유물의 관리에 관한 사항은 공유자의 지분의 과반수로써 결정한다. 그러나 보존행위는 각자가 할 수 있다.(민법제265조)

공유목적물의 지분 과반수(1/2초과)를 받은 낙찰자는 그 물건에 대해서 건물인도명령결정문을 받아 그곳에 사는 소수지분권자를 내보낼 수 있고 사용·수익하기 위하여 임대행위도 할 수 있다.

> **add**
>
> - **과반수 공유지분권자의 배타적 사용권**
>   공유자 사이에 공유물을 사용·수익할 구체적인 방법을 정하는 것은 공유물의 관리에 관한 사항으로서 공유자의 지분의 과반수로써 결정하여야 할 것이고, 과반수의 지분을 가진 공유자는 다른 공유자와 사이에 미리 공유물의 관리방법에 관한 협의가 없었다 하더라도 공유물의 관리에 관한 사항을 단독으로 결정할 수 있으므로, 과반수의 지분을 가진 공유자가 그 공유물을 배타적으로 사용·수익하기로 정하는 것은 공유물의 관리방법으로서 적법하다.(대법2000다33638판결)
>
> - **과반수 공유지분권자의 공유물인도청구**
>   공유지분 과반수 소유자의 타공유자에 대한 공유물인도청구는 타공유자의 사용 수익권으로 이를 거부할 수 없다.(대법81다653판결)

② 임대차계약의 체결 및 해제를 할 수 있다.

과반수 이상의 공유지분권자는 주임법, 상임법에서 말한 대항력과 우선변제권이 인정되는 유효한 임대차계약의 체결과 해제를 할 수 있으나 과반수 미만의 지분공유자의 임대차계약은 유효한 계약으로 인정되지 못한다. 그러나 계약은 채권이므로 당사자 간에는 유효하다.

> **add**
>
> - **과반수 지분의 공유자로부터 허락받은 점유자**
>   과반수 지분의 공유자로부터 사용·수익을 허락받은 점유자에 대하여 소수 지분의 공유자는 그 점유자가 사용·수익하는 건물의 철거나 퇴거 등 점유배제를 구할 수 없다.(대법2002다9738판결)

③ 공유물에서 과반 이상의 지분을 낙찰받은 자의 건물인도명령신청

과반 이상의 지분을 낙찰받은 자는 그 공유물을 점유한 소수지분권자와 그리고 소수지분권자와 임대차계약을 체결한 임차인, 대항력 없는 임차인이 점유하고 있을 때에는 건물인도명령신청이 가능하다.

과반 이상의 지분권자의 임대인과 임대차계약을 체결하여 대항력을 취득한 임차인에 대해서는 건물인도명령에 대한 결정문을 받을 수 없으며 낙찰받은 자기지분 비율만큼의 보증금을 낙찰자가 인수한다. 그리고 대항력 있는 임차

인으로부터 주택을 인도받기 위해서는 임차보증금을 지급해야 하는데 임차보증금은 불가분채권이므로 임차보증금 전액을 지급해야만 주택인도를 받을 수 있다. 임차보증금을 전액 지급한 후에는 지급한 보증금에 대해서는 나머지 공유자에게 비율에 따른 구상권을 행사할 수 있다.

> **add**
>
> • **임차보증금채무의 성질**
> 건물의 공유자가 공동으로 건물을 임대하고 보증금을 수령한 경우, 특별한 사정이 없는 한 그 임대는 각자 공유지분을 임대한 것이 아니고 임대목적물을 다수의 당사자로서 공동으로 임대한 것이고 그 보증금 반환채무는 성질상 불가분채무에 해당된다고 보아야 할 것이다.(대법98다43137판결)

(3) 소수 지분권자의 공유지분을 취득한 낙찰자가 할 수 있는 행위

공유물의 소수지분권자의 지분을 낙찰받으면 공유목적물에 대하여 활용할 수 있는 관리권한이 없으므로 관리권한을 가진 공유자가 사용·수익하는 대신 자기 지분에 해당하는 차임만 청구할 수 있을 뿐이며 건물인도명령을 신청할 수 없고 임차인과 임대차계약의 체결도 무효가 될 수 있다.

소수지분권자는 공유물 지분의 절반(1/2)이거나 이보다 적은 지분을 가진 자를 말하는데 소수지분권자가 협의 없이 공유물의 독점적인 점유에 대하여 과거에는 보존행위로서 인도를 구할 수 있다고 보았으나 판례가 바뀌어 인도는 구할 수 없고 방해배제만을 청구할 수 있다고 보았다.

> **add**
>
> • **공유물의 소수지분권자의 건물인도청구**
> 공유물의 소수지분권자가 다른 공유자와 협의 없이 공유물의 전부 또는 일부를 독점적으로 점유·사용하고 있는 경우 다른 소수지분권자는 공유물의 보존행위로서 그 인도를 청구할 수는 없고, 다만 자신의 지분권에 기초하여 공유물에 대한 방해 상태를 제거하거나 공동 점유를 방해하는 행위의 금지 등을 청구할 수 있다.(대법2017다204810판결)

(4) 다른 공유자 동의 없이 할 수 있는 행위

공유물의 자기 지분의 처분은 자유롭게 할 수 있고 공유물의 보존행위는 스스로 각자가 할 수 있다.

보존행위로는 공유물의 멸실과 훼손을 방지하기 위한 행위의 물리적 행위와 제3자의 방해에 대한 방해배제청구 및 공유물반환청구를 할 수 있다.

2) 공유물분할경매 청구

공유물에 대한 지분을 낙찰받은 낙찰자는 다른 지분공유자와 협의하여 현물로 분할하거나, 상대방 지분권자에게 매도하거나 상대방 지분을 매수하는 협상 등이 있으나 결렬되면 그 공유물에 대한 공유물분할소송을 통한 경매를 실행하여 그 물건을 매각한 대금으로 각 공유자가 소유한 지분만큼의 비율로 분할할 수 있다.

현물 분할이 원칙이지만 협의가 성립되지 아니하여 현물로 분할할 수 없거나 분할로 인하여 현저히 그 가액이 감손될 염려가 있는 때에는 법원은 물건의 경매를 명할 수 있다.(민법제269조)

3) 지분경매에서 주의해야 할 사항

지분경매는 내가 매수할 지분에 대항력 있는 임차인이나 권리의 인수가 있으면 상황을 고려하여 낙찰을 고민할 필요가 있으나 피하는 것이 현명하며, 상대방 지분권자의 지분에도 인수할 수 있는 가등기·가처분 등이 설정되어 있다면 현물분할하기는 더욱 어렵고 공유물분할을 통한 경매로 매각하여 현금으로 분할하더라도 장기화되어 수익은 적어질 수밖에 없다.

양쪽 모두의 지분이 깨끗하면 좋으나 그 공유물건의 상대방 지분소유자가 공유자우선매수신청이 들어오면 낙찰받기가 어렵고 또한, 상대방의 지분권자는 협상으로 더 많은 이익을 얻기 위해 공유물분할을 방해하기 위한 가등기나 가처분의 설정, 또는 공유물소송 중에도 매매나 임대차 등의 처분으로 공유물분할을 어렵게 만든다면 아주 난처한 상황에 처할 수 있다. 그러므로 지분 낙찰 후 협상 중이라도 상대방 지분에 대한 처분금지가처분을 미리 신청하고 분할 소송을 하는 것이 현명하다.

그리고 토지의 지분을 낙찰받을 때 지상에 무허가 건물이 있거나 도로가 없는 맹지, 개발하기 어려운 임야이거나, 농지취득증명을 받기 어려우면 포기하는 것이 현명하다.

(1) 공유지분 취득자의 공유물분할소송 전 상대방 지분에 가처분 신청이 가능하다.

부동산의 공유지분권자가 공유물 분할의 소를 본안으로 제기하기에 앞서 그 승소판결이 확정됨으로써 취득할 특정부분에 대한 소유권을 피보전권리로 하여 부동산 전부에 대한 처분금지가처분도 할 수 있다.(대법2000마6135결정)

ex.1 공유물분할청구권에 대한 가처분

순서	설정일자	권리종류	권리자	채권금액	비고	소멸여부
1	2010.01.10	소유권이전	김준호, 허만리		각 지분1/2	
2	2010.07.10	**가처분**	김준호		피보전권리: 공유물분할을 원인으로 한 허만리지분 가처분 채권자: 김준호 금지사항: 매매, 증여, 저당권 설정 등 일체의 행위를 금함	말소
3	2011.05.17	공유물분할경매	김준호		2011타경9812	

하나의 부동산을 두 명 이상이 공유로 지분을 소유하게 되면 서로 유리한 방향으로 분할을 원하기 때문에 협의가 성립되기 어렵고, 또한 현물로 쪼개어 분할할 수 없을 때 법원에 공유물분할청구소송을 제기하여 판결을 받은 후 경매를 통해 매각하여 현금으로 각자의 지분만큼 비례하여 분할할 수 있다. 공유자 김준호는 공유물분할소송을 제기하기전에 상대방 지분에 대하여 가처분을 한 것이다. 이렇게 김준호가 상대방 공유자인 허만리 지분에 대한 가

처분을 한 이유는 재판하는 동안 분할할 목적물에 가등기 등 제한설정사항이 들어오면 공유물분할이 어렵기 때문에 가처분을 한 것이다.

(2) 공유물분할을 위한 소송에서 변론종결 후 상대방 지분 가등기는 소멸한다.

대금분할을 위한 전 단계로 공유물분할을 위한 소송에서 변론종결 후 상대방 지분에 대하여 소유권이전청구가등기를 경료했다면 이런 가등기는 경매가 실행되어 대금을 완납함으로써 소멸한다.

ex.2 상대방 지분의 가등기

순서	설정일자	권리종류	권리자	채권금액	비고	소멸여부
1	2011.02.17.	소유권이전	김삼준, 이상범		각 지분 1/2	
2	2012.07.08.	김삼준지분(1/2) 가등기	이상식			말소
3	2012.12.17.	공유물분할을 위한 경매	이상범	2012타경1324		

공유물에 대한 지분을 낙찰받은 낙찰자는 다른 지분공유자와 협의하여 현물로 분할하거나, 상대방 지분권자에게 매도하거나 상대방 지분을 매수하는 협상 등이 있으나 결렬되면 그 공유물에 대한 공유물분할소송을 통한 형식적 경매를 실행하여 그 물건을 매각한 대금으로 각 공유자가 소유한 지분만큼의 비율로 분할할 수 있는데 상대방 지분권자가 분할을 방해하기 위하여 가등기나 가처분등기를 하는 경우가 있다. 위에서 경매신청하기전 공유물분할소송 진행중 변론종결후 공유자인 이상식이 가등기를 했다면 경매가 실행되어 대금을 완납하면 가등기는 소멸한다.

add

- **무허가 건물에 대한 공유물분할**
  공유물분할을 위한 경매와 같은 형식적 경매는 담보권 실행을 위한 경매의 예에 따라 실시한다고 규정하며, 같은 법 제268조는 부동산을 목적으로 하는 담보권 실행을 위한 경매절차에는 같은 법 제79조 내지 제162조의 규정을 준용한다고 규정하고 있으므로, 건축허가나 신고 없이 건축된 미등기 건물에 대하여는 경매에 의한 공유물분할이 허용되지 않는다.(대법2011다69190판결)

4) 경매에서 공유자우선매수 신청

부동산에 대한 공유물건에 대하여 공유지분의 매각으로 인해 기존의 공유자에게 그 공유지분을 매수할 기회를 주어 경제적으로 물건을 활용하자는 취지인데 최고가매수신청인이 있으면 같은 가격으로 우선하여 매수할 수 있는 제도이다.

공유자는 매각기일까지 집행법원이 정하는 금액과 방법에 맞는 보증을 집행관에게 제공하고 최고매수신고가격과 같은 가격으로 채무자의 지분을 우선매수 하겠다는 신고를 할 수 있다.(민집140조1항)

(1) 매각기일 전에 신청할 수 있는지

공유자는 매각기일 전에 매수신청의 보증을 제공하고 최고매수신고가격과 같은 가격으로 채무자의 지분을 우선매수하겠다는 신고를 할 수 있고 매각기일 종결의 고지 전까지 보증을 제공해야만 우선매수권행사의 효력이 발생한다.

공유자가 매각기일 전에 우선매수신고를 할 경우 입찰기일에 입찰자가 없을 경우에는 최저매각가격을 기준으로 우선매수를 인정하고 있으므로 이번 기회에 매수하지 않으면 우선매수권 행사는 1회로 제한하고 있으므로 다음 기회부터는 우선매수권 행사를 인정하지 않는다.

※ 기일전 공유자 우선매수신청에 관한 내용-매각물건명세서에 표시

(2) 매각기일 당일 경매법정에서 신청할 수 있는지

공유자는 매각기일 당일에 경매법정에 참석하여 그 사건에 대한 개찰을 할 때 입찰자가 있으면 집행관이 매각기일을 종결한다는 고지를 하기 전까지 최고가매수신고인과 동일한 가격으로 매수할 것을 신고하고 즉시 보증을 제공하여 우선매수권을 행사할 수 있다.

> **add**
> - 실전에서는 매각기일 전에 미리 공유자우선매수신청을 한 경우도 있지만 그렇지 않고 경매당일에 입찰보증금과 신분증, 도장을 준비하여 경매법정에 참석해서 그 물건을 개찰하기를 기다렸다가 그 공유물건의 지분매각에 대한 개찰을 할 때, 집행관은 "공유자우선매수신청을 하시겠습니까?"라고 한다. 그때 "네." 하고 나가서 즉시 우선매수신청권 행사를 하는 동시에 보증을 제공하면 완료되고 입찰자가 없으면 그다음 회차에 입찰자가 있을 경우를 대비하여 보증금을 항상 준비하여 경매법정에 참석하는 것이 바람직하다.

(3) 공유자우선매수신고는 행사 회수에 제한이 있다.

공유자우선매수신고 시 보증금을 제공하지 않거나 신고를 철회하는 경우 우선매수권을 행사한 것으로 간주하고 다음 회차에는 우선매수신고할 수 없도록 제한하고 있다.

지분공유자는 우선매수할 수 있도록 하는 공유자우선매수신고제도가 남용되는 것을 막기 위하여 대개 특별매각조건이 붙어 있는 경우가 있는데 공유자우선매수신고 시 보증금을 제공하지 않거나 신고를 철회하는 경우 우선매수권을 행사한 것으로 간주하고 그 다음 회차에는 우선매수신고를 할 수 없도록 하는 행사회수를 1회로 제한하고 있다.

> **add**
> - **공유자의 우선매수신고 및 보증 제공의 시한은 언제까지인가.**
>   입찰에 있어서 공유자의 우선매수신고 및 보증 제공의 시한은 집행관의 입찰종결선언 전까지이다. 공유자의 우선매수권은 일단 최고가매수신고인이 결정된 후에 공유자에게 그 가격으로 경락 내지 낙찰을 받을 수 있는 기회를 부여하는 제도이므로, 입찰의 경우에도 공유자의 우선매수신고 및 보증의 제공은 집행관이 입찰의 종결을 선언하기 전까지이면 되고 입찰마감시각까지로 제한할 것은 아니다.
>   (대법2004마581결정)

(4) 공유자우선매수 신청이 부정되는 경우

① 공유물분할을 하기 위한 경매
② 구분소유적 공유관계인 경우
③ 공유물 전부를 경매할 때
④ 집합건물에서 구분소유자의 대지권이 공유지분으로 되어 있는 경우

- 공유물분할판결에 기하여 공유물 전부를 경매에 붙여 그 매각대금을 현금화하여 분배하기 위한 경우에는 공유자우선매수가 적용되지 않는다.(대법91마239결정)

5) 공매에서 공유자우선매수 신청

공유자는 공매재산이 공유물의 지분인 경우 매각결정기일 전까지 공매보증을 제공하고 최고가매수신청인이 있는 경우 최고가매수신청가격으로 최고가 매수신청이 없는 경우 공매예정가격으로 공매재산을 우선매수하겠다는 신청을 할 수 있다.(국세징수법제79조)

공매인 경우에도 공유자 우선매수신청을 할 수 있다. 매각결정기일은 입찰마감 후 3일에서 7일(지방세의 경우 3일 이내) 이내이므로 매각결정기일 전에 보증금과 함께 신청서를 제출하면 된다.

6) 지분경매 연습

(1) 아파트 지분경매

① 물건현황

종별	아파트	채권자		감정가	191,000,000
경매구분	임의경매	채무자	윤_	최저입찰가	(80.0%) 152,800,000
매각구분	일반매각/기일입찰	소유자	윤'　외1	입찰보증금	최저가의 10%

경매물건현황 ◆ 보존등기일 : 2016-07-15

구분	지번	용도/구조/면적특성	단가(㎡당)	감정공가액	비 고
토지		:대지 24.9㎡(7.5평)　31989㎡ × 49.762/31989		57,300,000	(31989㎡중 49.762/31989㎡중 1/2 윤'ㄴ지분)
건물		42.2㎡(12.8평)		133,700,000	84.4557㎡ × 49.762/31989 총 23층/20층 84.4557㎡중 1/2 윤'．'지분 공용:61.0522(1/2)

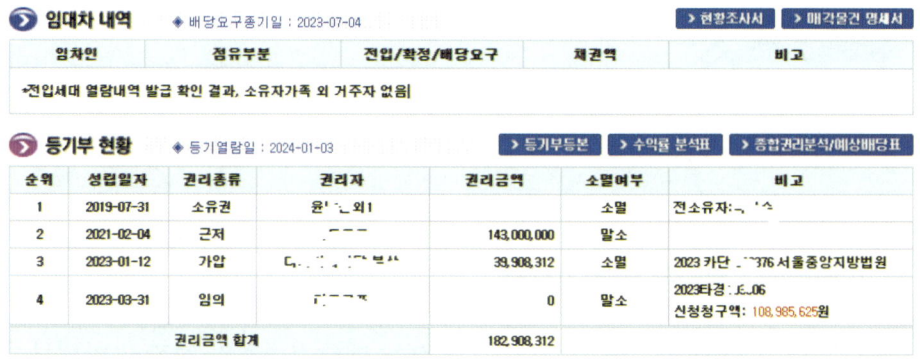

『아파트 전체면적이 84.4㎡이고 공유자가 2인으로 각 지분 1/2씩 소유하고 있는 상태에서 윤OO지분이 임의 경매로 나온 물건이다.』

㉡ 입찰 전 권리분석 및 물건에 대한 가치를 분석해 본다.

공유물의 지분경매 입찰에서는 상대방 공유지분권자에 대한 우선매수청구권이 있으므로 입찰금액을 높게 써서 매수하고자 하여도 허탕치는 경우가 더러 있다. 경매법정에서 매수자가 최고가를 써서 최고가매수신고인이 되더라도 그 가격으로 상대방 지분권자가 우선매수권을 행사하면 할 수 없이 매수할 권리를 빼앗길 수밖에 없다. 이러한 사항을 염두에 두고 입찰에 임해야 하며 공유자우선매수신청은 상대방 공유지분권자에게 1회에 한해서만 인정한다.

일반적으로 상속인들의 공유물건이나 부부의 이혼으로 재산분할을 위한 공동재산의 대한 공유물의 지분경매는 통상적으로 공유자우선매수권을 행사하는 편이 적다.

㉮ 집합건물의 등기부등본 확인

첫 번째로 등기부등본을 열람하여 입찰하고자 하는 지분소유자에 대한 정확한 확인이 필요하다. 위 사건의 등기부등본에 "윤OO소유지분전부"에 대하여 임의경매개시결정이 기입되어 있다.

두 번째로 낙찰받고자 하는 지분의 권리분석을 마치면 다른 나머지 상대방의 지분권자들에 대한 권리분석을 한다. 그리고 끝으로 물건매각명세서를 점검하여 이 사건에 대한 권리의 인수나 특별매각조건이 있는지 검토한다.

㉯ 시세 분석

아파트 지분경매에서 중요한 것은 시세분석을 잘 해야 한다. 그러므로 사전에 이 지역의 이러한 아파트 평형대의 거래 시세를 잘 살펴 수익을 가져올 수 있을 것인지 분석해 보아야 한다. 아파트 주위의 부동산에 게시된 아파트의 호가시세와 인터넷 국토부 실거래가시세 및 kb시세로도 짐작할 수 있으며 중요한 것은 현재와 미래에 대한 경제상태가 어떠한지 점검하여 투자하는 방법을 고려해보아야 한다.

③ 낙찰받은 이후 처리

㉮ 점유하고 있는 상대방에게 건물인도명령을 신청하여 내보낼 수 있는가.

공유목적물의 지분 과반수(1/2초과)를 낙찰받은 낙찰자는 그 물건에 대해서 점유하고 있는 채무자 또는 과반수 미만인 공유지분을 가진 점유자에 대하여 건물인도명령결정문을 받아 내보낼 수 있다.

그러나 윤00의 지분(1/2)을 낙찰받은 낙찰자는 소수지분권자이므로 상대방 지분권자(1/2)에 대하여 건물인도명령신청에 대하여 결정문을 받기 어렵다. 소수지분권자(1/2 이하-적거나 같다)는 보존행위는 할 수 있으나 관리행위를 할 수 없으므로 공유지분의 절반을 가진 지분권자에 대하여 건물인도명령신청이 받아들여지지 않는다. 그전의 판례에서는 보존행위로써 건물인도명령을 신청할 수 있었다고 하나 바뀐 판례로는 보존행위로서 그 인도를 청구할 수는 없고, 다만 자신의 지분권에 기초하여 공유물에 대한 방해 상태를 제거하거나 공동 점유를 방해하는 행위의 금지 등을 청구할 수 있을 뿐이다.

㉯ 지분경매에 대한 이익 창출

지분을 낙찰받은 낙찰자는 수익을 낼 수 있는 방향으로 상대방 지분권자와 협의를 통하여 상대방 지분을 매수하든지 낙찰받은 지분을 상대방에게 매도하는 방법을 모색하여 보고 협상이 결렬되면 아파트를 절반으로 쪼개어 현물로 분할할 수 없는 문제이므로 공유물분할소송에 의한 경매신청으로 건물 전체를 매각하여 지분의 비율에 따라 수익을 배분할 수 있다.

또한, 공유물의 지분을 낙찰받은 공유자는 점유하고 있는 다른 지분공유자에게 지분만큼의 비율에 따라 임료를 청구할 수 있고, 상대방의 공유자 지분에 대한 저당권 설정으로 인한 임의경매나 가압류의 강제경매, 세금체납으로 인한 공매가 실행될 때 공유자우선매수신청권을 행사하여 많은 수익을 기대할 수도 있다.

㉢ 임차인이 점유하고 있다면

과반수 이상의 지분권자와 임대차계약을 체결한 대항력을 갖춘 임차인은 건물인도명령결정문을 받을 수 없어 내보낼 수 없으나 소수지분권자와 임대차계약을 했다면 과반수 이상의 지분권자에게 대항할 수 없으므로 퇴거청구를 할 수 있다.

대항력 있는 임차인으로부터 주택을 인도받기 위해서는 낙찰받은 지분만큼의 보증금이 아닌 임차보증금 전액을 지급해야만 주택의 인도를 받을 수 있고 임차보증금을 지급한 후에는 지급한 보증금에 대해서는 나머지 공유자에게 비율에 따른 구상권을 행사할 수 있다.

(2) 농지 지분 경매

① 물건현황

종별	농지	채권자	민···	감정가	67,690,000
경매구분	강제경매	채무자	곽··	최저입찰가	(34.3%) 23,218,000
매각구분	일반매각/기일입찰	소유자	곽·· 외1	입찰보증금	최저가의 10%

감정평가현황 ▶토지이용계획확인 ▶공시지가확인 ▶감정평가서

토지	건물	제시외건물(포함)	제시외건물(제외)	기타(기계기구)	합계
67,690,000 원	0 원	0 원	×	0 원	67,690,000 원
483.5m² (146.3평)	0.0m² (0.0평)				
비고 ▷	감정기관/감정일자	달성감정 / 2023-04-15			

특이사항	지분경매 -농지취득자격증명필요(미제출시 매수보증금 몰수) -지분매각(공유자 우선매수에 관한 특별매각조건 있음)

경매물건현황 ◆보존등기일:

구분	지번	용도/구조/면적특성	단가(m²당)	감정평가액	비 고
토지		:전 483.5m²(146.3평) 967m² ×	140,000	67,690,000	표준공시지가: 87,700원 (967m²중 1/2 곽··지분) 농취증필요(미제출시보증금몰수)

임대차 내역
◆ 배당요구종기일 : 2023-06-15

임차인	점유부분	전입/확정/배당요구	채권액	비고

*현장에서 사람을 만나지 못하여 점유관계를 알 수 없음.

등기부 현황
◆ 등기열람일 : 2023-10-24

순위	성립일자	권리종류	권리자	권리금액	소멸여부	비고
1	2005-06-07	소유권	곽○○ 외1		소멸	전소유자:
2	2023-04-04	강제		0	말소	2023타경1○○7 신청청구액: 20,190,684원
3	2023-04-04	근저	○○○부	10,400,000	소멸	
		권리금액 합계		10,400,000		

『위의 토지의 현황은 공유물 전체면적은 967㎡이고 소유자가 2인으로 이중 곽○○의 지분 483.5㎡가 경매 대상이며 지목이 농지이고 토지의 용도는 계획관리지역으로 도로의 폭은 4m이며 2m 이상 접하여 있는 토지로 농지취득증명원을 제출하지 못하면 보증금 몰수조항이 매각물건명세서에 표시되어 있다.』

② 입찰 전 권리분석 및 물건에 대한 가치를 분석해 본다.

㉮ 등기부등본 및 토지대장, 토지이용계획확인원 확인

등기부등본을 열람하여 입찰하고자 하는 곽○○ 소유 지분전부에 대하여 경매개시결정이 기입되어 있는지 확인한다. 인수되는 권리가 없으면 상대방 지분권자의 지분에 대한 권리분석을 한다.

매수하고자 하는 지분에 하자가 없고 상대방 지분에 인수할 권리(가등기, 가처분 등)가 없으면 마지막으로 물건명세서를 점검하여 매각조건을 살펴본다. 매각조건에 농지취득자격증명원 미제출 시 보증금 몰수조항이 있으므로 농지취득증명을 받을 수 있는지 점검한다.

농지를 낙찰받으면 낙찰 후 7일 내에 발급받아 경매계에 제출해야 하므로 토지 위에 묘지나, 건축물, 잡목 등이 있으면 발급받기 어려울 수 있으므로 미리 신청하여 발급받을 수 있는지 확인한다. 위 사건에서는 세대원이 소유하는 농지의 총 면적<1,000㎡이면 "주말·체험영농"으로 농업경영계획서는 필요없이 주말·체험영농계획서를 작성하여 농지취득증명서를 발급받을 수 있다.

농지에도 대항력이란 것이 존재한다. 농지에 관한 임대차계약은 그 등기가 없는 경우에도 임차인이 농지소재지를 관할하는 시·구·읍·면의 장의 확인을 받고, 해당 농지를 인도받은 경우에는 그 다음 날부터 제삼자에 대하여 효력이 생긴다.(농지법제24조2항)

그러나 주택에서 처럼 임차인이 배당신청하여 배당받을 수 있는 것이 아니라 임대차기간을 보장받을 수 있고 임대 농지의 양수인은 이 법에 따른 임대인의 지위를 승계한 것으로 본다.(농지법제26조)

농지에 대한 임대차 기간은 3년 이상으로 하여야 한다. 다만, 다년생식물 재배지 등 대통령령으로 정하는 농지의 경우에는 5년 이상으로 하여야 한다.(농지법제24조의2) 그러므로 농지의 임대차기간을 잘 고려하여 낙찰받아야 한다.

농지를 낙찰받은 낙찰인은 경매계에 기록을 열람할 수 있으며 또한 농지임대차의 계약에 관한 사항을 관할 시·구·읍·면에 열람하여 임대차로 인한 대항력에 관한 새로운 중대한 사항 등이 밝혀질 경우에는 매각결정기일 안에 매각불허가신청과 그 이후에는 매각허가취소신청을 할 수 있다.

㉯ 물건에 대한 가치분석

보통 경매로 나온 땅의 감정가는 주위의 땅과 시세를 비교하면 일반적으로 주위의 땅시세보다 낮다. 목적물의 땅의 시세를 알려고 하면 주위의 부동산 사무소 몇 군데 가서 대상토지 주변에 땅 시세를 알아보는 방법이 있으며, 그 지역의 정보지(벼룩시장 등)에 나온 주위의 땅 시세, 국토부실거래가공개시스템의 실거래가 정보, 토지이음 정보에 나온 실거래가정보, 인터넷 벨류맵사이트 등을 열람해 보면 경매목적물의 시세를 유추하여 짐작할 수 있다.

공유물 전체를 매도할 때 현재와 미래에 대한 매매가를 추정해보고 상대방 공유지분을 매수할 것인지, 낙찰받은 지분을 매도할 것인지 숙고해 보고 협상하여 결렬되면 공유물분할소송을 통하여 매각하면 얼마나 수익이 날 것인지 고민하여 입찰에 응하도록 한다.

농지의 지분입찰이지만 공유물 전체에 대한 가치를 분석해야 한다. 공부상 자료와 법원에서 공시한 자료를 살펴보아 토지의 용도를 점검하고 도로가 농로인지, 공도인지 사도인지, 도로폭은 얼마인지 도로와 연계하여 건축을 할 수 있는지 살펴보고 인터넷 다음지도나 토지이음을 열람하여 공유물 전체의 땅의 모양, 생활영역에서의 도로의 접근성, 주위의 환경 등을 세밀히 점검한다. 그리고 현장을 답사하여 주위의 실제적인 환경을 살펴보아 산사태와 홍수의 노출, 높은 축대, 고압선이 지나가는 선하지, 혐오시설, 배수시설 등을 살펴보아야 한다.

위 사건에 대한 지분경매는 농지로서 각각 1/2씩 지분을 소유한 공유물이며 4m의 도로에 2m 이상 접하여 있어 건축법상 도로에 충족되며 용도는 계획관리지역으로 전용허가를 받아 집도 지을 수 있는 지역이다. 홍수나 산사태에 노출되지 않는 지역이며 가까운 도심과의 거리는 3㎞로 멀지 않는 지역이다.

◎ 대략적인 수지분석 - 예상입찰가 산정

공유물(1/2)의 감정가 3.3㎡당 462,363원이니까 시세는 500,000원 정도로 추정.
3.3㎡당 약 50만원으로 매매된다면 공유물(1/2) 매매가: 73,250,000원

○ 지분(1/2) 면적: 483.5㎡(3.3㎡≒146.4평)
  매매가: 73,250,000원
  감정가: 67,690,000원
  최저가(34.3%): 23,218,000원
  예상낙찰가: 28,500,000원
  기타비용: 7,600,000원
  (취득세, 법무비, 공유물소송비용, 경매비용, 기타비용)

권리분석과 물건가치분석을 하고 수지분석을 하여 입찰가격을 정하여 입찰준비를 한다. 이렇게 공유지분을 낙찰받아 상대방과의 협상이 결렬되면 마지막으로 공유물분할소송으로 판결을 받아 경매신청하여 매각대금으로 지분의 비율에 따라 배분할 수 밖에 없으므로 공유물 전체가 한 필지로 매각이 된다면 매수한 소유자는 자유롭게 사용·수익할 수 있을 뿐만아니라 매매하기도 쉽고 은행대출을 받는 데 제약이 없어서 땅값을 제대로 받을 수 있다.

chap.11
부동산 물건 선택
-주의할 사항과 가치 제고 Ⅰ

1. 토지를 고를 때 입지와 용도
2. 건축할 수 있는 도로
3. 맹지의 진입도로 개설

부동산 물건 선택-주의할 사항과 가치 제고 I

 토지를 고를 때 입지와 용도

부동산의 입지와 용도는 현재 가치와 미래 가치를 분석하는데 가장 필요하고 중요한 요소이다. 입지에 부합해야 하는 것이 토지의 용도이며 입지와 용도와의 관계는 불가분의 관계이다.

1. 입지

입지는 지리적 영역으로서 위치와 공간적 관점으로서의 위치가 포함된 개념으로 부동산의 성장과 발전 등의 동력이 발생하는 핵심적 지점으로 지가와 관련된 가장 중요한 개념으로 특정하게 선택된 한 장소를 의미한다.
지리적인 영역에서 어느 정도의 영향을 받기도 하지만 그 지점의 성장과 발전의 성패는 공간적인 측면의 다양한 상호적인 관계에서 더 많은 영향을 받는다.
아무튼 입지선정은 이러한 관점에서 가장 합리적이며 효율적인 경제활동을 하기 위하여 선택한 장소로서 지가에 가장 큰 영향을 미친다고 할 수 있다.

2. 용도지역(국토의 계획 및 이용에 관한 법률)

토지를 경제적이고 효율적으로 이용하여 공공복리 증진을 도모하기 위하여 서로 중복되지 않니하게 도시관리계획으로 결정하는 지역이다.

주택, 상가, 아파트, 공장, 병원 등이 입지할 수 있는 가장 최상의 조건을 찾아냈지만 이들이 입지할 수 있는 용도가 적합하지 않으면 아무리 좋은 입지라 할지라도 무용지물이다.

그러므로 그 물건들이 입지할 수 있는 그 지점의 용도가 적합해야 하며 법적, 행정적인 측면에서 인·허가에 관한 제한사항이 없어야 한다.

용도지역은 "국토의 계획 및 이용에 관한 법률"에서 도시지역, 관리지역, 농림지역, 자연환경보전지역으로 나눈다.

법원에서 공시한 경매물건에 관련된 서류와 공부상 서류를 대조하여 소유자, 지번, 면적 등이 동일한지? 체크하고 인터넷 "토지이음"을 검색하여 토지이용계획확인원, 해당 입지의 도시계획 등을 살펴보아 이 입지의 용도에 대한 행위제한에 관한 사항이 있는지를 조사한다.

add

- 토지이용 및 규제사항에 관하여 국토의 계획 및 이용에 관한 법률에서 개발행위가 가능해도 지자체의 조례에서 정하는 법령에는 자체 나름대로 금지하거나 제한 또는 완화하는 규정이 있으므로 인·허가와 관련된 부서에 반드시 문의하여 확인하도록 한다.

1) 토지의 용도지역을 조사한다

입지가 정해지면 해당지역의 용도지역을 살펴보아 입지에 부합하고 가치가 있는 지역인지 알아보는 것이 중요하다. 주택, 상가, 공장 등을 건축하려면 그 나름의 용도에 적합해야 하므로 아무리 좋은 장소라도 용도에 적합하지 않으면 건축행위 등을 할 수 없다.

(1) 용도지역, 지구, 구역에 관한 사항

용도지역을 조사하여 어떤 행위를 할 수 있는지 조사하여 보면 용도지역의 어떤 행위는 용도지구와 용도구역에서 제한되고 완화되어 달라지는 사항이 있다. 용도지구는 용도지역의 기능을 증진시키고 미관, 경관, 안전 등을 골자로한 도시관리계획으로 결정한다.

용도구역은 용도지역 및 용도지구의 제한을 강화하거나 완화하여 도시의 무질서한 확산방지, 계획적이고 단계적인 토지의 이용 및 종합적 조정관리를 위하여 도시관리계획으로 결정하는 지역을 말한다. 또한, 어떤 건축을 축조할 때 용도지역, 용도지구, 용도지구에서 적합한 지역이라 할 지라도, 그 지방의 조례에 의해서 그 행위의 제한과 완화가 되어 달라지는 경우가 있으므로 해당 관청에 문의하는 것이 가장 중요하다.

- 일반적으로 집을 지을 수 있는 땅이면 집을 지을 수 없는 땅보다 당연히 지가가 높다. 집을 지을 수 있는 땅이라도 그에 따른 용적률과 건폐율, 높이가 각각 다르며 지가도 다르다. 집을 지을 수 있는 토지로는 특별한 규제가 없으면 보통 도시지역과 관리지역이며, 도시지역은 주거지역, 상업지역, 공업지역, 녹지지역으로 나누며 관리지역은 계획관리지역, 생산관리지역, 보전관리지역으로 나누어진다. 위에서 말한 땅들은 모두 집을 지을 수 있지만 나름대로 행위의 범위가 정하여져 있다.

  그리고 농림지역은 농업진흥지역(농지법)과 보전산지(산지관리법)로 나누어지며 농업진흥지역은 농업진흥구역과 농업보호구역으로 나누고 산지는 보전산지와 준보전산지로 나누어진다. 농업진흥지역은 농업진흥구역과 농업보호구역이 있는데 농업보호구역에서는 통상적으로 일반인이 건축할 수 있으나 지자체의 조례에 따라 다를 수 있고 농업진흥구역은 일반인이 건축을 할 수 없으나 농업인의 경우에는 농가주택의 건축이 가능하나 조건이 매우 까다롭다.

(2) 도시지역

도시지역은 주거지역, 상업지역, 공업지역, 녹지지역으로 나눈다.

Ⓐ 주거지역

① 전용주거지역
  양호한 주거환경을 보호하기 위하여 필요한 지역

  ㉮ 제1종 전용주거지역
   단독주택 중심의 양호한 주거환경을 보호하기 위하여 필요한 지역
   ○ 건폐율 50퍼센트 이하
   ○ 용적율 50퍼센트 이상 100퍼센트 이하

  ㉯ 제2종 전용주거지역
   공동주택 중심의 양호한 주거환경을 보호하기 위하여 필요한 지역
   ○ 건폐율 50퍼센트 이하
   ○ 용적율 50퍼센트 이상 150퍼센트 이하

② 일반주거지역
  편리한 주거환경을 조성하기 위하여 필요한 지역

  ㉮ 제1종 일반주거지역
   저층주택을 중심으로 편리한 주거환경을 조성하기 위하여 필요한 지역
   ○ 건폐율 60퍼센트 이하
   ○ 용적율 100퍼센트 이상 200퍼센트 이하

  ㉯ 제2종 일반주거지역
   중층주택을 중심으로 편리한 주거환경을 조성하기 위하여 필요한 지역
   ○ 건폐율 60퍼센트 이하
   ○ 용적율 100퍼센트 이상 250퍼센트 이하

  ㉰ 제3종 일반주거지역
   중고층주택을 중심으로 편리한 주거환경을 조성하기 위하여 필요한 지역

○ 건폐율 50퍼센트 이하
○ 용적율 100퍼센트 이상 300퍼센트 이하

③ 준주거지역

주거기능을 위주로 이를 지원하는 일부 상업기능 및 업무기능을 보완하기 위하여 필요한 지역
○ 건폐율 70퍼센트 이하
○ 용적율 200퍼센트 이상 500퍼센트 이하

Ⓑ 상업지역

① 중심상업지역

도심·부도심의 상업기능 및 업무기능의 확충을 위하여 필요한 지역
○ 건폐율 90퍼센트 이하
○ 용적율 200퍼센트 이상 1천500퍼센트 이하

② 일반상업지역

일반적인 상업기능 및 업무기능을 담당하게 하기 위하여 필요한 지역
○ 건폐율 80퍼센트 이하
○ 용적율 200퍼센트 이상 1천300퍼센트 이하

③ 근린상업지역

근린지역에서의 일용품 및 서비스의 공급을 위하여 필요한 지역
○ 건폐율 70퍼센트 이하
○ 용적율 200퍼센트 이상 900퍼센트 이하

④ 유통상업지역

도시 내 및 지역 간 유통기능의 증진을 위하여 필요한 지역
○ 건폐율 80퍼센트 이하
○ 용적율 200퍼센트 이상 1천100퍼센트 이하

ⓒ 공업지역

① 전용공업지역
   주로 중화학공업, 공해성 공업 등을 수용하기 위하여 필요한 지역
     ○ 건폐율 70퍼센트 이하
     ○ 용적율 150퍼센트 이상 300퍼센트 이하

② 일반공업지역
   환경을 저해하지 아니하는 공업의 배치를 위하여 필요한 지역
     ○ 건폐율 70퍼센트 이하
     ○ 용적율 150퍼센트 이상 350퍼센트 이하

③ 준공업지역
    경공업 그 밖의 공업을 수용하되, 주거기능·상업기능 및 업무기능의 보완이 필요한 지역
     ○ 건폐율 70퍼센트 이하
     ○ 용적율 150퍼센트 이상 400퍼센트 이하

ⓓ 녹지지역

자연환경·농지 및 산림의 보호, 보건위생, 보안과 도시의 무질서한 확산을 방지하기 위하여 녹지의 보전이 필요한 지역

① 보전녹지지역
   도시의 자연환경·경관·산림 및 녹지공간을 보전할 필요가 있는 지역
     ○ 건폐율 20퍼센트 이하
     ○ 용적율 50퍼센트 이상 80퍼센트 이하

② 생산녹지지역
   주로 농업적 생산을 위하여 개발을 유보할 필요가 있는 지역
     ○ 건폐율 20퍼센트 이하

○ 용적률 50퍼센트 이상 100퍼센트 이하

③ 자연녹지지역

　도시의 녹지공간의 확보, 도시확산의 방지, 장래 도시용지의 공급 등을 위하여 보전할 필요가 있는지
역으로서 불가피한 경우에 한하여 제한적인 개발이 허용되는 지역
○ 건폐율 20퍼센트 이하
○ 용적률 50퍼센트 이상 100퍼센트 이하

(3) 관리지역

도시지역의 인구와 산업을 수용하기 위하여 도시지역에 준하여 체계적으로 관리하거나 농업의 진흥, 자연환경 또는 산림의 보전을 위하여 농림지역 또는 자연환경보전지역에 준하여 관리할 필요가 있는 지역

Ⓐ 보전관리지역

자연환경 보호, 산림 보호, 수질오염 방지, 녹지공간 확보 및 생태계 보전 등을 위하여 보전이 필요하나, 주변 용도지역과의 관계 등을 고려할 때 자연환경보전지역으로 지정하여 관리하기가 곤란한 지역
○ 건폐율 20퍼센트 이하
○ 용적률 50퍼센트 이상 80퍼센트 이하

Ⓑ 생산관리지역

농업·임업·어업 생산 등을 위하여 관리가 필요하나, 주변 용도지역과의 관계 등을 고려할 때 농림지역으로 지정하여 관리하기가 곤란한 지역
○ 건폐율 20퍼센트 이하
○ 용적률 50퍼센트 이상 80퍼센트 이하

Ⓒ **계획관리지역**

도시지역으로의 편입이 예상되는 지역이나 자연환경을 고려하여 제한적인 이용·개발을 하려는 지역으로서 계획적·체계적인 관리가 필요한 지역
- 건폐율 40퍼센트 이하
- 용적률 50퍼센트 이상 100퍼센트 이하

(4) 농림지역

도시지역에 속하지 아니하는 농지법에 따른 농업진흥지역 또는 산지관리법에 따른 보전산지 등으로서 농림업을 진흥시키고 산림을 보전하기 위하여 필요한 지역
- 건폐율 20퍼센트 이하
- 용적률 50퍼센트 이상 80퍼센트 이하

> **add**
> - 농림지역은 △농업진흥지역(농지법)과 ▽보전산지(산지관리법)로 나누어지며 농업진흥지역은 △농업진흥구역과 △농업보호구역으로 나누고 보전산지는 ▽보전산지와 ▽준보전산지로 나누어진다.

Ⓐ **농업진흥지역**

농업진흥지역은 농업진흥구역과 농업보호구역으로 나눈다.

① 농업진흥구역에서 할 수 있는 행위

일반인이 주택을 지을 수 없고 주로 농사만 지을 수 있는 땅이라 생각하면 된다.
- 대통령령으로 정하는 농수산물의 가공·처리 시설의 설치 및 농수산업 관련 시험·연구 시설의 설치
- 대통령령으로 정하는 농업인 주택, 어업인 주택, 농업용 시설, 축산업용 시설 또는 어업용 시설의 설치, 농업인의 공동생활에 필요한 편의 시설 및 이용 시설, 농기계수리시설의 설치

일반인은 이 구역에 주택을 지을 수 없으니까 이동할 수 있는 바퀴 달린 집이나, 컨테이너, 농막을 지어 채소도 가꾸고 과일도 가꾸며 때로는 고기도 구워 먹고 하는

여가생활을 하는 사람이 더러 많다.

② 농업보호구역에서 할 수 있는 행위

농업진흥구역의 용수원 확보, 수질 보전 등 농업 환경을 보호하기 위하여 필요한 지역

- ○ 농업진흥구역에서 할 수 있는 행위와 농업인 소득증대에 필요한 건축물, 공작물, 일반인의 단독주택, 그 밖의 시설의 설치
- ○ 농업인의 생활 여건을 개선하기 위하여 필요한 시설로서 대통령령으로 정하는 건축물·공작물, 그 밖의 시설의 설치

농업진흥구역에서는 일반인이 단독주택을 지을 수 없지만 농업보호구역에서는 단독주택을 지을 수 있고 농업진흥구역보다 훨씬 개발이 용이하다.

- **농막설치**
  주거 목적이 아닌 농작업에 필요한 농기구 및 농자재 보관, 농 수확물 보관과 일시 휴식을 위한 공간으로 농지전용 없이 신고만으로 설치 가능하다.
  연면적은 20㎡ 이하로 지을 수 있으며 전기나, 수도, 가스시설의 설치가 가능하다.

Ⓑ 보전산지

보전산지는 임업용산지와 공익용산지로 나눈다.

① 임업용산지

산림자원의 조성과 임업경영기반의 구축 등 임업생산 기능의 증진을 위하여 필요한 산지로서 보전국유림산지, 채종림 및 시험림 산지, 임원진흥권역 산지 등으로 행위제한이 많은 지역이다.

- ○ 임도·작업로 및 임산물 운반로, 임산물 생산시설 또는 집하시설, 임산물 가공·건조·보관시설, 임산물 전시·판매시설, 산림욕장, 치유의 숲, 숲속야영장, 자연관찰원·산림전시관
- ○ 목공예실·숲속교실·숲속수련장, 야생조수의 인공사육시설, 양어장·양식장·낚시터시설, 유기질비료제조시설, 버섯재배시설, 농림업용 온실, 농기계수리시

설 또는 농기계창고, 농축수산물의 창고·집하장 또는 그 가공시설, 누에 등 곤충사육시설 및 관리시설, 농막, 농업용·축산업용 관리사
- 사찰·교회·성당, 농어촌 관광휴양단지 및 관광농원시설, 사회복지시설, 청소년수련시설, 국가·지방자치단체 및 공공단체가 설치·운영하는 직업능력개발훈련시설, 학교시설, 병원특정연구기관이 교육 또는 연구목적으로 설치하는 시설
- 특정대기유해물질을 배출하는 시설, 대통령령으로 정한 농림어업인이 자기 소유의 산지에서 직접 농림어업을 경영하면서 실제로 거주하기 위하여 부지면적 660㎡ 미만으로 건축하는 주택 및 그 부대시설을 설치할 수 있다.

② 공익용산지

임업생산과 함께 재해 방지, 수원 보호, 자연생태계 보전, 산지경관 보전, 국민보건 휴양 증진 등의 공익 기능을 위하여 필요한 산지로서 자연휴양림의 산지, 야생동물보호구역의 산지, 문화재보호구역의 산지, 습지보호구역의 산지 등 산지전용·일시사용이 제한되는 지역이다.
- 농림어업인의 주택 또는 종교시설을 증개축, 대통령령으로 정한 농림어업인이 자기 소유의 산지에서 직접 농림어업을 경영하면서 실제로 거주하기 위하여 신축하는 주택 및 그 부대시설
- 사찰, 봉안시설, 병원, 사회복지시설, 청소년수련시설 및 그 부대시설, 관상수를 재배, 양어장 및 양식장 시설 등

(5) 자연환경보전지역

자연환경·수자원·해안·생태계·상수원 및 문화재의 보전과 수산자원의 보호·육성 등을 위하여 필요한 지역
- 건폐율 20퍼센트 이하
- 용적율 50퍼센트 이상 80퍼센트

이하 일반인이 주택을 짓기는 곤란하며 현저한 자연을 훼손하지 않는 범위에서 농어업인의 주택, 종교시설(종교용지) 등 건축할 수 있는 지역이 극히 제한되어 있다. 그러나 자연환경보전지역 중 수산자원보호구역은 행위할 수 있는 것들이 많다.

Ⓐ **수산자원보호구역에서 할 수 있은 행위(수자원법제52조)**

○ 수산자원의 보호 또는 조성 등을 위하여 필요한 건축물, 그 밖의 시설 중 대통령령으로 정하는 종류와 규모의 건축물 그 밖의 시설을 건축하는 행위
○ 주민의 생활을 영위하는 데 필요한 건축물, 그 밖의 시설을 설치하는 행위로서 대통령령으로 정하는 행위
○ 「산림자원의 조성 및 관리에 관한 법률」 또는 「산지관리법」에 따른 조림, 육림, 임도의 설치, 그 밖에 대통령령으로 정하는 행위

제한된 범위에서 단독주택 및 근린생활시설, 종교시설, 수련시설, 운동시설, 숙박시설, 학교 및 학원시설 등을 건축할 수 있으며 자세한 것은 그 지방의 관련 행정청에 문의하여 경매입찰에 임하도록 하여야 한다.

- **개발행위허가 제한지역**

국토교통부장관, 시·도지사, 시장 또는 군수는 도시·군관리계획상 특히 필요하다고 인정되는 지역에 대해서는 대통령령으로 정하는 바에 따라 중앙도시계획위원회나 지방도시계획위원회의 심의를 거쳐 한 차례만 3년 이내의 기간 동안 개발행위허가를 제한할 수 있다.(1회)
다만 도시·군기본계획이나 도시·군관리계획을 수립하고 있는 지역으로서 그 도시·군기본계획이나 도시·군관리계획이 결정될 경우 용도지역·용도지구 또는 용도구역의 변경이 예상되고 그에 따라 개발행위허가의 기준이 크게 달라질 것으로 예상되는 지역과 지구단위계획구역으로 지정된 지역, 기반시설부담구역으로 지정된 지역은 중앙도시계획위원회나 지방도시계획위원회의 심의를 거치지 아니하고 한 차례만 2년 이내의 기간 동안 개발행위허가의 제한을 연장할 수 있다. 이 지역은 그린벨트 지역이 아니며 3년이나 길어도 5년이면 행위를 할 수 있는 지역이다.

2) 공부상 자료 확인과 현장답사를 통하여 다음 사항을 체크한다

공부상 자료 인터넷 "토지이음"에 들어가 취득하고자 하는 땅의 용도, 도시계획, 토지의 모양, 지적도상 도로 등 토지이용계획에 관한 사항을 확인하고 네이버지도나 다음지도(스카이뷰, 로드뷰)에 들어가 화면을 확대하거나 또는 개별적으로 보아가며 취득하고자 하는 땅과 도로 관계, 도심과의 거리, 주위환경과 상호관계를 살펴보아 지리적 영역과 공간적인 관점에서 효율적이고 경

제성이 있는지, 현재와 미래가치에 부응할 수 있는지 살펴본다.

(1) 도로의 접근성

입지에 있어서 가장 중요한 것은 도로의 접근성이다.
① 대중교통시설이 양호한지
② 지적도상 진입도로가 공도에 접하는지
③ 진입도로가 현황도로, 사도인지, 공도인지
④ 도로의 폭은 몇 m이고, 포장이 되어 있는지
⑤ 맹지라면 공도와 통하는 진입로를 개설할 수 있는지
⑥ 연결도로 공사비용은 대략 얼마인지

(2) 도심과의 접근성

① 병원과 편익시설과의 접근성
② 학교와 관공서와의 접근성
③ 직장과의 통학거리
④ 공원과 운동시설과의 접근성
등을 따져보아 거리와 차량과 도보로 걸리는 시간을 체크해 본다.

(3) 주위환경 및 토지의 지세

① 대상토지의 배수관계, 땅의 모양과 경사도, 방향, 일조, 통풍, 조망, 지반, 저수지 등이 있는지
② 전기, 상·하수도 등을 체크
③ 주위의 문화재가 있는지- 본 입지에 문화재가 있다면 행위하는 데 제한을 받는다.
④ 높은 축대가 있는지- 본 입지와 관련하여 위험한 축대가 있다면 문제가 된다.
⑤ 산사태와 홍수에 노출되어 있는지- 그 주위의 지반보다 낮으면 비가 많이 올 경우 침수가 문제가 된다.

⑥ 고압선이 지나가는지(선하지) - 건강과 행위에 문제가 된다.
⑦ 하수처리장·쓰레기소각장·묘지, 축사시설 등 혐오시설이 있는지 조사

(4) 목적대상 토지의 지상물 확인

지상에 나무나 농장물이 심어져 있는지, 건축물(무허가), 적치물(돌무더기 등), 쓰레기더미(땅속 깊이 파묻어 놓은 산업폐기물 등)가 있는지 등을 조사한다.

또한, 대지의 경우 대상 토지 위에 건축물이 육안으로는 보이지 않지만 멸실되어 흔적이 없는 경우가 있으므로 그 지번으로 건축물대장을 한번 열람해 보는 것도 중요하다. 멸실 신고가 되지 않아 건축물의 존재가 확인된다면 행위하는 데 지장이 있다.

(5) 목적대상 토지의 시세 조사

보통 경매로 나온 땅의 감정가는 주위의 땅과 시세를 비교하면 일반적으로 주위의 땅 시세보다 낮다. 목적물의 땅의 시세를 알려고 하면 주위의 부동산 사무소 몇 군데 가서 대상 토지 주변에 땅 시세를 알아보는 방법이 있으며, 그 지역의 정보지(벼룩시장 등)에 나온 주위의 땅 시세, 국토부실거래가공개시스템의 실거래가 정보, 토지이음 정보에 나온 실거래가정보, 인터넷 벨류맵사이트 등을 열람해 보면 경매목적물의 시세를 유추하여 짐작할 수 있다.

3) 건축법상 도로를 체크한다

도로는 건축허가에 있어서 필수적인 조건이며 지가에도 가장 큰 영향을 미친다.

건축허가 가능한 도로는 대지와 2m 이상 접하고 도로의 폭이 4m 이상 이어야 하며 자동차와 사람의 통행이 가능해야 한다. 그리고 연면적의 합계가 2천 제곱미터(공장인 경우에는 3천 제곱미터) 이상인 건축물(축사, 작물 재배사, 그 밖에 이

와 비슷한 건축물로서 건축조례로 정하는 규모의 건축물은 제외한다)의 대지는 너비 6미터 이상의 도로에 4미터 이상 접하여야 한다.

ex.1 건축법상 도로

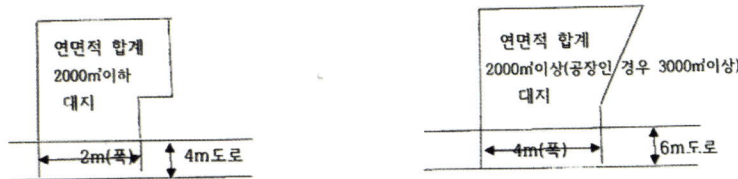

(1) 막다른 도로 일 때(도로 끝부분이 막혀 있는 도로) 건축 허가

막다른 도로의 길이	도로의 너비
10m 미만	2m
10m 이상 35m 미만	3m
35m 이상	6m(도시지역아닌읍,면지역4m)

막다른 도로가 건축법상 도로로 지정이 되어 도로대장에 등재되었으면 건축허가가 가능하지만 타인의 소유일 때는 사용승낙서를 받아 건축허가를 신청할 수 있으므로 관계관청이나 건축사에 문의한다.

add

- 막다른 골목길이 오래 전부터 주민들의 통행로로 사용되어 온 경우, 건축법상의 도로가 되었다고 할 수 있는지

  막다른 골목길이 오래 전부터 인근 주민들의 통행로로 사용되어 왔다고 하더라도 그것이 폭 4m 이상으로서 1975. 12. 31. 법률 제2852호 건축법중개정법률 시행일인 1976. 2. 1. 전에 이미 주민들의 통행로로 이용되고 있어서 위 개정법률 부칙 제2항에 의하여 도로로 보는 것을 제외하고는 건축법상의 도로가 되었다고 할 수 없다.(대법98두12802판결)

(2) 도로 설치가 곤란한 경우 일 때

지자체장이 지형적 조건으로 인하여 차량 통행을 위한 도로의 설치가 곤란하다고 인정하여 그 위치를 지정·공고하는 구간의 너비 3미터 이상인 도로는 건축허가가 가능하다.

(3) 2m 이상 접하지 않아도 되는 경우

① 해당 건축물의 출입에 지장이 없다고 인정되는 경우
② 건축물의 주변에 대통령령으로 정하는 공지(광장, 공원, 유원지, 그 밖에 관계 법령에 따라 건축이 금지되고 공중의 통행에 지장이 없는 공지로서 허가권자가 인정한 것)가 있는 경우.
③ 농지에 설치하는 농축산물 생산시설에 따른 농막을 건축하는 경우(건축법제44조)

(4) 도시계획 예정도로 건축 허가

건축법제2조제11호의 도로로 규정한 취지에 관계법령에 따라 신설 또는 변경에 관한 고시가 된 도시계획이 예정된 도로가 접한 대지에 건축허가가 가능하다.
예정도로가 준공되면 축조한 건물에 대하여 사용승인 허가가 나는지 등에 대하여 해당지역 관계기관에 문의해야 한다.

(5) 통행지역권을 설정하여 건축허가

지역권자는 일정한 목적을 위하여 타인의 토지를 자기토지의 편익에 이용하는 권리가 있는데(민법291조) 자기 토지가 맹지일 경우 남의 토지를 이용하여 통행지역권을 설정하여 건축허가에 필요한 진입로를 개설하는 방법이 있다.
이러한 방법은 상대방과 지역권설정계약을 하고 등기부등본에 기입하는 방법이며 건축허가 시에 등기부등본을 첨부하여 신청하면 된다. 그러나 경우에 따라서는 상대방의 사용승낙서를 요구하는 경우도 있지만 특별한 경우가 아니면 거의 통과된다고 본다. 또한 통행지역권은 시효취득으로 인정되는 경우가 있다. 지역권은 용익물권으로 편익을 얻는 토지를 요역지라 하며 편익을 제공하는 토지를 승역지라 한다.

> **add**
>
> - **통행지역권의 시효취득요건으로 건축허가 가능**
>   통행지역권은 어떤 토지의 소유자가 타인의 토지를 지나지 않고서는 공로에 접근할 수 없는 경우에 타인의 토지를 통행할 수 있는 권리를 말하는 것으로 계속되고 표현된 것에 한하여 민법 제245조의 규정을 준용하도록 되어 있으므로, 통행지역권은 요역지의 소유자가 승역지 위에 도로를 설치하여 승역지를 사용하는 객관적 상태가 민법 제245조에 규정된 기간 계속된 경우에 한하여 그 시효취득을 인정할 수 있다.(대법2001다8493판결)
> - **제245조(점유로 인한 부동산소유권의 취득기간)**
>   ○ 20년간 소유의 의사로 평온, 공연하게 부동산을 점유하는 자는 등기함으로써 그 소유권을 취득한다.
>   ○ 부동산의 소유자로 등기한 자가 10년간 소유의 의사로 평온, 공연하게 선의이며 과실 없이 그 부동산을 점유한 때에는 소유권을 취득한다.

(6) 진입도로의 공유지분을 이용하여 건축허가를 받을 때

여러 사람의 공유인 진입도로는 건축법상 도로로 지정하여 도로대장에 등재되고 배타적 사용승인권이 없는 공도이면 건축허가에 별문제가 없지만 진입도로의 땅지분의 소유자라도 건축허가 시에 그 토지의 공유자들의 사용승낙서를 받아야 하는 경우가 있으므로 해당 관청에 반드시 문의 하도록 한다.

(7) 현황도로와 관련한 건축허가 요건

현황도로는 건축법상 지정한 도로가 아니다. 지적도에도 나타나지 않으며 관계 법령에 의하여 개설 또는 변경에 관한 고시가 없는 도로이므로 사유인 경우 건축허가 신청 시에 소유자의 동의(토지사용승낙서)가 필요한 도로이다.

> **add**
>
> • 현황도로에 대하여 건축허가를 받고 건축법상 도로로 지정되어 도로관리대장에 등재되면 공도가 되어 그 다음의 새로운 허가자는 토지소유자에게 승낙서를 받지 않아도 건축 허가 신청이 가능하다.
> 그리고 비도시지역의 면, 리지역은 현황도로를 도로로 인정하는 경우가 있으므로 사용승낙을 받지 않아도 건축허가가 가능하며 사실상 주민들이 오랫동안 도로로 사용하는 관습상의 도로이기 때문에 토지소유자의 동의 없이 건축위원회에 심의만 거쳐도 지자체에 따라서는 건축허가를 받을 수 있는 조례도 있으니 해당 관청에 문의한다.

(8) 토지사용승낙서로 건축허가 받은 진입도로

현황도로인 경우 건축허가를 받을 때 필요에 따라 상대방의 토지사용승낙서를 이용하여 허가를 득하는 경우에 토지소유자가 변경되면 전에 계약한 토지승낙서는 효력이 없다. 그러므로 새로운 토지소유자가 진입도로의 사용을 거부할 경우 곤란할 경우가 있다.

그러나 토지승낙서를 받아 축조된 건물에 대해서는 소유자가 변경되어도 진입도로는 사용할 수 있으나 도로의 소유자가 사용료 지급을 원할 경우 바뀐 토지 소유자는 협상을 통하여 지불해야 되지 않을까 한다.

> **add**
>
> • **토지사용승낙서**
> 통행로에 대한 사용승낙의무가 있는 토지 소유자를 상대로 '건축허가신청을 위한 토지사용승낙의 의사표시'를 구한 경우, 그 취지는 '건축법상 건축허가에 필요한 도로를 개설하기 위한 범위 내에서 이해관계인의 동의'를 구하는 것이라고 본다.(대법97다50121판결)

(9) 농어촌 도로(농로)와 관련 건축 허가

농로는 건축법상 도로가 아니다. 그러나 간혹 장기간 주민들이 통행로로 이용하는 사실상의 도로로 인정하는 경우에는 그 지자체에서 정한 조례에 따라 건축허가가 가능하므로 해당 관청에 문의해 보아야 한다.

농어촌 도로의 개설, 확장 및 포장과 보전에 관한 사항을 규정함으로써 농어촌지역 주민의 교통 편익과 농수산물의 생산·유통을 향상시켜 농어촌지역의 생활환경 개선과 경제의 활성화에 기여함을 목적으로 한다.(농어촌도로정비법제1조)

(10) 사도

사도는 개인이 공도에 연결하는 도로이며 도로법 적용대상이 아니라 사도법 적용대상이다. 사도를 개설하여 사용승인을 받아 사도법에 의한 사도관리대장에 등재되면 토지 소유자의 승낙을 받지 않아도 불특정 다수인이 이용할 수 있는 도로이다. 그렇지 않고 승낙서를 받아야 하는 경우도 있으므로 해당 관청에 문의하여 결정하도록 한다.

> **add**
> - 사도개설자는 그 사도에서 일반인의 통행을 제한하거나 금지할 수 없으며 사도의 효용을 높이기 위하여 필요한 경우에는 시장·군수·구청장에게 해당 사도와 공도가 연결되는 접속구간을 개수하여 줄 것을 요구할 수 있다.(사도법제8조)
> 또한, 시장·군수·구청장은 사도가 사도로서의 효용을 넘어 공공교통에 크게 도움이 된다고 인정하면 예산의 범위에서 설치비와 관리비의 전부 또는 일부를 보조할 수 있다.(사도법제14조)

(11) 임도

임도의 목적은 산림의 효율적인 개발과 경영관을 위해 임업의 생산 기반 시설을 마련하기 위하여 설치한 도로이며 건축법상 도로가 아니므로 건축허가 요건의 도로가 아니다.

4) 맹지에 진입도로 개설하여 건축 허가

지적도상 도로가 접하여 있지 않는 땅을 맹지라 한다. 그러나 여기서는 도로에 접하여 있어도 건축법상 건축허가 요건에 부합하지 못하면 맹지라 말할 수 있다.

맹지에 건축법상의 진입도로를 공도에 연결할 수 있다면 맹지에서 탈출하여 상당한 수익을 올릴 수 있는 물건이라 할 수 있다.

(1) 매수할 땅을 조사하여 공도와 연결할 수 있는 지 면밀히 연구해 본다.

가장 좋은 방법으로는 공도에 진입할 수 있는 땅 소유자와 협의하여 진입도로의 면적을 매수하는 방법과 토지사용승인을 받을 수 있는 방법인데 상대방이 땅 값을 많이 요구하거나 사용승인의 협상이 쉽지 않을 수 있다. 그러므로 내 땅과 상대방의 땅의 모양을 연구하여 상대방 소유자에게 이익을 주는 방법으로 도로 부분을 교환하는 방법과 합병하여 분할하는 방법으로 시도해 볼 수 있다.

ex.2 교환, 분할, 합병

※ (갑)토지 맹지일 때

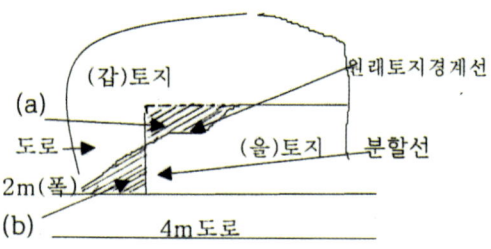

(갑)의 토지 (a)와 (을)의 토지 (b)와 교환함으로써 (갑)은 맹지 탈출하여 좋고 (을)은 쓸모 있는 땅으로 만들어서 좋다.

(a)와 (b)교환이라 했지만 주먹구구식으로 선을 그어 할 수 없고 어차피 분할측량하여 토지대장에 등재하고 이전등기를 하여 공시해야 하므로 주거지역의 경우 최소분할면적 60㎡ 이하로 분할하기는 어려우므로 이러한 최소분할면적을 감안하여 처리하도록 하고 합필을 전제로 한 분할은 가능하므로 융통성 있게 처리하면 된다.

- 토지를 분할할 때 토지용도에 따라 분할을 제한하는 최소면적이 있다.
  1. 주거지역: 60㎡
  2. 상업지역: 150㎡
  3. 공업지역: 150㎡
  4. 녹지지역: 200㎡
  5. 제1호부터 제4호까지의 규정에 해당하지 아니하는 지역: 60㎡
  6. 개발제한지역 200㎡
  7. 농림지역 2,000㎡

ex.3 교환, 분할, 합병

※ (갑)토지 맹지일 때

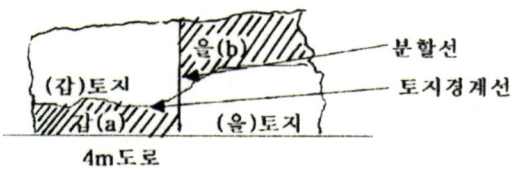

(갑)토지는 맹지이며 (을)토지는 4m 도로에 접하여 있다. 위 그림과 같이 땅모양을 좋게 하여 유용도를 높이는 방향으로 당사자가 협의하여 분할선을 정하고 맹지인 (갑)토지를 빗금 친 부분인 을(b)만큼을 (을)에게 주고 (을)토지 빗금 친 부분 갑(a)만큼을 (갑)에게 주어 맹지인 (갑)토지가 도로에 접하도록 분할측량하여 대장을 정리한 다음 등기부등본에 기입하면 된다.

(2) 맹지의 땅에 접한 구거나 국·공유지가 공도에 연결되어 있을 때

맹지인 땅을 조사하여 보면 구거가 접하여 공도에 연결되었다면 구거 점용허가를 받아 도로를 개설할 수 있고 또한, 공도와 연결한 국, 공유지 토지가 끼어 있는 경우에 사용허가를 받아 맹지탈출이 가능하다.

🏠 **ex.4** 구거와 국·공유지가 공도와 연결되어 있을 때

① 구거를 이용한 진입도로 개설

구거는 국·공유의 소유이거나 사유지가 있을 수 있으며 주로 농경지의 구거는 인공구거로서 농어촌공사에서 관리하고 있는 농업생산기반시설이다. 그리고 농업용 수로로 이용하는 인공구거 아닌 자연구거는 지자체에서 관리하는 구거이며 공유수면 관리 및 매립에 관한 법률의 적용을 받는다. 여기서 구거 사용의 목적은 진입도로로 만들어 건축허가를 받을 목적이므로 농업생산을 위한 농로가 아닌 목적 외 사용으로 점용허가를 받아야 하며 혹여, 구거로서 역할을 못 할 경우 매수하여 진입도로를 낼 수 있는 방법도 있으니까 현장답사하여 조사하고 지자체의 해당부서에 문의하여 결정하도록 한다.

add

- **구거 소유자의 사용·수익 제한**
  지방자치단체가 농업용 수로로 사용되던 구거의 일부를 복개하여 인근 주민들의 통행로와 주차장소 등으로 제공한 경우, 구거 소유자가 그 구거 부분을 사용·수익하지 못함으로 인한 손해를 입었다고 보기는 어렵다는 이유로 지방자치단체의 부당이득반환의무를 부정한 사례.(대법2000다57375판결)

② 국·공유재산을 이용한 진입도로 개설

국·공유재산은 그 용도에 따라 행정재산과 일반재산으로 구분한다.

행정재산의 경우 처분은 금지되어 있으나 용도가 폐지된 경우에는 처분할 수 있으며 그 목적 또는 용도에 장애가 되지 아니하는 범위에서 사용허가를 할 수 있다.

㉮ 수의계약 매수 가능

매수하고자 하는 땅이 맹지이더라도 국·공유지가 맞닿아 있고 그 부분이 진입도로 공로와 연결이 가능하다면 맹지탈출이 가능하다. 또한 용도가 폐지된 행정재산과 일반재산에 대하여 처분이 가능하며 수의계약으로 매수할 수 있다.

일반재산인 경우에는 대부 또는 처분할 수 있다. 일반재산을 처분하는 계약을 체결할 경우에는 그 뜻을 공고하여 일반경쟁에 부쳐야 한다. 그러나 국·공유지의 위치, 규모, 형태 및 용도 등을 고려할 때 이용가치가 없는 경우로서 그 국·공유지와 서로 맞닿은 사유토지의 소유자에게 매각하는 경우 수의계약으로 매각할 수 있다.(국재법시행령40조4항17)

> **add**
>
> - 행정재산의 용도폐지
>   1. 행정목적으로 사용되지 아니하게 된 경우
>   2. 행정재산으로 사용하기로 결정한 날부터 5년이 지난 날까지 행정재산으로 사용되지 아니한 경우
>   (국재법제40조)

(3) 주위토지통행권에 대한 진입도로 건축허가

어느 토지와 공로사이에 그 토지의 용도에 필요한 통로가 없는 경우에 그 토지소유자는 주위의 토지를 통행 또는 통로로 하지 아니하면 공로에 출입할 수 없거나 과다한 비용을 요하는 때에는 그 주위의 토지를 통행할 수 있고 필요한 경우에는 통로를 개설할 수 있다. 그러나 이로 인한 손해가 가장 적은 장소와 방법을 선택하여야 한다. 이로 인한 통행권자는 통행지소유자의 손해를 보상하여야 한다.(민법219조)

① 주위토지통행권으로 건축허가

어느 토지와 공로 사이에 그 토지의 용도에 필요한 통로가 없는 경우에 주위토지통행권이 인정되므로 그 범위를 결정함에 있어, 건축허가 요건 충족을

위한 2m 도로 확보 규정 등을 참작하여 통행로의 노폭을 2m로 인정한 판결이 있다.(대법96다10171판결)

하지만 주위통행권을 인정한다고 하여 건축법상허가요건이 충족되는 것은 아니다.

- 민법 제219조에 규정된 주위토지통행권이 인정되는 경우, 자동차의 통행이 가능한 범위까지 허용할 것인지 여부

  민법 제219조에 규정된 주위토지통행권은 공로와의 사이에 그 용도에 필요한 통로가 없는 토지의 이용이라는 공익목적을 위하여 피통행지 소유자의 손해를 무릅쓰고 특별히 인정되는 것이므로, 그 통행로의 폭이나 위치 등을 정함에 있어서는 피통행지의 소유자에게 가장 손해가 적게 되는 방법이 고려되어야 할 것이고, 어느 정도를 필요한 범위로 볼 것인가는 구체적인 사안에서 사회통념에 따라 쌍방 토지의 지형적·위치적 형상 및 이용관계, 부근의 지리상황, 상린지 이용자의 이해득실 기타 제반 사정을 기초로 판단하여야 하며, 토지의 이용방법에 따라서는 자동차 등이 통과할 수 있는 통로의 개설도 허용되지만 단지 토지이용의 편의를 위해 다소 필요한 상태라고 여겨지는 정도에 그치는 경우까지 자동차의 통행을 허용할 것은 아니다.(대법2005다70144판결)

(4) 분할로 인한 맹지일 때-건축허가 가능한지

분할로 인하여 공로에 통하지 못하는 토지가 있는 때에는 그 토지소유자는 공로에 출입하기 위하여 다른 분할자의 토지를 통행할 수 있다. 이 경우에는 보상의 의무가 없다.(민법제220조)

그러나 주위통행권을 인정한다 하더라도 건축법상허가요건이 충족될 정도의 것은 아니다.

- 토지의 일부 양도에 있어 주위토지통행권에 관한 민법 제220조의 적용 범위

  동일인 소유의 토지의 일부가 양도되어 공로에 통하지 못하는 토지가 생긴 경우에 포위된 토지를 위한 주위토지통행권은 일부 양도 전의 양도인 소유의 종전 토지에 대하여만 생기고 다른 사람 소유의 토지에 대하여는 인정되지 아니하며, 또 무상의 주위토지통행권이 발생하는 토지의 일부 양도라 함은 1필의 토지의 일부가 양도된 경우뿐만 아니라 일단으로 되어 있던 동일인 소유의 수필의 토지 중 일부가 양도된 경우도 포함된다.

또한, 양도인 소유의 종전 토지에 대하여 무상의 주위토지통행권이 인정되는 이상 제3자 소유의 토지에 대하여는 민법제219조에 따른 주위토지통행권을 주장할 수 없다고 한 사례.(대법2004다65589판결)

- **국·공유지 토지는 주위토지통행권을 인정할 수 있는가**

지방재정법 제74조 제1항, 제82조 제1항에 의하면 공유재산은 지방자치단체의 장의 허가 없이 사용 또는 수익을 하지 못하고, 또 그중 행정재산에 관하여는 사권을 설정할 수 없게 되어 있음은 물론이나, 민법상의 상린관계의 규정은 인접하는 토지 상호간의 이용관계를 조정하기 위하여 인지소유자에게 소극적인 수인의무를 부담시키는 데 불과하므로, 그중의 하나인 민법 제219조 소정의 주위토지통행권이 위에서 말하는 사권의 설정에 해당한다고 볼 수 없고, 또 그러한 법정의 통행권을 인정받기 위하여 특별히 행정당국의 허가를 받아야 하는 것이라고도 할 수 없다.(대법94다14193판결)

chap.12
부동산 물건 선택
-주의할 사항과 가치 제고 Ⅱ

1. 농지를 취득할 때
2. 산지를 고를 때
3. 공장을 취득할 때
4. 특수한 용도구역과 피해야 할 토지

Chap.12
부동산 물건 선택-주의할 사항과 가치 제고 Ⅱ

 농지를 취득 할 때

전·답, 과수원, 그 밖에 법적 지목을 불문하고 실제로 농작물 경작지, 다년생 식물 재배지로 이용되는 토지가 농지이다. 다만, 초지법에 따라 조성된 초지 등 대통령령으로 정하는 토지는 제외한다.

그러나 지목이 전·답, 과수원이 아닌 토지로서 농작물 경작지로 이용되는 기간이 3년 미만인 토지와 지목이 임야인 토지로서 그 형질을 변경하지 않고 다년생식물의 재배에 이용되는 토지 및 초지는 제외한다.

농지는 농사를 짓는 땅이므로 주식인 쌀을 생산하고 채소를 재배하고 버섯도 가꾸고 하여 우리들의 먹거리를 생산하는 데 주로 사용한다.

농지를 취득하려는 사람은 농사를 짓기 위하여 취득하는 경우도 있지만 대개는 돈이 되는 땅으로 변화되기를 기대하면서 미래가치를 먼저 생각하는 사람이 많다. 그리고 농지전용을 통하여 공장이나 집을 짓기 위한 사람도 많이 있다.

농사를 짓든 집을 짓든 지가가 오르면 싫어할 사람은 아무도 없다. 농지를 취득할 때 주위의 환경이 바뀌거나 이슈가 될 만한 정부정책에 의한 개발이나, 거대 기업체가 들어온다든지 하여 그런 개발호재로 인한 지가상승이 되기를 누구나 바란다.

농지를 취득하면 그 농지에 대한 수동적인 지가상승도 있지만 능동적으로 농지를 전용하여 개발하고 가공하여 그 입지에 대한 최대한의 효용을 창출하여 지가를 올리는 방법도 있다.

공공투자에 의하여 조성된 경지정리가 잘된 바둑판 모양의 농지는 농사짓기에 적합한 농지이지만 행위제한이 엄격하게 적용되어 용도변경이 이루어지기 매우 어려우나 경지정리가 되어 있지 않고 구불구불한 논두렁이 널브러져 있으면 농사짓기에는 불편하지만 행위제한이 비교적으로 완화되어 개발하기 용이하며 다른 용도로 바뀌는 경우가 종종 있다.

농지의 용도가 바뀌는 것은 어렵지만 그렇다고 바뀔 수 없는 것만은 아니다. 예를 들면 현재는 농업진흥구역으로 용도변경이 이루어지기 힘들지만 주위의 산업단지나, 복합물류단지, 대형연구시설 등이 입지한다면 주위의 농업진흥구역이 농업보호구역 또는 관리지역으로 바뀔 수 있다.

> **add**
>
> - **농지법에서 말하는 소정의 '농지'에 해당여부**
>   어떤 토지가 농지법 소정의 농지인지의 여부는 공부상의 지목 여하에 불구하고 당해 토지의 사실상의 현상에 따라 가려져야 할 것이고, 공부상 지목이 답인 토지의 경우 그 농지로서의 현상이 변경되었다고 하더라도 그 변경 상태가 일시적인 것에 불과하고 농지로서의 원상회복이 용이하게 이루어질 수 있다면 그 토지는 여전히 농지법에서 말하는 농지에 해당한다.(대법98마2604결정)

1) 농지 현장답사와 고려할 사항

현장답사를 통하여 입찰하고자 하는 용도지역에 관한 사항, 땅이 도로가 접하여 있는지, 땅의 모양과 지반, 그리고 그 지상에 무허가 건축물, 묘지, 잡목 등이 있는지, 농지취득증명원을 받을 수 있는지 세심하게 생각하여 입찰하도록 한다.

(1) 지상에 농작물과 나무가 생육하고 있을 때

일반적으로 토지 위의 수목은 입목에 관한 법률에 의하여 등기된 입목과 명인방법을 갖춘 수목, 또한 제3자가 심은 수목이 아니면 낙찰자의 소유이다. 그리고 내 땅에 허락 없이 무단으로 배추나, 상추 등 농작물을 심어 자라고 있는 농작물은 무단으로 제거하면 형법상 절도죄나 재물손괴죄로 처벌을 받을 수 있으므로 작물의 주인과 협의하여 처리하도록 한다.

① 토지상에 농작물이 있을 때
경매받은 농지에 농작물이 자라고 있다면 무조건 제거하면 안 되고 주인을 찾아 협의하여 제거하도록 한다.
타인 소유의 토지에 사용, 수익의 권한 없이 농작물을 경작한 경우에 그 농작물의 소유권은 경작한 사람에게 귀속된다.(대법70도82판결)

add

- **권원 없이 타인의 토지 위에 식재한 감나무에서 감을 수확하면 절도죄에 해당한다**
  타인의 토지상에 권원 없이 식재한 수목의 소유권은 토지소유자에게 귀속하고 권원에 의하여 식재한 경우에는 그 소유권이 식재한 자에게 있으므로, 권원 없이 식재한 감나무에서 감을 수확한 것은 절도죄에 해당한다.(대법97도3425)

(2) 비닐하우스, 콘테이너박스 등 가설건축물이 있을 때

비닐하우스, 콘테이너박스 등의 가설건축물은 특별한 사정이 없는 한 독립된 부동산으로서 건물의 요건을 갖추지 못하여 법정지상권이 성립하지 않으므로 당사자와 협의하여 해결하는 방법이 중요하고 협상이 되지 않으면 인도명령이나 철거소송을 할 수 있다.

- **가설건축물(비닐하우스, 콘테이너박스 등)에 관한 법정지상권 성립여부**
  민법 제366조의 법정지상권이 성립하지 않으므로 소유자에게 철거를 요청할 수 있다. 독립된 부동산으로서 건물은 토지에 정착되어 있어야 하는데(민법제99조제1항), 가설건축물은 일시 사용을 위해 건축되는 구조물로서 설치 당시부터 일정한 존치기간이 지난 후 철거가 예정되어 있어 일반적으로 토지에 정착되어 있다고 볼 수 없다. 민법상 건물에 대한 법정지상권의 최단 존속기간은 견고한 건물이 30년, 그 밖의 건물이 15년인 데 비하여, 건축법령상 가설건축물의 존치기간은 통상 3년 이내로 정해져 있다. 따라서 가설건축물은 특별한 사정이 없는 한 독립된 부동산으로서 건물의 요건을 갖추지 못하여 법정지상권이 성립하지 않는다.(대법2020다224821판결)

2) 농지를 경매로 취득하려면

농지는 농업인 또는 농업법인이 자기의 농업경영에 이용하거나 이용하려고 하는 경우가 아니면 소유할 수 없으나, 농업인이나 농업법인이 아니더라도 자기가 농업을 경영 또는 자기의 농업경영에 이용하고자 하여 농지를 취득하려는 자와 농업인이 아닌 개인이 주말·체험영농을 하려고 농업진흥지역 외의 농지를 취득하려는 자는 예외적으로 농지 소유가 가능하다.(농지법 제2조제2항)

① 농지를 취득하고자하는 자는 농지취득자격증명원이 필요하다.
경매에서의 농지를 낙찰받은 낙찰인도 매각결정기일 7일 전에 농지취득증명원을 해당 법원에 제출해야 하므로 제출하지 못할 경우(보증금 몰수 조항)보증금을 떼일 염려가 있으므로 제출 시한에 염두를 두어 반드시 해당관청에 문의해야 한다.

② 경매로 농지를 취득할 때 낙찰 전 농지취득증명원 미리 발급
경매에 나온 농지를 낙찰받고자 할 경우 낙찰 후 7일 안에 농취증을 발급받아 경매계에 제출해야 하므로 시일이 촉박할 경우에는 입찰 전에 농취증을 미리 신청하여 발급받는 방법이 있다. 농지취득자격증명 발급은 심사를 통해 신청

인의 연령·직업·영농경력·영농거리 등 영농여건, 영농의지, 농업경영계획의 실현가능성, 농지소유상한 초과 여부 등을 종합적으로 확인하기 위한 것으로, 경매 입찰 전 농지취득자격증명 발급신청은 가능하다. 그러나 경매 대상 농지가 농지법을 위반하여 불법으로 형질이 변경되었거나 불법건축물이 있는 농지인 경우 농지취득자격증명 발급이 제한될 수 있으므로, 경매 입찰 전 해당 농지의 상태가 농업경영이 가능한 상태인지 사전에 확인할 필요가 있다.

(1) 농지취득자격증명원 발급 신청

농지취득자격증명을 발급받으려는 자는 농업경영계획서 또는 주말·체험영농계획서를 작성하고 농림축산식품부령으로 정하는 서류를 첨부하여 농지 소재지를 관할하는 시·구·읍·면의 장에게 신청하여 발급받을 수 있다. 농지취득증명원은 농지를 소유 또는 경작하려고 할 때 소유권이전 시 첨부하는 서류이므로 기존에 농지를 소유하여 경작한 사람은 쉽게 농지취득증명원을 받을 수 있지만 처음이거나 경매로 취득하려는 사람에게는 조금 거부감이 들지만 어려운 것은 아니다.

> **add**
>
> - **인터넷에서 신청**
>   인터넷의 정부24에서 농지취득을 검색하여 조회·발급을 클릭하고 표시된 해당사항을 선택하여 해당 관청에 신청하면 발급받을 수 있다.

(2) 농지취득자격증명 발급 대상 토지

전·답, 과수원, 그 밖에 법적 지목을 불문하고 실제로 농작물 경작지 또는 다년생 식물 재배지로 이용되는 토지를 말한다.(농지법 제2조제1호의 가목).
① 지목이 '전'으로 되어 있는 토지를 오랫동안 방치하거나 농지전용허가를 받지 아니하고 타 용도로 전용되어 농작물 경작이나 다년생식물의 재배에 이용하기 어려운 상태라 하더라도 이는 농지법에 따른 농지에 해당하므로 취득

시 농지취득자격증명을 발급받아야 한다.
② 지목이 '전'인 토지가 오랫동안 방치되거나 농업경영 외의 용도로 이용되어 현 상태로 농작물 경작이나 다년생식물의 재배 등에 이용하기 어려운 상태인 경우 이를 원상복구 후 매매하는 것이 원칙이다.

(3) 주말·체험 영농 농지를 취득할 때

농업인이 아닌 개인(비농업인)이 주말·체험영농에 이용하고자 농지를 취득하는 경우에는 농업경영계획서는 필요 없고 주말·체험영농계획서를 작성하여 농지취득증명원을 신청하면 된다.

신청인의 주소지와 농지소재지가 다른 지역이라고 해서 농지취득자격증명의 발급이 제한되지는 않고 주말·체험영농 목적의 농지는 농업인이 아닌 개인만이 취득할 수 있으며, 법인은 취득이 불가하지만 대학생의 경우 직업 탐색기회 부여 및 취·창농 확대를 위하여 재학 중인 대학생에게는 주말·체험영농 목적의 농지를 소유할 수 있다.

① 주말·체험영농

"주말·체험영농"이란 농업인이 아닌 개인이 주말 등을 이용하여 취미생활이나 여가활동으로 농작물을 경작하거나 다년생식물을 재배하는 것을 의미하며, 세대당 1,000㎡ 미만의 범위에서 소유가 가능하다.

② 발급가능 면적
○ 농지의 면적 1,000㎡ 미만(그 세대원 전부가 소유하는 총 면적<1.000㎡)
○ 2021.8.17. 농지법개정으로 농업진흥지역 내 농지에 있어서 주말·체험영농을 목적으로 취득할 때 제한 규정을 신설하여 농지취득자격증명원 발급받기가 불가능하므로 입찰 전 그 농지 소재지 관청에 반드시 문의하여 입찰에 임하도록 해야 한다.

③ 준비서류

주말·체험영농계획서를 작성하고 다음 서류를 첨부한다.

가. 재직증명서·재학증명서 등 직업을 확인할 수 있는 서류

나. 신청인을 포함하여 각자가 취득하려는 농지의 위치와 면적을 특정하여 구분소유하기로 하는 약정서 및 도면자료(신청인이 1필지의 농지를 공유로 취득하려는 공유자인 경우만 해당한다)

- **농업인의 기준**
  1. 1천 제곱미터 이상의 농지를 경영하거나 경작하는 사람
  2. 농업경영을 통한 농산물의 연간 판매액이 120만원 이상인 사람
  3. 1년 중 90일 이상 농업에 종사하는 사람
  4. 농업경영체 육성 및 지원에 관한 법률 제16조제1항에 따라 설립된 영농조합법인의 농산물 출하·유통·가공·수출활동에 1년 이상 계속하여 고용된 사람
  5. 농업경영체 육성 및 지원에 관한 법률 제19조제1항에 따라 설립된 농업회사법인의 농산물 유통·가공·판매활동에 1년 이상 계속하여 고용된 사람

(4) 농지위원회 심의 사항이 필요할 때 - 14일 소요

시·구·읍·면의 장은 농지 투기가 성행하거나 성행할 우려가 있는 지역의 농지를 취득하려는 자 등 농림축산식품부령으로 정하는 자가 농지취득자격증명 발급을 신청한 경우 제44조에 따른 농지위원회의 심의를 거쳐야 한다.(개정농지법)

① 토지거래허가구역에 있는 농지를 취득하려는 자
② 취득대상 농지 소재지 관할 시·군·자치구 또는 연접한 시·군·자치구에 거주하지 않으면서 그 관할 시·군·자치구에 소재한 농지를 2022년 8월 18일 이후 처음으로 취득하려는 자와 농지에서 30㎞ 이상 거리의 거주자로서 최초 농지를 취득한 자
③ 1필지의 농지를 3인 이상이 공유로 취득하려는 경우 해당 공유자
④ 농업법인이 농지를 취득하려고 하는 경우

⑤ 외국인·외국국적 동포가 농지를 취득하는 경우
⑥ 그 밖에 농업경영능력 등을 심사할 필요가 있다고 인정하여 시·군·자치구의 조례로 정하는 자
농지위원회의 심의를 통하여 농지취득증명원을 발급 받을 사항이면 신청일로부터 14일 정도가 소요된다.

(5) 농지를 공유로 취득할 때

2022.5.18.부터 시행된 농지법 제8조제2항제1호에 따라 공유로 농지를 취득하려는 경우 공유 지분의 비율 및 각자가 취득하려는 농지의 위치를 특정하여야 공유자 간 약정하는 구분소유적 공유관계를 형성하여야 한다. 다만, 2022.5.18일 이전 기존 공유관계가 형성되어 있는 경우 법 적용 대상에서 제외하므로 구분소유적 공유관계를 맺지 않아도 무방하다.
그러나 2022.5.18일부터 여러 사람이 공동으로 소유하기로 합의하여 새롭게 공유를 성립시키는 경우에는 법 적용대상이 되므로 구분소유적 공유관계를 맺어야 한다.
※ 구분소유적 공유관계-앞서 설명

(6) 축사부지와 농로를 취득할 때 농취증 발급

① 2007.07.04.이전에 농지전용(신고)를 받아 축사를 설치한 경우에는 농지취득자격증명을 발급받지 않고 취득이 가능하다. 2007.7.4. 이전에 농지법에 따른 전용허가(신고)를 받지 않고 축사를 설치할 경우이거나 이후에 설치한 축사에 대하여 그 축사의 부지는 농지에 포함되므로 농지취득자격증명이 필요하다.

② '현황도로'인 도로가 주변 농업인의 농작업을 위한 이동로, 농작물의 운반에 이용되는 도로 등 '농로'로 이용되는 도로라면 농지법상 농지이므로 별도의 조치 없이 농지취득자격증명 발급이 가능하다.

(7) 농지 불법 형질변경 또는 농지에 해당되지 않을 때 농취증 발급은 가능할까

경매에 있어서 농지취득자격증명원을 받고자 할 때 해당 농지의 지목이 답이나 전으로 되어 있지만 현장에 가보면 무허가 건축물이나 콘크리트포장, 묘지 등 불법으로 형질이 변경되어 있거나 수년간 농사를 짓지 않아 나무나 잡풀로 덮여있어 농지라고는 인정하기 어려운 곳도 있다.

그러나 이런 경우에도 농지전용허가를 받지 아니하고 불법건축물, 묘지 등 타 용도로 사용(불법 전용)된 경우에도 원상복구 되어야 할 농지에 해당한다. 그러나 불가피한 경우 원상 복구하기 이전이라도 취득자가 농지로의 원상복구계획서를 별도로 제출하여 그 실현 가능성을 인정한 경우에는 농취증을 발급할 수 있다.

① 원상복구계획서 제출 - 농취증 발급
불법형질변경에 대한 원상복구계획서를 제출하면 농지취득증명원을 발급받을 수 있다. 입찰예정자가 복구를 위한 구체적인 실행계획을 충실하게 작성하여 원상복구계획서(농지법시행규칙의 양식)를 제출하였을 경우 그 계획상 내용을 기준으로 판단하여 결정한다. 복구기한은 보통 3개월이지만 약간의 융통성이 있다.

② 농지취득증명원의 발급이 불가하다는 반려통지서를 받으면
농지가 아니라는 취지를 구체적으로 기록하여 농지로 원상회복이 불가능함으로 농지법 제2조 제1호에 따른 농지에 해당하지 아니하므로 농지취득증명원의 발급이 불가능하다는 반려통지서를 받아서 경매계에 제출하면 대개 매각허가가 가능하며(경매계 문의) 또는 매매계약 시에 첨부하여 제출하면 소유권이전등기가 가능하다.

③ 농지취득자격증명 반려증 제출로 낙찰허가
지적공부상 토지의 지목이 답으로 되어 있기는 하나 그 토지에 대한 낙찰허

가결정 훨씬 전에 인근 토지보다 약 12m나 성토되어 그 지상에 콘테이너박 스와 창고가 설치되는 등 이미 타 용도로 전용되어 상당 기간 동안 건축자재 하치장으로 사용되어 왔기 때문에 농지로서의 기능을 완전히 상실하였고, 또한 낙찰인이 낙찰허가결정 이전에 농지취득자격증명의 발급을 신청하였음에도 해당 관서에서 농지로 볼 수 없다는 이유로 신청 자체가 반려된 점이나 낙찰인이 낙찰을 받은 직후에 적법한 절차를 거쳐 현황대로 농지전용허가가 이루어짐으로써 향후 원상회복명령이 발하여질 가능성이 소멸된 점을 고려하여 볼 때, 낙찰허가결정 당시 그 토지는 이미 농지법 제2조 소정의 농지에 해당한다고 볼 수 없으므로, 낙찰인이 임의경매절차에서 최고가입찰자로서 그 토지를 낙찰받음에 있어서 농지법 제8조 소정의 농지취득자격증명을 발급받을 필요는 없다.(대법97다42991판결)

④ 경매목적물의 농지가 불법형질변경이 되었을 때 농지취득증명원은
토지의 불법형질변경을 이유로 경락자에게 농취증의 발급을 거부할 수 없다. 토지를 낙찰받은 경락자는 토지의 소유권을 취득하기 전에는 원상회복등의 조치를 취할 아무런 권원이 없으므로 낙찰자에게 형질변경된 부분의 복구를 요한다는것은 법률상 불가능한 것을 요구한다는 점. 불법적으로 형질변경된 농지에 대하여 농취증의 발급을 거부한다면 농지소유자가 금융기관 등에 담보제공 후 농지를 불법전용하여 스스로 원상복구를 하지 않는 한 제3자가 이를 경락받지 못하므로 담보물권자는 농지를 환가할 수 없다는 점을 참작하면 불법으로 형질변경된 위 토지에 대하여는 농작물의 재배가 가능한 토지로 원상복구된 후에 농지취득자격증명의 발급이 가능하다는 피고(농지취득자격증명 발급 발급기관)의 처분사유는 적법한 것이라고 할 수 없다. 원고들이 위 토지를 취득한 다음 관할 관청에서 그 원상회복을 위한 행정조치를 취하는 것은 별개의 문제이다.(부산고법2006누1791판결)

⑤ 농지에 해당되지 않으면 농지취득자격증명이 필요 없다고 반려한 사례
낙찰허가결정 당시 농지전용허가가 이루어짐으로써 향후 원상회복명령이

발하여질 가능성이 소멸된 점을 고려하여 낙찰인이 임의경매절차에서 최고가입찰자로서 그 토지를 낙찰받음에 있어서 농지법 제8조 소정의 농지취득자격증명을 발급받을 필요는 없다.

지목이 현재 전, 답, 과수원으로 되어 있다 하더라도, 그 실제현상이 농지전용허가제도가 처음 도입된 농지의 보전 및 이용에 관한 법률 시행일(1973.1.1.) 이전부터 타용도(도로, 주택 등)로 사용된 것이 확인될 경우에는 농지에 해당되지 않으므로 농지취득자격증명을 발급 받지 않고 취득할 수 있다.

(8) 농지취득증명원 발급 소요 기간

① 일반적으로 농지취득증명서발급은 신청을 받은 날로부터 7일-농업경영계획서 작성 농지취득
② 농업경영계획서를 작성하지 아니하고 농지취득자격증명의 발급은 4일-주말농장(관리지역)
③ 농지위원회의 심의를 통하여 농지취득증명원을 받을 사항이면 신청을 받은 날로부터 14일 이내에 신청인에게 농지취득자격증명을 발급한다.

(9) 농업경영계획서가 없어도 발급 신청 가능할 때

① 주말·체험영농을 하려고 농업진흥지역 외의 농지를 소유하는 경우
② 영농여건불리농지를 소유하는 경우
③ 농지전용허가나 신고를 한 자가 그 농지를 취득하는 경우
④ 공공단체·농업연구기관·농업생산자단체 또는 종묘나 그 밖의 농업 기자재 생산자가 그 목적사업을 수행하기 위하여 필요한 시험지·연구지·실습지·종묘생산지 또는 과수 인공수분용 꽃가루 생산지로 쓰기 위하여 농지를 취득하는 경우
⑤ 농업경영계획서를 작성하지 아니하고 농지취득자격증명의 발급은 4일

- **농업경영계획서 작성과 첨부 서류**

  ㉠ 작성
  ① 취득 대상 농지의 면적(공유로 취득하려는 경우 공유 지분의 비율 및 각자가 취득하려는 농지의 위치도 함께 표시한다)
  ② 취득 대상 농지에서 농업경영을 하는 데에 필요한 노동력 및 농업 기계·장비·시설의 확보 방안
  ③ 소유 농지의 이용 실태(농지 소유자에게만 해당한다)
  ④ 농지취득자격증명을 발급받으려는 자의 직업·영농경력·영농거리

  ㉡ 첨부 서류
  ○ "농업 인"이란 농업을 경영하거나 이에 종사하는 자로서 대통령령으로 정하는 기준에 해당하는 자를 말한다.(농업인 확인서, 농업경영체등록확인서중 1)
  ○ 정관(신청인이 농업법인인 경우만 해당한다)
  ○ 임원 명부와 업무집행권을 가진 자 중 3분의 1 이상이 농업인임을 확인할 수 있는 서류(신청인이 농업회사법인인 경우만 해당한다)
  ○ 재직증명서·재학증명서 등 직업을 확인할 수 있는 서류(신청인이 농업인이 아닌 개인인 경우만 해당한다)
  ○ 신청인을 포함하여 각자가 취득하려는 농지의 위치와 면적을 특정하여 구분소유하기로 하는 약정서 및 도면자료(신청인이 1필지의 농지를 공유로 취득하려는 공유자인 경우만 해당한다)

(10) 농지취득자격증명 없이 농지를 취득할 수 있는 경우

① 국가나 지방자치단체가 농지를 소유하는 경우
② 상속(상속인에게 한 유증을 포함한다.)으로 농지를 취득하여 소유하는 경우
③ 담보농지를 취득하여 소유하는 경우 농지의 저당권자로서 지역농업협동조합, 축협, 수협, 한국농어촌공사 등이 농지 저당권 실행을 위한 경매기일을 2회 이상 진행하여도 경락인이 없으면 그 후의 경매에 참가하여 그 담보 농지를 취득할 수 있다.
④ 농지전용협의를 마친 농지를 소유하는 경우
⑤ 농업법인의 합병, 공유 농지의 분할 등으로 취득하는 경우
⑥ 국토의 계획 및 이용에 관한 법률에 따른 도시지역 안에 주거지역·상업 지역·공업지역 또는 도시·군계획시설예정지로 지정된 농지
⑦ 국토의 계획 및 이용에 관한 법률에 따른 계획관리지역에 지구단위계획구역으로 지정된 농지
⑧ 계획관리지역에 지구단위계획구역을 지정 시 농지가 포함되어 있는 경우 ('09.11.28. 이후 지정된 경우만 해당)

⑨ 지목이 현재 전, 답, 과수원으로 되어 있다 하더라도, 그 실제현상이 농지전용허가제도가 처음 도입된 농지의 보전 및 이용에 관한 법률 시행일(1973.1.1.) 이전부터 타용도(도로, 주택 등)로 사용된 것이 확인될 경우에는 농지에 해당되지 않으므로 농지취득자격증명을 발급 받지 않고 취득할 수 있다. -농취증 반려 사유-제출

(11) 농지취득자격증명 존부와 효력

농지를 취득하려는 자가 농지에 관하여 소유권이전등기를 마쳤다고 하더라도 농지취득자격증명을 발급받지 못한 이상 그 소유권을 취득하지 못하므로 농지에 관한 경매절차에서 농지취득자격증명의 발급은 매각허가요건에 해당한다.

- **(경매, 공매, 매매) 등 농지에 관하여 소유권이전등기를 마쳤으나 농지취득자격증명을 발급받지 못한 경우 소유권의 취득은**
  농지취득자격증명을 발급받지 못한 상태에서 소유권이전등기를 마쳤다고 하더라도 소유권을 취득하지 못한다.
  농지취득자격증명은 농지를 취득하는 자에게 농지취득의 자격이 있다는 것을 증명하는 것으로, 농지를 취득하려는 자는 농지 소재지를 관할하는 시장, 구청장, 읍장 또는 면장으로부터 농지취득자격증명을 발급받아 농지의 소유권에 관한 등기를 신청할 때에 이를 첨부하여야 한다(농지법 제8조 제1항, 제4항). 농지를 취득하려는 자가 농지에 관하여 소유권이전등기를 마쳤다고 하더라도 농지취득자격증명을 발급받지 못한 이상 그 소유권을 취득하지 못하고, 농지에 관한 경매절차에서 농지취득자격증명의 발급은 매각허가요건에 해당한다.(대법2014두36518판결)

3) 경매에서 가끔 나오는 영농여건불리농지는

농업진흥지역 밖의 농지 중 최상단부부터 최하단부까지의 평균경사율이 15퍼센트 이상인 농지로서 대통령령으로 정하는 농지를 말한다.(농지법제6조제2항제9호의2)

① 시·군의 읍·면 지역의 농지일 것
② 집단화된 농지의 규모가 2만㎡ 미만인 농지일 것
③ 시장·군수가 다음 각 목의 사항을 고려하여 영농 여건이 불리하고 생산성이 낮다고 인정하는 농지일 것
　가. 농업용수·농로 등 농업생산기반의 정비 정도
　나. 농기계의 이용 및 접근 가능성
　다. 통상적인 영농 관행

영농여건불리농지란는 단어가 가끔 농지의 경매물에 표기되어 나온다. 이 농지는 영농이 불리한 농지로서 농업인이 아닌 일반인도 소유할 수 있고, 임대제한도 없으며 신고만으로 농지전용이 가능한 농지이다. 그러나 경매로 취득할 때 농지취득증명원이 필요하며 발급 신청을 할 때에는 농업경영계획서를 작성하지 아니하고 신청을 할 수 있으며 신청을 받은 날부터 4일 이내에 발급받을 수 있다.

이러한 영농여건불리농지는 농사짓기는 불량한 땅이지만 행위제한이 완화되고 우량농지보다 더 개발이 용이하여 수익을 낼 수 있는 땅이 더러 있으므로 주위환경을 잘 살펴 입찰하는 것이 좋다.

4) 농지로 연금을 받을 수 있는지

농지로 연금을 받을 수 있는 제도는 농지관리기금법(제10조, 제24조의5)에 따라 만 60세 이상 고령농업인이 소유한 농지를 담보로 노후생활안정자금을 매월 연금으로 받을 수 있는 제도로 농지연금을 지원받으려는 경우에는 농지연금 지원에 관한 약정을 체결하여야 한다.

(1) 가입요건
○ 신청연도 말일 기준으로 농지소유자 본인이 만 60세 이상

○ 신청인의 영농경력이 5년 이상일 것

농지연금 신청일 기준으로부터 과거 5년 이상 영농경력 조건을 갖추면 되고 영농경력은 신청일 직전 계속 연속적일 필요는 없으며 전체 영농 기간중 합산 5년 이상이면 된다.

> **add**
> - 영농경력 5년 이상 여부는 농지대장(구 농지원부), 농업경영체등록확인서, 농협조합원가입증명서(준조합원 제외), 국민연금보험료 경감대상농업인 확인서류 등으로 확인

(2) 담보농지

담보농지는 농지연금 신청일 현재의 요건을 모두 충족

○ 농지법 상의 농지 중 공부상 지목이 전, 답, 과수원으로서 사업대상자가 소유하고 있고 실제 영농에 이용되고 있는 농지

○ 아래 항목은 2020년 1월 1일 이후 신규 취득한 농지부터 적용

    가. 사업대상자가 2년 이상 보유한 농지

    나. 상속받은 농지는 피상속인의 보유기간 포함

    다. 사업대상자의 주소지(주민등록상 주소지 기준)와 담보농지의 소재지가 동일한 시·군·구 또는 그와 연접한 시·군·구

    라. 주소지와 담보농지까지의 직선거리가 30km 이내

> **add**
> - **담보농지의 제한**
>   압류·가압류·가처분, 저당권 등 제한물권이 설정되지 아니한 농지
>   단, 선순위 채권최고액이 담보농지 가격의 100분의 15 미만인 농지는 가입가능

※ 농지은행-전화 1577-7770에 문의하면 상세히 답변해 드립니다.

5) 연금과 농촌 체류형 쉼터

농지를 경매로 저렴하게 낙찰받아 노년을 대비하여 연금을 받을 수 있으며 연금 받는 동안에도 임대를 할 수 있으며 본인이 직접 사용도 가능하며 "체류형 쉼터"를 만들어 전원생활이 가능하다.

체류형 쉼터를 일반인이 설치를 할 시에 농업진흥지역 외의 농지에 설치 할 수 있으며(농업보호구역은 미정)건축물의 면적은 33제곱미터이며 주차장, 데크, 화장실을 따로 설치가 가능하다. 자연재해 위험지구나 방제지구는 설치가 제한되며 위급사항시에 소방차나 응급차가 통행가능한 도로가 접해야 한다. 주택수에 관계가 없으며 사용기간은 12년 이하이고 전기, 수도 정화조는 건축법, 수도법 등의 적용을 받으며 취득세와 재산세는 부담해야 하며 양도세와 종부세는 면제한다.(24.12월 시행) - 변경 가능성 있음 -

 산지를 고를 때

산지를 고를 때 가장 중요한 것은 어떤 행위를 할 수 있는지 용도를 잘 살펴보아야 한다.

산지에는 준보전산지와 보전산지로 나누는데 준보전산지는 특별한 경우를 제외하고 행위제한의 규정을 두고 있지 않으므로 그 지역의 용도에 따라 행위를 할 수 있으며 보전산지는 임업용산지와 공익용 산지로 나누는데 행위제한을 많이 받아 특별한 경우 외는 개발하기 까다로운 지역이다. 그리고 진입도로가 있는지, 분묘가 있는지, 경사도의 상태 등 어떤 용도로 개발할 것인지 그에 대한 산지전용허가가 가능한지 신중하게 접근해야 한다.

1) 준보전산지

산지 중에 보전산지 외의 산지를 준보전산지라 하는데 이 산지의 경우는 그 지역의 용도에 따라 행위를 할 수 있으므로 산지 중에 가장 수익을 창출할 수 있는 산지가 바로 준보전산지이다. 그러므로 준보전산지는 공장, 주택, 병원, 아파트 등 그곳의 용도에 따라 건축행위를 할 수 있다.

가령 준보전산지이면서 용도가 계획관리지역이면 산지전용허가를 통하여 건축법상 허가요건을 갖추면 이 지역의 정해진 용도에 따라 건폐율(40% 이하)과 용적률(100% 이하)을 적용하여 주택을 지을 수 있다.

보전산지 중 임업용산지와 공익용산지는 행위제한이 많으므로 그 행위에 적합하고 극히 필요한 경우 외는 개발이 제한되어 있어 고민할 필요가 있으며 행위제한의 규정을 두고 있지 않는 준보전산지는 유익한 가치를 창출할 수 있는 산지이다.

2) 임업용 산지

산림자원의 조성과 임업경영기반의 구축 등 임업생산 기능의 증진을 위하여 필요한 산지로서 보전국유림산지, 채종림 및 시험림 산지, 임원진흥권역 산지 등으로 행위제한이 많은 지역이다.

- ○ 임도·작업로 및 임산물 운반로, 임산물 생산시설 또는 집하시설, 임산물 가공·건조·보관시설, 임산물 전시·판매시설, 산림욕장, 치유의 숲, 숲속야영장, 자연관찰원·산림전시관·목공예실·숲속교실·숲속수련장, 야생조수의 인공사육시설, 양어장 양식장·낚시터시설, 유기질비료제조시설, 버섯재배시설, 농림업용 온실, 농기계수리시설 또는 농기계창고, 농축수산물의 창고·집하장 또는 그 가공시설, 누에 등 곤충사육시설 및 관리시설, 농막, 농업용·축산업용 관리사 등이 가능하다.
- ○ 사찰·교회·성당, 농어촌 관광휴양단지 및 관광농원시설, 사회복지시설, 청

소년수련시설, 국가·지방자치단체 및 공공단체가 설치·운영하는 직업능력개발훈련시설, 학교시설, 병원특정연구기관이 교육 또는 연구목적으로 설치하는 시설
○ 특정대기유해물질을 배출하는 시설, 대통령령으로 정한 농림어업인이 자기소유의 산지에서 직접 농림어업을 경영하면서 실제로 거주하기 위하여 부지면적 660제곱미터 미만으로 건축하는 주택 및 그 부대시설을 설치할 수 있다.

3) 공익용 산지

임업생산과 함께 재해 방지, 수원 보호, 자연생태계 보전, 산지경관 보전, 국민보건휴양 증진 등의 공익 기능을 위하여 필요한 산지로서 자연휴양림의 산지, 야생동물보호구역의 산지, 문화재보호구역의 산지, 습지보호구역의 산지 등 산지전용·일시사용이 제한되는 지역이다.
○ 농림어업인의 주택 또는 종교시설을 증축·개축, 대통령령으로 정한 농림어업인이 자기 소유의 산지에서 직접 농림어업을 경영하면서 실제로 거주하기 위하여 신축하는 주택 및 그 부대시설
○ 사찰, 봉안시설, 병원, 사회복지시설, 청소년수련시설 및 그 부대시설, 관상수를 재배, 양어장 및 양식장 시설 등

> **add**
>
> - **경매 대상 토지 위에 수목이 생립하고 있는 경우, 당해 토지의 평가 및 최저경매가격의 결정 방법**
>   경매의 대상이 된 토지 위에 생립하고 있는 채무자 소유의 미등기 수목은 토지의 구성 부분으로서 토지의 일부로 간주되어 특별한 사정이 없는 한 토지와 함께 경매되는 것이므로 그 수목의 가액을 포함하여 경매 대상 토지를 평가하여 이를 최저경매가격으로 공고하여야 하고, 다만 입목에관한법률에 따라 등기된 입목이나 명인방법을 갖춘 수목의 경우에는 독립하여 거래의 객체가 되므로 토지 평가에 포함되지 아니한다.(대법98마1817결정)

공장을 취득할 때

공장은 입지가 좋다고 하여 무작정 그 지점을 결정하는 것이 아니라 주거지와의 거리, 수산자원의 보호, 교통시설의 접근성 등을 고려하여 용도에 따라 설립과 이전을 제한하고 있다. 그러므로 국토의계획및이용에 관한 법률에서 공업지역은 전용공업지역, 일반공업지역, 준공업지역으로 세분하여 나눈다.

○ 전용공업지역: 주로 중화학공업, 공해성 공업 등을 수용하기 위하여 필요한 지역
○ 일반공업지역: 환경을 저해하지 아니하는 공업의 배치를 위하여 필요한 지역
○ 준공업지역: 경공업 그 밖의 공업을 수용하되, 주거기능·상업기능 및 업무기능의 보완이 필요한 지역
  국토의 계획 및 이용에 관한 법률에 의하여 용도지역별로 허용 또는 제한되는 공장의 업종·규모 및 범위 등에 관한 사항을 토대로 하여 각 지방자치단체마다 정한 조례로서 공장설립의 인·허가 및 이전에 관하여 제한을 두고 있다.

1) 공장의 입지

공장의 입지는 기본적으로 필요한 물과 전력공급이 원활해야 하며 원료를 취득하기 쉽고 원료와 완제품의 수송이 용이한 교통로에 입지하는 것이 좋으며 생산지의 공장과 공급처가 근거리에 위치하고 근로자들의 출퇴근이 용이한 장소가 좋다.

(1) 계획입지

산업입지 및 개발에 관한 법률에 따라 국가나 공공단체 등이 공장을 집단적으로 설립, 육성하기 위해 일정한 지역을 선정하여 계획에 따라 개발한 공장용지로서 국가산업단지, 일반산업단지, 도시첨단산업단지, 농공단지를 말한다.

> **add**
>
> ⓐ 국가산업단지: 국가기간산업, 첨단과학기술산업 등을 육성하거나 개발 촉진이 필요한 낙후지역이나 둘 이상의 특별시·광역시·특별자치시 또는 도에 걸쳐 있는 지역을 산업단지로 개발하기 위하여 제6조에 따라 지정된 산업단지로서 지정권자는 국토교통부장관이며 관리권자는 산업통상자원부장관이다.
> ⓑ 일반산업단지: 산업의 적정한 지방 분산을 촉진하고 지역경제의 활성화를 위하여 제7조에 따라 지정된 산업단지로서 관리자는 시·도지사이다. 다만, 시장·군수 또는 구청장이 지정한 산업단지인 경우에는 시장·군수 또는 구청장이다.
> ⓒ 농공단지: 대통령령으로 정하는 농어촌지역에 농어민의 소득 증대를 위한 산업을 유치.육성하기 위하여 제8조에 따라 지정된 산업단지로서 관리권자는 시장, 군수 또는 구청장

① 계획입지에 따른 공장 경매

계획입지의 공장을 경매로 취득할 때 그 지역의 용도와 업종에 맞아야 하며 산업통상자원부령으로 정하는 기간 내에 입주계약을 체결해야 하고 체결하지 못한 경우 정하는 기간 내에 이를 제3자에게 처분하여야 하며 이행하지 못할 경우 이행강제금을 물어야 할 불이익을 당할 수 있다.

이렇게 계획입지(산업단지)에 따른 공장 경매는 법적인 조건을 맞추기 어려우므로 입찰받기는 쉽지 않다.

> **add**
>
> - 경매나 그 밖의 법률에 따라 입주기업체의 산업용지 또는 공장 등을 취득한 자가 그 취득한 날부터 산업통상자원부령으로 정하는 기간 내에 입주계약을 체결하지 못한 경우에는 그 기간이 지난 날부터 산업통상자원부령으로 정하는 기간 내에 이를 제3자에게 양도하여야 한다.(산집법제40조)

(2) 개별입지

산업단지(국가산업단지, 일반산업단지, 도시첨단산업단지, 농공단지) 이외 지역에서 공장 설립에 관한 인·허가 사항을 개별적으로 처리하는 공장 및 공장용지를 말하며 공장 설립이나 이전에 있어서 승인을 받아야 한다.

① 개별입지에 따른 공장경매

산업단지에서 나온 공장에 대한 경매는 많은 조건과 규제가 많아 입찰하기

어려우며 주로 개별입지에서 나온 공장에 대한 경매물건에 관심을 갖고 입찰하는 것이 공장설립의 인·허가 절차는 야간 복잡하긴 하지만 경매로 나온 물건을 업종에 맞게 선택을 할 경우 낙찰받은 후 매매하고 임대하는 측면에서 훨씬 유리하다.

하지만 여기서도 중요한 것은 입찰 전에 낙찰받고자 한 공장에 대하여 용도가 맞는지, 용도변경이 가능한지 여부, 공장의 업종·규모 및 범위를 잘 살펴보아 공장 설립 및 이전에 아무런 문제가 없는지를 지자체의 인·허가 담당부서에 문의하여 신중하게 알아보고 입찰을 생각해 보는 게 제일 무난한 방법이라 하겠다.

2) 공장을 경매로 낙찰받을 때-실무

매각물건현황 사건번호 2017타경 6×××   ○○지방법원
(감정원 : ○○감정평가 / 가격시점 : 2016.09.07. / 보존등기일 : 2009.10.11.)

목록	구분	사용승인	면적	감정가격	기타
건물	3층	10.09.25	2,396㎡(724.7평) 1층 1,650㎡(499평) 2층 496㎡(150평) 3층 250㎡(75.6평)	512,230,000원	제시외 건물 107㎡
토지		2,820㎡(853평)		1,472,750,000원 합 1,984,980,000원	
물건 비고	일괄매각. 제시외 건물(2-1~2-2), 공장 및 광업재단 저당법 제6조 기계기구 수출(냉각)기 외 11점 (2-3,2-5~2-10) 포함. 목록1.은 현재 일부 중층 구조인 바, 이를 감안하여 평가됨. 본 건에 부착되어 있는 옥외 계단 등은 당해 건물에 포함하여 평가됨. 목록2.는 완경사지대 내 대체로 평탄하게 조성된 부정형의 토지로서 현황 공업용 건부지로 이용 중이며, 동측으로 노폭 약 12m 내외의 포장도로를 통해 출입 가능함. 본 건 기계기구 대부분이 제작자 및 제작년도 등이 기재된 명판이 부착되어 있어 대상 물건을 확정하고 목록상 제작자 및 제작일자 등을 기준으로 관찰감가법을 병용하여 평가됨. 기계기구의 정상 작동 여부는 불분명하므로, 정상 작동 여부 재확인 요함.				

『공장 현황』
2017타경6××× 임의경매 감정가 19억 8,498만원 최저가 813,047,808원
토지 2,820㎡. 건물 연면적은 2,396㎡. 제시외 건물 107㎡.
개별입지이고 토지용도는 일반공업지역이며 공장건물은 총 3층이며 1층 건물면적은 1,650㎡(제시외 포함) 2층과 3층은 작업실, 회의실 및 기숙사이고 1층의 층고 높이는 약 8.5미터이고 천정에는 호이스트가 장착되어 있고 건물 내부의 모양은 직사각형으로 되어 있었다.
공장 정문 왼편 콘테이너에서는 채권자 측에서 파견한 공장지킴이가 숙식을 하면서 공장건물을 지키고 있으며 경매물건을 보려온 사람들에게 감정서에 있는 기계, 기구 목록을 일일이 설명하며 목록에서 분실된 것도 확인할 수 있었다.
채권자들은 필요에 따라 공장지킴이를 파견하여 공장의 물품보존 및 산업폐기물을 버리는 것을 방지하기 위하여 통상적으로 파견한다.

(1) 업종·규모 및 범위와 용도가 맞는지, 용도변경이 가능한지 여부

공장설립 인·허가 부서에 전화 또는 방문하여 상담하고 공장 적격성을 판단한다. 산업단지나 지식산업단지는 조건이 까다로운 계획입지이고 이곳은 개별입지이므로 업종제한은 완화되어 있다. 옷감을 생산하는 업종으로 용도와 규모 그리고 범위도 적합하며 용도변경도 가능하다.(해당관청 문의)

(2) 본 공장과 제품 소비시장이 근거리에 위치 하는지

서쪽으로 약 1.5km 정도의 거리에 고속도로 IC가 있어서 관련 납품공장에 수송이 용이하며 동북쪽 3km 남짓 거리에 다른 거대시장으로 가는 JC가 있으므로 교통로가 좋아 제품 공급에 있어서 아무런 문제가 없다.

(3) 근로자들의 출퇴근이 용이 한지

공장의 위치는 양쪽 큰 도시의 중간지점에 위치하므로 전철과 버스 등 대중교통을 이용하거나 승용차 운행에 있어서도 비교적 출퇴근이 용이하다.

(4) 공장 주위의 지가와 경매 목적물의 지가를 비교하여 본다.

공장 주위의 매매되었던 공장과 비교하면 현재 지가는 평당 200만~300만 사

이라고 한다. 낙찰가는 8억 8천100만원이므로 대충 계산하면 평당 약 100만원 정도이므로 높은 수익을 기대할 수 있는 상황이다.

(5) 도로의 현황
진입도로가 지적도상 도로인지, 현황 도로인지, 도로의 폭과 포장정도, 경사도 등 그리고 특히, 도로의 곡각지점에서 길이가 긴 트럭 등이 원활하게 통과될 수 있는지 면밀히 조사한다.
이 공장의 도로는 아스팔트 포장도로로 폭은 약 13미터 2차선 도로에 접하고 경사가 없는 평지이며 대형 특수차량도 진출입이 가능한 도로이며 완제품 수송이 용이한 교통로 지점이다

(6) 공장건물 등 기계·기구 목록 파악-감정서와 대조
경매가 진행되는 동안 현장에 나가 보면 공장건물의 훼손과 기구, 기계류의 유출을 방지하고 폐기물 버리는 것을 방지하기 위하여 채권자 측에서 공장지킴이를 두는 경우가 있다.
공장지킴이의 양해를 구하여 공장내부도 볼 수 있고 공장목록의 감정평가액에 포함되어 기록된 기구·기계류의 점검도 가능한 경우도 있다.
공장목록의 감정서에 평가 기록된 목록을 대조하여 보면 분실된 기구, 기계류가 간혹 있다. 수억원씩 나가는 기구, 기계가 공장목록의 감정평가액에는 포함되어 있지만 실제로 도난 또는 분실되어 있는 경우가 있으므로 실제로 없는 품목의 평가액까지 포함하여 대금을 지불한다면 매우 억울한 경우일 것이다.
이런 경우에는 앞에서 언급한 대금감액청구를 고려해볼 수 있다. 즉 최고가매수인은 낙찰대금 납부 시까지는 집행법원에 대금감액을 주장할 수 있고 또한 대금납부 후 배당실시 전일 때에도 감액분의 대금을 청구할 수 있다.

감정서의 목록에는 기계·기구가 감정평가되어 있으나 감정가액에 포함된 기계·기구 목록 중 분실된 기계가 2가지 품목이 있으며 그 평가액은 합하여 1억 2

천만원이었다. 이 금액은 비율에 따른 낙찰가에 포함되어 있으므로 잔금지급 전까지 감액청구를 할 수 있다.-(감액청구하여 4천5백만원 감액 받음)

공장에 설치되어 있는 기계, 기구는 공장목록에 모두 포함되어 채무자에게 인도할 것이 없으나 목록에 빠진 타인 소유인(임대한 기계 등) 덩치가 큰 기계는 인도할 때 곤란한 문제가 생길 수 있으니 고민할 필요가 있다.

add

- **경매와 매도인의 담보책임 (민법제578조)**
  ① 경매의 경우에는 경락인은 전8조의 규정에 의하여 채무자에게 계약의 해제 또는 대금감액의 청구를 할 수 있다.
  ② 전항의 경우에 채무자가 자력이 없는 때에는 경락인은 대금의 배당을 받은 채권자에 대하여 그 대금전부나 일부의 반환을 청구할 수 있다.
  ③ 전2항의 경우에 채무자가 물건 또는 권리의 흠결을 알고 고지하지 아니하거나 채권자가 이를 알고 경매를 청구한 때에는 경락인은 그 흠결을 안 채무자나 채권자에 대하여 손해배상을 청구할 수 있다.

(7) 공장건물의 층고 높이, 전기, 수도 확인

경매에서 공장을 낙찰받을 때 층고 높이에 관하여 고민할 필요가 있다. 제품을 생산할 수 있는 각종 장비를 설치하는 데 지장이 없어야 한다. 통상적으로 8m 이상의 높이를 요구하고 있는데 그 이하인 경우에는 기계설치가 곤란할 수 있다. 그리고 수도, 전기요금은 사용자가 부담하는 것이 원칙이므로 체납된 전기세와 수도세는 원칙적으로 전 소유자가 부담하며 소유권이전촉탁 이후부터 낙찰자가 부담한다. 그러나 경우에 따라서는 낙찰가가 인수해야 하는 경우가 있으므로 해당 기관에 문의하도록 한다.

건축물의 1층의 층고 높이는 8.7미터로 호이스트가 천정에 달려있어 더욱 적합하며 전기의 용량은 100kW로 충분하며 1년 전에 단전되어 전기시설이 철거되어 있어 한전에 전화하여 확인하여본 결과 밀린 전기요금은 58만원이며 수도요금 35만원 등의 공과금이 미납되어 있으나 낙찰자가 부담할 필요가 없었다. 그리고 철거된 전기시설과 수도시설에 대한 설치비용은 낙찰자의 부담이다.

(8) 폐기물이 버려져 있는지(땅속에 파묻은 흔적)

경매로 나온 공장은 거의 모두가 폐기물이 공장 외부뿐만 아니라 내부에도 버려져 있으며 심지어 구덩이를 파서 매립되어 있는 곳도 있으므로 면밀히 조사할 필요가 있다.

폐기물을 매립하거나 투기를 하면 그렇게 행위를 한 사람의 책임이지만 처리해야 할 의무가 있는 사람은 현재 소유주에게 있으므로 그 처리비용은 수천만원대가 아닌 수억대의 비용이 될 수 있으므로 심각하게 고민할 필요가 있다.

본 공장은 플라스틱 용기를 생산하는 공장으로 폐기물이 버려져 오염물이 고여 있거나 땅속으로 스며들어 토양오염을 걱정하였으나 내부나 외부에 별다른 폐기물은 없었고 파묻은 흔적도 없었으며 낡은 콘테이너 박스와 사용할 수 없는 기계장비들이 공장 외부에 있었다.

> **add**
>
> - **산업폐기물 처리**
>   민사집행법에 따른 경매, 채무자 회생 및 파산에 관한 법률에 따른 환가나 국세징수법, 관세법, 또는 지방세징수법에 따른 압류재산의 매각, 그 밖에 이에 준하는 절차에 따라 사업장폐기물배출자의 사업장 전부 또는 일부를 인수한 자는 그 사업장폐기물과 관련한 권리와 의무를 승계한다.(폐관법제17조9항)

(9) 환경문제, 소음, 악취, 오염수 등의 민원발생 요소가 없는지

악취나 오염수 등뿐만 아니라 큰 소음이 나거나 하여 환경문제를 야기시킬 수 있는 품목의 공장은 대개 계획입지에 따른 전용공업지역이나 그에 맞는 입지를 찾아야 한다.

본 공장은 공장기계 가동 시는 소리가 조금 있으나 그 주위에 주택이 없고 공장들만 있어서 크게 문제될 것은 없고 악취나 오염수 배출은 없다.

(10) 소유권 촉탁 이전할 때

공장을 낙찰받아 대금납부 후 촉탁 이전할 때 낙찰금액의 전부에 대한 금액을 취득세로 납부하는 경향이 있는데 취득세는 토지와 건물에 대한 세금이므로 낙찰금액에서 기계·기구의 금액을 제외한 세율을 계산하여 납부하면 된다.

지자체에 따라서는 경매로 취득한 공장에 대해서도 품목에 따라 공장을 설립할 때 취득세를 경감해 주는 혜택이 있을 수 있으므로 그 지방의 지자체의 해당 관청에 문의하도록 한다.

특수한 용도구역

1) 토지거래허가구역 이란

일반인은 토지거래에 있어서 토지거래허가구역으로 지정되면 허가를 받아서 소유권이전등기를 해야 하지만 민사집행법에 따른 경매나 체납처분에 의한 공매 등에 있어서는 별도의 허가를 받지 않고 취득할 수 있으며 자금조달계획서에 관한 증빙서류도 필요 없이 취득할 수 있다.

(1) 허가구역지정(부동산거래신고등에 관한 법률)

국가가 시행하는 개발사업 계획을 새로 수립, 또는 변경하거나 예정되어 행위제한이 완화 및 폐지로 인한 토지의 투기적 거래가 성행하거나 지가가 급격히 상승하는 지역과 그러한 우려가 있는 지역에 대하여 토지거래계약에 관한 허가구역으로 지정하고, 허가구역에 있는 토지에 관한 소유권·지상권(소유권·지상권의 취득을 목적으로 하는 권리를 포함한다)을 이전하거나 설정(대가를 받고 이전하거나 설정하는 경우만 해당한다)하는 토지거래계약을 체결하려는 당사자는 공동으로 대통령령으로 정하는 바에 따라 시장·군수 또는 구청장의 허가를 받아야 한다. 허가받은 사항을 변경하려는 경우에도 또한 같다.

(2) 경매·공매등에 관한 특례
① 민사집행법에 따른 경매
② 국세 및 지방세의 체납처분 또는 강제집행을 하는 공매
③ 한국자산관리공사에 매각이 의뢰되어 3회 이상 공매 후 유찰된 토지를 매각하는 경우

위의 경우 토지거래계약에 관한 허가를 받은 것으로 본다.

(3) 토지거래계약허가 대상 토지 면적

법 제11조제2항에서 대통령령으로 정하는 용도별 면적(초과)
① 주거지역: 60㎡
② 상업지역: 150㎡
③ 공업지역: 150㎡
④ 녹지지역: 200㎡
⑤ 가목부터 라목까지의 구분에 따른 용도지역의 지정이 없는 구역: 60㎡
⑥ 도시지역 외의 지역: 250㎡(농지: 500㎡, 임야: 1,000㎡)
다만, 국토교통부장관 또는 시·도지사가 허가구역을 지정할 당시 해당 지역에서의 거래실태 등을 고려하여 다음 각 호의 면적으로 하는 것이 타당하지 않다고 인정하여 해당 기준면적의 10퍼센트 이상 300퍼센트 이하의 범위에서 따로 정하여 공고한 경우에는 그에 따른다.
※ 초소형 갭투자를 막기 위해서 주거지역 60㎡⇒6㎡

2) 개발제한구역 이란

국토교통부장관은 도시의 무질서한 확산을 방지하고 도시주변의 자연환경을 보전하여 도시민의 건전한 생활환경을 확보하기 위하여 도시의 개발을 제한할 필요가 있거나 국방부장관의 요청이 있어 보안상 도시의 개발을 제한할 필요가 있다고 인정되면 개발제한구역의 지정 또는 변경을 도시·군관리계획으로 결정할 수 있다.(개제법3조)

(1) 행위제한

도시 바깥부분을 벨트형태로 지정해 개발행위를 제한하는 지역으로 그린벨트라고도 하며 많은 행위제한이 따른다.
건축물의 건축 및 용도변경, 공작물의 설치, 토지의 형질변경, 죽목(竹木)의 벌채, 토지의 분할, 물건을 쌓아놓는 행위 등을 할 수 없으며 제한된 범위에서 허가를 받아야 할 수 있으며 만약 경매로 나온 땅이라면 극히 필요한 경우가 아니면 피하는 것이 좋다.

3) 접도구역 이란

도로관리청은 도로 구조의 파손 방지, 미관의 훼손 또는 교통에 대한 위험 방지를 위하여 필요하면 소관 도로의 경계선에서 20미터(고속국도의 경우 50미터)를 초과하지 아니하는 범위에서 대통령령으로 정하는 바에 따라 접도구역을 지정할 수 있다.(도로법49조)

- 현재 접도구역은 일반국도와 지방도는 5m, 고속국도는 10m이다.

(1) 접도구역에서 행위

접도구역에서 할 수 있는 행위는 제한되어 있으므로 토지의 형질을 변경하는 행위, 건축물, 그 밖의 공작물을 신축·개축 또는 증축하는 행위를 할 수 없다. 다만, 도로 구조의 파손, 미관의 훼손 또는 교통에 대한 위험을 가져오지 아니하는 범위에서 하는 행위로서 대통령령으로 정하는 행위는 그러하지 아니하다.(도로법40조)

- 접도구역은 비도시지역에 지정하며 접도구역 안에서의 행위는 극히 제한된 행위만 할 수 있으며 접도구역을 사이에 두고 건축물을 축조하여 진입로를 개설할 경우와 주차장, 소규모 화장실 등은 일반적으로는 가능하나 도로 사정에 따라 어려움이 있을 수 있으므로 접도구역이 있는 물건을 매수할 경우 신중해야 하며 해당 지자체에 문의하여 매수계획을 고민해야 한다.

(2) 접도구역 내의 토지를 매수청구할 수 있다.

접도구역에 있는 토지를 종래의 용도대로 사용할 수 없어 그 효용이 현저하게 감소한 경우와 접도구역의 지정으로 해당 토지의 사용 및 수익이 사실상 불가능한 경우에는 매수청구를 할 수 있다.(도로법 41조)

- 매수청구 할 수 있는 자는 접도구역이 지정될 당시부터 해당 토지를 계속 소유한 자, 그리고 토지의 사용·수익이 불가능하게 되기 전에 해당 토지를 취득하여 계속 소유한 자이다. 그러나 경매로 매수한 접도구역의 땅 소유자는 매수청구 할 수 없다.

4) 기피해야 할 토지

(1) 공법상 행위가 제한 되는 땅

- 일반적으로 수질을 보호하기 위한 상수원보호구역
- 군사시설보호구역
- 공원구역
- 문화재보호구역
- 개발제한구역
- 농업진흥구역(농사만 짓는다면)
- 임업용산지
- 공익용산지 등

위의 토지는 각 나름의 행위제한이 있으므로 『토지의 용도』편에서 잘 살펴보고 매수해야 한다. 그러나 이러한 땅은 행위가 항상 제한되어 있는 것은 아니고 그 주위의 이슈가 될 만한 개발이 이루어질 경우에는 토지효용의 시너지효과를 가져와 효용이 증가하여 용도가 변경될 수 있으므로 지가가 크게 상승하는 경우가 종종 있다.

(2) 지형적인 환경과 주변 환경이 나쁜 땅

지형적으로 진입도로를 개설할 수 없는 땅(맹지) 또는 도로개설 비용이 과다한 땅, 산사태나 수해에 노출되는 지역과 높은 축대의 위험지역, 돌을 캐는 채석장과 레미콘 공장 등의 소음지역, 주위의 축사나 오염시설처리장의 악취지역, 철탑과 선하지, 고속도로 주변지역, 화장장, 공동묘지 등 기피시설이 있는 곳이다.